高校思想政治理论课**教学案例**丛书

丛书主编 徐进功 石红梅

毛泽东思想和中国特色社会主义理论体系概论

教学案例

主 编◎石红梅
副主编◎蒋昭阳 吴 茜 王亚群

厦门大学出版社
XIAMEN UNIVERSITY PRESS
国家一级出版社
全国百佳图书出版单位

图书在版编目（CIP）数据

毛泽东思想和中国特色社会主义理论体系概论教学案
例 / 石红梅主编 ；蒋昭阳，吴茜，王亚群副主编.
厦门：厦门大学出版社，2025.3. -- （高校思想政治理
论课教学案例丛书 / 徐进功，石红梅主编). -- ISBN
978-7-5615-9469-8

Ⅰ.A84 ；D610

中国国家版本馆 CIP 数据核字第 2024BD1342 号

责任编辑　高　健
美术编辑　李夏凌
技术编辑　朱　楷

出版发行　厦门大学出版社

社　　址　厦门市软件园二期望海路 39 号
邮政编码　361008
总　　机　0592-2181111　0592-2181406(传真)
营销中心　0592-2184458　0592-2181365
网　　址　http://www.xmupress.com
邮　　箱　xmup@xmupress.com
印　　刷　厦门市竞成印刷有限公司

开本　720 mm×1 020 mm　1/16
印张　16
插页　1
字数　275 千字
版次　2025 年 3 月第 1 版
印次　2025 年 3 月第 1 次印刷
定价　66.00 元

本书如有印装质量问题请直接寄承印厂调换

厦门大学出版社
微信二维码

厦门大学出版社
微博二维码

本丛书出版获以下项目资助:

2025年厦门大学本科教材立项建设项目

中共福建省委教育工委2024年学校思想政治工作委托课题"思政课案例教学研究"

厦门大学马克思主义理论学科"双一流"建设项目

丛书主编

徐进功　石红梅

编委会

（按姓氏笔画排序）

王亚群　石红梅　吕微平　刘皓琰　张有奎　吴　茜

林　密　苗瑞丹　周雪香　徐进功　原宗丽　黄佳佳

傅丽芬　曾炜琴　蒋昭阳

序　言

　　思想政治理论课是落实立德树人根本任务的关键课程,办好思政课意义重大。党的十八大以来,以习近平同志为核心的党中央高度重视思政课建设,始终把学校思政课建设放在世界百年未有之大变局中来审视,置于以中国式现代化全面推进强国建设、民族复兴伟业的全局来考量,立足于培养德智体美劳全面发展的社会主义建设者和接班人的基础来谋划,作出了一系列重大决策部署。党对思政课建设的领导全面加强,思政课教师乐教善教、潜心育人的信心底气更足,广大青少年学生"四个自信"明显增强、精神面貌奋发昂扬,思政课发展环境和整体生态发生全局性、根本性转变。

　　厦门大学一贯重视思政课建设、重视思政课堂教学质量。特别是近年来,厦门大学党委坚持以习近平新时代中国特色社会主义思想为指导,深入贯彻落实习近平总书记在学校思想政治理论课教师座谈会上的重要讲话精神和对学校思政课建设的重要指示精神,成立由书记、校长任双组长的思想政治理论课领导小组,加大力度高位推进思政课高质量发展。我也深入课堂听思政课、带头上讲台讲思政课、参加集体备课会交流研讨,及时了解和解决思政课建设的重点难点问题。马克思主义学院在思政课程群建设、教研改革、队伍建设、大思政课建设、大中小学思政课一体化等方面持续下功夫,深化"专题教学＋网络教学＋实践教学""三位一体"教学模式改革,进一步巩固课堂教学主阵地、提升专题教学吸引力,丰富网络教学资源、以数字赋能思政课堂,拓展研学实践大课堂、增强实践教学影响力,多措并举探索思政课改革创新。

　　古今中外,每个国家都是按照自己的政治要求来培养人的。思政课是学校进行思想政治教育的主渠道、主阵地。如何建好建强这一主渠道、主阵地，同步推进思政课建设和党的创新理论武装，用习近平新时代中国特色社会主义思想武装青年、教育青年、引导青年，用身边鲜活的新时代小故事、蕴含红色基因的好故事讲好思政课大道理，提高思政课思想性、理论性的同时提升针对性和吸引力，是当前高校思政课建设面临的核心问题。

针对上述问题，厦门大学马克思主义学院组织学院教师，结合科研优势和教学实践，以案例教学为突破口，编写了《高校思想政治理论课教学案例丛书》，为高校思政课教师在课堂上讲好中国故事、传播好中国声音、教育好广大青年学生提供教学参考。丛书具有较强的系统性，涵盖"习近平新时代中国特色社会主义思想概论""马克思主义基本原理""毛泽东思想和中国特色社会主义理论体系概论""中国近现代史纲要""思想道德与法治"等五门本科思政必修课，采用统一体例，构建"案例呈现、案例指向、案例解析"的完整框架。丛书具有较强的针对性，在精细研读教材的基础上，瞄准教材各章节中的重点难点问题设计问题链，引入"《流浪地球》与群众史观"等社会热点案例激发学生理论学习的求知欲；引入"孟晚舟和法国阿尔斯通公司前高管皮耶鲁齐的遭遇对比"等对比案例引导学生正确认识中国特色和国际比较。丛书具有较强的时代性，引入"新时代的中国北斗"等富有中国化时代化特点的教学素材，充分体现党的十八大以来中国特色社会主义取得的举世瞩目成就；引入"大山的女儿——黄文秀"等耳熟能详又贴近青年的教学素材，引导学生正确处理"小我"和"大我"的关系。丛书具有较强的地域性，引入具有福建特色的教学素材，讲好福建的革命故事、红色故事和改革实践，特别是，丛书深度挖掘"鹭岛潮涌帆正满——美丽中国厦门实践"等习近平同志在福建工作期间的实例，引领师生感悟习近平新时代中国特色社会主义思想的萌发、孕育和发展历程，探寻习近平新时代中国特色社会主义思想的历史原点和生动注脚。

"新时代新征程上，思政课建设面临新形势新任务，必须有新气象新作为。"组织编写思想政治理论课案例教学辅导用书,是厦门大学全体思政课教师就思政课案例教学进行的一次有益探索,是学校在守正创新推动思政课建设内涵式发展上的经验积淀。丛书遵循高校思政课教学因事而化、因时而进、因势而新的规律,运用清晰的逻辑、学术的理论、时代的语言、优美的文字对案例进行解读阐述,实现政治性、思想性、时代性、可读性相结合。衷心希望这套丛书能帮助广大思政课教师不断提升教学素养和教学水平,把思政课讲深、讲透、讲活,让学生爱听爱学、入脑入心,引导青年学生切实感悟"中国之理"、解读"中国之治"、走好"中国之路",为培养更多让党放心、爱国奉献、担当民族复兴重任的时代新人作出积极贡献。

厦门大学党委书记　　　　
中国科学院院士　　张　荣
2025 年 1 月

目　录

导论 马克思主义中国化时代化的历史进程与理论成果

一、教学主要目标

本章教学主要以马克思主义中国化时代化的概念内涵和理论成果为核心,围绕两条基本线索展开教学:一是明确本课程"学什么",二是明确本课程"怎么学"。教学过程中需要完成三个层次的教学主要目标:(一)了解并掌握马克思主义中国化时代化的提出和马克思主义中国化时代化的概念内涵;(二)深刻理解马克思主义中国化时代化的历史进程,准确把握马克思主义中国化时代化理论成果及其关系;(三)结合马克思主义中国化时代化理论成果的世界观和方法论,引导学生理解和掌握学习本课程的要求和方法。

二、教学重难点

本章教学重点:围绕教学主要目标,实现从掌握基本知识到理解其中包含的历史逻辑、理论逻辑和实践逻辑的深化。

一是结合马克思主义中国化时代化这一重大命题的形成和发展,引导学生完整、准确、深入理解贯穿全书的"马克思主义中国化时代化"概念,建立对马克思主义中国化时代化两大理论成果——毛泽东思想和中国特色社会主义理论体系的认识基础。

二是围绕"中国共产党的历史,是一部不断推进马克思主义中国化时代化的历史,是一部不断推进理论创新、进行理论创造的历史",使学生了解实现中华民族伟大复兴是马克思主义中国化时代化历史进程的主题和主线,掌握马克思主义中国化时代化理论成果既一脉相承又与时俱进的历史线索,启发学生思考和理解中国共产党推进马克思主义中国化时代化、实现中华民族伟大复兴的历史逻辑。

三是聚焦"马克思主义中国化时代化的理论成果是一脉相承又与时

俱进的关系",引导学生运用马克思主义中国化时代化 100 多年的历史视野,深刻理解毛泽东思想和中国特色社会主义理论体系何以形成以及各自在马克思主义中国化时代化发展史上的历史地位,毛泽东思想何以为中国特色社会主义理论体系提供了基本遵循,中国特色社会主义理论体系如何丰富发展了毛泽东思想,从而科学把握从毛泽东思想到习近平新时代中国特色社会主义思想守正创新的理论逻辑。

四是围绕教材的目标设计和核心内容,使学生明确更加全面了解百年党史、更加深刻理解"两个结合"、更加准确把握理论成果、更加明显提升实践能力的学习要求,明确掌握基本理论、培养理论思维、坚持理论联系实际的学习方法。引导学生在充分认识马克思主义中国化时代化理论成果源于实践、面向实践、在实践中检验自身的实践性特征基础上,建立学习本课程的实践取向,培养运用所学理论的实践意识,从而深刻理解学以致用的实践逻辑。

本章教学难点:讲清楚马克思主义中国化和马克思主义时代化的关系;讲清楚如何运用马克思主义的立场、观点、方法,理解和把握中华民族伟大复兴与历史上出现过的民族复兴之间的区别;讲清楚如何理解马克思主义中国化时代化"第一次历史性飞跃"和两次"新的飞跃";讲清楚如何用中国化马克思主义的世界观、方法论学习马克思主义中国化时代化的理论成果。

三、教学案例

(一)"两个结合"是我们取得成功的最大法宝

1.案例呈现

(1)在五千多年中华文明深厚基础上开辟和发展中国特色社会主义,把马克思主义基本原理同中国具体实际、同中华优秀传统文化相结合是必由之路。这是我们在探索中国特色社会主义道路中得出的规律性认识。我们一直强调把马克思主义基本原理同中国具体实际相结合,现在我们又明确提出"第二个结合"。我说过,如果没有中华五千年文明,哪里有什么中国特色?如果不是中国特色,哪有我们今天这么成功的中国特色社会主义道路?只有立足波澜壮阔的中华五千多年文明史,才能真正理解中国道路的历史必然、文化内涵与独特优势。

　　历史正反两方面的经验表明，"两个结合"是我们取得成功的最大法宝。

　　第一，"结合"的前提是彼此契合。"结合"不是硬凑在一起的。马克思主义和中华优秀传统文化来源不同，但彼此存在高度的契合性。……马克思主义从社会关系的角度把握人的本质，中华文化也把人安放在家国天下之中，都反对把人看作孤立的个体。相互契合才能有机结合。正是在这个意义上，我们才说中国共产党既是马克思主义的坚定信仰者和践行者，又是中华优秀传统文化的忠实继承者和弘扬者。

　　第二，"结合"的结果是互相成就。"结合"不是"拼盘"，不是简单的"物理反应"，而是深刻的"化学反应"，造就了一个有机统一的新的文化生命体。一方面，马克思主义把先进的思想理论带到中国，以真理之光激活了中华文明的基因，引领中国走进现代世界，推动了中华文明的生命更新和现代转型。……另一方面，中华优秀传统文化充实了马克思主义的文化生命，推动马克思主义不断实现中国化时代化的新飞跃，显示出日益鲜明的中国风格与中国气派，中国化马克思主义成为中华文化和中国精神的时代精华。"第二个结合"让马克思主义成为中国的，中华优秀传统文化成为现代的，让经由"结合"而形成的新文化成为中国式现代化的文化形态。

　　第三，"结合"筑牢了道路根基。我们的社会主义为什么不一样？为什么能够生机勃勃、充满活力？关键就在于中国特色。中国特色的关键就在于"两个结合"。中国特色社会主义道路首先是社会主义，这是从马克思主义那里来的；同时，中国文化中朴素的社会主义元素也提供了中国接受马克思主义的文化基础。建设中国特色社会主义，我们的道路越走越宽广、越走越坚定。在中国特色社会主义新时代，党和国家的事业之所以取得了历史性成就、发生了历史性变革，一个重要原因就是我们坚持了"两个结合"。中国特色社会主义道路是在马克思主义指导下走出来的，也是从五千多年中华文明史中走出来的；"第二个结合"让中国特色社会主义道路有了更加宏阔深远的历史纵深，拓展了中国特色社会主义道路的文化根基。……

　　第四，"结合"打开了创新空间。"结合"本身就是创新，同时又开启了广阔的理论和实践创新空间。"第二个结合"让我们掌握了思想和文化主动，并有力地作用于道路、理论和制度。……更重要的是，"第二个结合"是又一次的思想解放，让我们能够在更广阔的文化空间中，充分运用中华优秀传统文化的宝贵资源,探索面向未来的理论和制度创新。

第五,"结合"巩固了文化主体性。任何文化要立得住、行得远,要有引领力、凝聚力、塑造力、辐射力,就必须有自己的主体性。中国共产党历来重视文化,新时代我们在道路自信、理论自信、制度自信的基础上增加了文化自信。文化自信就来自我们的文化主体性。这一主体性是中国共产党带领中国人民在中国大地上建立起来的;是在创造性转化、创新性发展中华优秀传统文化,继承革命文化,发展社会主义先进文化的基础上,借鉴吸收人类一切优秀文明成果的基础上建立起来的;是通过把马克思主义基本原理同中国具体实际、同中华优秀传统文化相结合建立起来的。

(资料来源:习近平:《在文化传承发展座谈会上的讲话》,《求是》2023年第17期。)

(2)马克思主义中国化时代化这个重大命题本身就决定,我们决不能抛弃马克思主义这个魂脉,决不能抛弃中华优秀传统文化这个根脉。坚守好这个魂和根,是理论创新的基础和前提。理论创新必须讲新话,但不能丢了老祖宗,数典忘祖就等于割断了魂脉和根脉,最终会犯失去魂脉和根脉的颠覆性错误。我们必须坚持马克思主义这个立党立国、兴党兴国之本不动摇,坚持植根本国、本民族历史文化沃土发展马克思主义不停步,坚定历史自信、文化自信,坚持古为今用、推陈出新,以马克思主义为指导对中华五千多年文明宝库进行全面挖掘,用马克思主义激活中华优秀传统文化中富有生命力的优秀因子并赋予新的时代内涵,将中华民族的伟大精神和丰富智慧更深层次地注入马克思主义,有效把马克思主义思想精髓同中华优秀传统文化精华贯通起来,聚变为新的理论优势,不断攀登新的思想高峰。我们要拓宽理论视野,以海纳百川的开放胸襟学习和借鉴人类社会一切优秀文明成果,在"人类知识的总和"中汲取优秀思想文化资源来创新和发展党的理论,形成兼容并蓄、博采众长的理论大格局大气象。

……时代是思想之母,实践是理论之源。一切划时代的理论,都是满足时代需要的产物。用以观察时代、把握时代、引领时代的理论,必须反映时代的声音,绝不能脱离所在时代的实践,必须不断总结实践经验,将其凝结成时代的思想精华。

(资料来源:《不断深化对党的理论创新的规律性认识 在新时代新征程上取得更为丰硕的理论创新成果》,《人民日报》2023年7月2日第1版。)

2.案例指向

本案例是组合式案例,针对"教学难点一"展示了习近平总书记2023

年6月2日在文化传承发展座谈会上的讲话以及2023年6月30日在二十届中央政治局第六次集体学习时的讲话中关于马克思主义"魂脉"和中华优秀传统文化"根脉"为什么能结合、为什么要结合、怎样结合、结合的结果是什么等重要论断,从习近平总书记关于马克思主义中国化时代化"两个结合"的最新表述出发,揭示马克思主义中国化和马克思主义时代化的关系。

3.案例解析

教材导论指出"马克思主义中国化时代化,就是立足中国国情和时代特点,坚持把马克思主义基本原理同中国具体实际相结合、同中华优秀传统文化相结合,深入研究和解决中国革命、建设、改革不同历史时期的实际问题,真正搞懂面临的时代课题,不断吸收新的时代内容,科学回答时代提出的重大理论和实践课题,创造新的理论成果"。这个概念界定虽然突出了"中国"(中国国情、中国具体实际、中华优秀传统文化、中国实际问题)和"时代"(时代特点、时代课题、时代内容)两个维度,实际上分别对应马克思主义中国化和马克思主义时代化,但是没有分开论述马克思主义中国化与马克思主义时代化的内涵。同时,导论援引毛泽东在《论新阶段》中首次提出的"马克思主义的中国化"也没有在字面上涉及"马克思主义时代化"。因此,如何理解马克思主义中国化和马克思主义时代化之间的关系,从而完整、准确、深入理解马克思主义中国化时代化的概念内涵,就构成了学生的理解难点。

习近平总书记指出,把马克思主义基本原理同中国具体实际、同中华优秀传统文化相结合是我们取得成功的最大法宝。同时,"两个结合"也是理解马克思主义中国化和马克思主义时代化关系的最佳途径。从案例材料中我们知道,"结合"的前提是彼此契合,"结合"的结果是互相成就,这种"结合"不是简单的"物理反应",而是深刻的"化学反应"。从"两个结合"的具体内容来看,中国具体实际和中华优秀传统文化的主体都是中国,把马克思主义基本原理同中国具体实际、同中华优秀传统文化相结合就是马克思主义与中国的"互化",那么是不是用"马克思主义中国化"就可以完全概括这种结合了呢?为什么还要在"中国化"后面再加上"时代化"呢?

(1)"两个结合"中的中国具体实际和中华优秀传统文化不是静止僵化的,都处在运动发展当中,也就都包含着"时代化"的属性和要求

从时代化的客观属性来看,今天的中国与100年前、50年前,甚至10

年前、5年前的中国相比都发生了或巨大或显著的变化;不同历史时期中国面临的实际问题也各不相同,这是不以人的意志为转移的客观现实。从时代化的主观要求上看,100多年来中国共产党带领中国人民始终勇敢面对、积极解决不同历史时期出现的各种现实问题,努力赶上时代发展的步伐,希望引领时代发展的潮流。在这个过程当中,我们也始终在思考如何在时代的发展变化中处理自己与中华优秀传统文化的关系。进入中国特色社会主义新时代,中国共产党明确提出推动中华优秀传统文化的创造性转化、创新性发展,案例材料中习近平总书记对"第二个结合"的重要论断,就是中国共产党关于中华优秀传统文化如何时代化的最新成果。由此可见,马克思主义中国化内在地包含着时代化的客观属性和主观要求,离开时代化不可能实现中国化,推进中国化必然要实现时代化。这也是为什么中国共产党在相当长的历史时期内并没有在马克思主义中国化后面专门提出"时代化"加以强调。

(2)尽管实践已经证明马克思主义与中国彼此契合、互相成就,但是马克思主义不是专门为中国准备的,中国也不是唯一实践马克思主义和在实践中丰富、发展马克思主义的国家

我们知道,马克思主义作为科学理论具有开放性,这个开放性既包括面向人类的未来而开放,也包括面向世界各国人民而开放,因此,"马克思主义时代化"就不仅指马克思主义在中国的时代化,而且指马克思主义在整个世界范围内的时代化。任何一个国家要实践马克思主义,就意味着要让马克思主义在本土落地生根,既改变本国的面貌和未来,也在本国的土壤中结出新的理论成果。历史地看,不同国家接触马克思主义的时间有先有后、实践马克思主义的进展有快有慢、发展马克思主义的程度有高有低;能在世界范围内代表马克思主义时代化发展水平的国家也出现过变化,符合某个国家国情、解决某个国家问题的马克思主义,并非自始至终都是代表时代最前沿、走在时代最前端的马克思主义。新民主主义革命时期的中国,虽然诞生了毛泽东思想这一马克思主义中国化时代化第一次历史性飞跃的理论成果,但由于经济文化落后的状况和内忧外患的处境,当时中国要解决的并非时代最前沿的问题,中国化马克思主义也就难说是走在时代最前端的马克思主义。时过境迁,世界历史和中国发展已经发生了巨大的变化,马克思主义时代化的世界格局也发生了巨大的变化。正是在这个意义上,现在中国共产党提出"马克思主义中国化时代化"这个重大命题,既是对中国共产党理论创新的立场方法、历史进程和

实践经验的提炼概括,也是对中国共产党的理论创新成果走在世界前列、处于时代前沿的郑重确认。没有"两个结合",就没有中国特色社会主义,没有"两个结合",21世纪马克思主义就将失去最盎然的生机和活力。只有尊重历史、正视现实、面向未来,我们才能够深刻理解中国特色社会主义的道路自信、理论自信、制度自信、文化自信,理解为什么"两个结合"是我们取得成功的最大法宝,才能够准确把握马克思主义中国化时代化的真正内涵。

(二)民族复兴:马克思、恩格斯怎么看

1.案例呈现

(1)克拉柯夫革命的共产主义到底是什么呢?是不是由于这革命的目的是复兴波兰民族,因而就是共产主义的革命呢?……共产主义否认阶级存在的必要性;它要消灭任何阶级,消除任何阶级的差别。而克拉柯夫革命家只希望消除阶级间的政治差别;他们要给不同的阶级以同等的权利。到底在哪一点上说克拉柯夫的革命是共产主义的革命呢?也许是由于这一革命要粉碎封建的锁链,解放封建劳役的所有制,使它变成自由的所有制,现代的所有制吧?……克拉柯夫革命把民族问题和民主问题以及被压迫阶级的解放看作一回事,这就给整个欧洲作出了光辉的榜样。

(资料来源:《马克思恩格斯全集》第4卷,人民出版社1958年版,第535～537页。)

(2)俄国仅仅表明它是一个吸引一切斯拉夫人的中心,是凝聚复兴的各个斯拉夫系的核心,是一个强大而统一的民族,这个民族的使命是建立一个从易北河到中国、从亚德里亚海到北冰洋的斯拉夫大帝国。就是说,在这里找到了所缺乏的统一和群众!泛斯拉夫主义一下子落入了圈套。它就这样宣布了自己的判决。为了重新维护想象中的民族,泛斯拉夫主义者表示愿意为了俄罗斯—蒙古人的野蛮统治而牺牲八百年来实际参与过的文明。难道这不是一开始就坚决反对欧洲文明发展进程并力图使世界历史开倒车的运动的自然结果吗?

(资料来源:《马克思恩格斯全集》第14卷,人民出版社2013年版,第322页。)

(3)工人阶级知道,他们必须经历阶级斗争的几个不同阶段。他们知道,以自由的联合的劳动条件去代替劳动受奴役的经济条件,需要相当一段时间才能逐步完成(这是经济改造);这里不仅需要改变分配方法,而且需要一种新的生产组织,或者勿宁说是使目前(现代工业所造成的)有组织的劳动中存在着的各种生产社会形式摆脱掉(解除掉)奴役的锁链和它

们的目前的阶级性质,还需要在全国范围内和国际范围内进行协调的合作。他们知道,这个复兴事业将不断地遭到既得利益和阶级自私的反抗,因而被延缓、被阻挠。他们知道,目前"资本和土地所有权的自然规律的自发作用"只有经过新条件的漫长发展过程才能被"自由的、联合的劳动的社会经济规律的自发作用"所代替,正如过去"奴隶制经济规律的自发作用"和"农奴制经济规律的自发作用"之被代替一样。但是,工人阶级同时也知道,通过公社的政治组织形式,可以立即向前大步迈进,他们知道,为了他们自己和为了人类开始这一运动的时刻已经到来了。

(资料来源:《马克思恩格斯全集》第17卷,人民出版社1963年版,第594页。)

2.案例指向

本案例是组合式案例,针对"教学难点二"展示马克思、恩格斯关于19世纪民族复兴的重要论述,揭示马克思主义认识民族复兴的立场、观点、方法。

3.案例解析

马克思主义从形成、发展到在世界传播的过程,也是民族主义乘资本主义上升之势而流布、新兴民族国家之间及其与老旧帝国之间冲突不断的历史过程。"民族复兴"作为思想主张、政治议题和实际运动也正是在此期间集中而大量涌现的。综合马克思、恩格斯关于民族复兴问题的论述,他们认识民族复兴的立场、观点、方法主要包括:

(1)民族复兴是通向社会复兴和人类复兴的历史阶段

马克思主义者是实践的历史主义者,在改造世界、创造历史的同时,也承认人们的实践创造"并不是在他们自己选定的条件下创造,而是在直接碰到的、既定的、从过去承继下来的条件下创造"①。马克思、恩格斯根据已知和新发现的材料,从唯物史观出发不断探索并研究"民族"作为社会实存和一般观念的历史发展过程。基于"民族"是一个历史范畴的认识,经典马克思主义曾按不同标准对直至资本主义时代的民族进行过多种类型划分,从而揭示出"民族"的存在本身是有意识的社会革命的既定条件。

马克思和恩格斯讨论了19世纪出现的各种"民族复兴",无论是哪一种,至多是在不同程度上包含了社会复兴和人类复兴的积极因素,因此只能视为走向后者的历史阶段。马克思在论述西班牙革命时指出:拿破仑

————————

① 《马克思恩格斯选集》第1卷,人民出版社2012年版,第669页。

之后"所有反法的独立战争都具有复兴性质和反动性质相结合的特点"，"民族派"革命者向"旧的民间信仰所具有的民族偏见"寻求力量的策略，在旧社会保守派的反攻面前终究成为自己的"致命伤"；"复兴时代最初制定的"1812 年的宪法"充满了大量与社会复兴的曙光不可分离的虚妄之谈"，但这只是"意味着资产阶级的统治，而不是人民的解放"。① 在纪念克拉柯夫革命两周年时，马克思和恩格斯回答了"是不是由于这革命的目的是复兴波兰民族，因而就是共产主义的革命"这一问题，他们肯定了"把民族问题和民主问题以及被压迫阶级的解放看作一回事"的进步意义，同时也指出了其限度在于"粉碎封建的锁链，解放封建劳役的所有制，使它变成自由的所有制，现代的所有制"。② 那么，在 1848 年革命之后政治条件下的民族复兴是否意味着人类的社会复兴呢？ 马克思在分析巴黎公社时给出了否定的答案。马克思认为，作为社会解放的政治形式，公社把资产阶级国家夺去的一切力量还给社会机体，"仅此一举就会把法国的复兴推动起来"，但同时"公社也不是工人阶级的社会运动，从而也不是全人类复兴的运动，而只是有组织的行动手段"。③ 由此可见，马克思和恩格斯对 19 世纪历史条件下的民族复兴问题一般"都是采取严格的有批判的态度，认为这个问题只有相对的历史意义"④，而且其评价尺度也并不在于"民族"或"复兴"本身。

（2）生产力和生产关系的发展是民族复兴的价值尺度

民族独立是绝大多数民族复兴的核心主张，也是寻求复兴的民族诉诸本民族历史的自我评价标准。与此不同的是，马克思和恩格斯是依据生产力和生产关系规律，从世界历史发展的视野判断民族复兴的价值。面对揭橥"想象的共同体"的泛斯拉夫主义者，恩格斯指出："为了重新维护想象中的民族，泛斯拉夫主义者表示愿意为了俄罗斯—蒙古人的野蛮统治而牺牲八百年来实际参与过的文明。难道这不是一开始就坚决反对欧洲文明发展进程并力图使世界历史开倒车的运动的自然结果吗？"⑤恩格斯认为，泛斯拉夫主义者之所以"不顾最迫切的物质需要，把一切斯拉夫人毫无例外地联合成为一些独立的斯拉夫国家"，是因为他们主张"民

---

① 《马克思恩格斯全集》第 13 卷，人民出版社 1998 年版，第 516、517、563、564 页。

② 《马克思恩格斯全集》第 4 卷，人民出版社 1958 年版，第 535～537 页。

③ 《马克思恩格斯文集》第 3 卷，人民出版社 2009 年版，第 157、198 页。

④ 《列宁全集》第 25 卷，人民出版社 1988 年版，第 264 页。

⑤ 《马克思恩格斯全集》第 14 卷，人民出版社 2013 年版，第 322 页。

族特性,即虚构的全体斯拉夫人的民族特性,是高于革命的"。① 那么,是不是说马克思和恩格斯就一概反对民族独立呢? 答案是否定的。恩格斯在讨论波兰问题时从总体上指出,"一个大民族,只要还没有实现民族独立,历史地看,就甚至不能比较严肃地讨论任何内政问题",而无产阶级的国际运动,"无论如何只有在独立民族的范围内才有可能"。② 马克思在讨论更早的爱尔兰志愿兵问题时也指出,他们的首要目的是解除英国施加的"商业和工业的桎梏","其次是民族独立。再其次是作为民族复兴条件之一的议会改革和天主教徒解放"。③ 可见,马克思、恩格斯是以生产力和生产关系发展的尺度衡量各民族复兴具体价值的。

关于民族复兴的价值尺度,较为引人注目的是马克思、恩格斯在爱尔兰和波兰问题上观点的前后变化。基于英国生产力和生产关系的领先状况,马克思在较长时间内都认为爱尔兰的民族复兴"杠杆必须安放在这里",到 1869 年 12 月,他在深入研究了英国和爱尔兰生产关系矛盾的历史变奏之后,向恩格斯表示自己新近改变了看法,认为解决爱尔兰问题的"杠杆一定要安放在爱尔兰"。④ 再看恩格斯。1851 年之前,恩格斯对波兰复兴一直抱支持和乐观态度,而 1851 年 5 月他却向马克思表示,"波兰人是一个毫无希望的民族",因为相比于"俄国所接受的文化因素,特别是工业因素"具有"小贵族懒惰本性"的波兰已经远远落后了。⑤ 到 1866年,恩格斯又回到了先前的乐观判断,并一直保持到 1892 年《共产党宣言》波兰文版序言中为人熟知的充分肯定。恩格斯宣告"波兰人民即将达到民族复兴的新的保证"的根本依据,同样是波兰生产力的发展,"而且从10 年前上一版问世以来确实已有这种发展,这是丝毫不容置疑的"。也是在这篇序言里,经典马克思主义的论断又前进了一步——作为民族复兴基本条件和重要标志的民族独立,"只有年轻的波兰无产阶级才能争得,而且在波兰无产阶级手里会很好地保持住"——民族复兴未必由无产

---

① 《马克思恩格斯全集》第 6 卷,人民出版社 1961 年版,第 341 页。

② 《马克思恩格斯文集》第 10 卷,人民出版社 2009 年版,第 471、472 页。

③ 《马克思恩格斯全集》第 45 卷,人民出版社 1985 年版,第 16 页。

④ 马克思是在两封相隔不到两周的信中明确表述这两个观点的,但这并不意味着他是草率为之。"杠杆在英国"的主张是他在《纽约论坛报》上长期维护的,但在给库格曼的信中才用"杠杆"的比喻表达;而"杠杆在爱尔兰"则是他一经改变就写信告知恩格斯的。参见《马克思恩格斯文集》第 10 卷,人民出版社 2009 年版,第 313～318 页。

⑤ 《马克思恩格斯全集》第 27 卷,人民出版社 1972 年版,第 285 页。

阶级最先提出,但只能靠无产阶级真正实现。

(3)无产阶级的解放程度决定民族复兴的实践指向

与从前一切"向后看"的民族复兴不同,马克思和恩格斯主张的是"向前看"的民族复兴:"民族"不是偶像,而是推动历史进步的条件;"民族"也不是铁板,而是由不同阶级构成的机体。只有无产阶级而不是其他阶级在物质与精神上的解放程度,才能决定民族复兴是否向正确方向发展。在马克思看来,巴黎公社是那个时代中最接近"向前看"的民族复兴的历史时刻,工人阶级知道"通过公社的政治组织形式,可以立即向前大步迈进,他们知道,为了他们自己和为了人类开始这一运动的时刻已经到来了"。[①] 公社夺取用以拯救民族的政权,代表着"劳动"的解放,而"工人阶级解放的条件同时也就是法国复兴的条件"。[②] 恩格斯晚年总结道,那时只有巴黎工人抱有推翻整个资产阶级统治的明确意图,只是"无论法国经济的进展或法国工人群众的精神的发展,都还没有达到可能实现社会改造的程度"。[③] 马克思和恩格斯站在无产阶级的人民立场,从欧洲到亚洲、从非洲到美洲,到处赞扬各民族人民的力量。即便是在殖民统治完全笼罩的印度,他们也从人民当中发现"在多少是遥远的未来,这个巨大而诱人的国家将复兴起来"[④]的希望。

(三)列宁对俄国复兴的实践要求和对中华民族伟大复兴的历史预言

1.案例呈现

(1)现在资本主义大大提高了整个文化,其中包括群众的文化。战争震动了群众,以空前未有的惨祸和苦难唤醒了他们。战争推动了历史,历史现在正以火车头的速度飞驰前进。现在千百万人正在独立创造历史。资本主义现在已经发展到可以实现社会主义的程度了。

因此,如果说俄国现在是在从"蒂尔西特"和约走向——它无可争辩地是在走向——民族复兴,走向伟大卫国战争的话,那么这个复兴的出路就不是走向资产阶级国家,而是走向国际社会主义革命。我们从1917年

---

① 《马克思恩格斯全集》第 17 卷,人民出版社 1963 年版,第 594 页。
② 《马克思恩格斯文集》第 3 卷,人民出版社 2009 年版,第 209、210 页。
③ 《马克思恩格斯选集》第 1 卷,人民出版社 2012 年版,第 396 页。
④ 《马克思恩格斯全集》第 9 卷,人民出版社 1961 年版,第 251 页。

10月25日起已经是护国派了。我们主张"保卫祖国",不过我们准备进行的卫国战争是保卫社会主义祖国的战争,保卫作为祖国的社会主义的战争,保卫作为世界社会主义大军的一支队伍的苏维埃共和国的战争。

…………

是的,要向德国人学习!历史的发展是迂回曲折的。现在出现了这样的情况:正是德国人,除了体现残暴的帝国主义,同时又体现了纪律、组织、在现代机器工业基础上的紧密协作以及极严格的计算与监督的原则。

而这正是我们所缺少的。这正是我们要学会的。这正是我们伟大革命由胜利的开始经过许多严重考验而走向胜利的结局所缺少的东西。这正是俄罗斯苏维埃社会主义共和国不再做又贫穷又衰弱的国家,而永远成为又强大又富饶的国家所需要的东西。

(资料来源:《列宁选集》第3卷,人民出版社2012年版,第472、473页。)

(2)中国愈落在欧洲和日本的后面,就愈有四分五裂和民族解体的危险。只有革命人民群众的英雄主义才能"振兴"中国,才能在政治方面建立中华民国,在土地方面实行国有化以保证资本主义最迅速的发展。

能不能做到这一点,能做到什么程度,——这是另一个问题。不同的国家通过自己的资产阶级革命所实现的政治方面和土地方面的民主主义,在程度上是不同的,而且情况是错综复杂的。这要看国际形势和中国各种社会力量的对比而定。看来皇帝大概会把封建主、官僚、僧侣联合起来,准备复辟。刚刚从自由主义君主派变成自由主义共和派(能长久吗?)的资产阶级代表袁世凯,将在君主制和革命之间实行随风倒的政策。以孙中山为代表的革命的资产阶级民主派,正在发挥农民群众在政治改革和土地改革方面的高度主动性、坚定性和果断精神,从中正确地寻找"振兴"中国的道路。

最后,由于在中国将出现更多的上海,中国无产阶级也将日益成长起来。它一定会建立这样或那样的中国社会民主工党,而这个党在批判孙中山的小资产阶级空想和反动观点时,大概会细心地挑选出他的政治纲领和土地纲领中的革命民主主义内核。

(资料来源:《列宁选集》第2卷,人民出版社2012年版,第295、296页。)

2.案例指向

本案例是组合式案例,针对"教学难点二"展示列宁对俄国在十月革命之后如何实现民族复兴的实践要求以及列宁对中国无产阶级政党带领革命人民群众实现中华民族伟大复兴的历史预见,结合案例二揭示的马

克思主义关于民族复兴的立场、观点和方法，讲清楚中华民族伟大复兴的
必然性和独特性。

　　3.案例解析

　　2013年3月23日，国家主席习近平在《顺应时代前进潮流 促进世界
和平发展——在莫斯科国际关系学院的演讲》中提出："实现中华民族伟
大复兴，是近代以来中国人民最伟大的梦想，我们称之为'中国梦'，基本
内涵是实现国家富强、民族振兴、人民幸福。"众所周知，世界历史上也曾
经出现过民族复兴的主张，在教学实践中如何使学生深刻理解中华民族
伟大复兴与普遍基于民族主义的民族复兴主张之间的本质区别，继而从
中华民族伟大复兴的科学内涵出发掌握马克思主义中国化时代化的历史
逻辑，就构成了学生的理解难点。

　　案例二介绍了马克思主义认识民族复兴的立场、观点、方法，这是马
克思和恩格斯在研究19世纪民族复兴问题时提出的。历史的车轮行进
到20世纪，俄国爆发了十月革命，科学社会主义从理论转化为无产阶级
夺取政权、建立世界上第一个社会主义国家的伟大实践。列宁领导俄国
在极端困难的情况下保卫新生的社会主义国家，通过发展社会生产力建
设社会主义，提出了俄国实现民族复兴的实践要求。同时，列宁也站在马
克思主义的人民立场，从无产阶级政党的使命意识出发，满怀希望和热情
地展望了中华民族伟大复兴的历史前景。

　　从列宁的论述中我们可以认识到，当无产阶级的解放程度发展到已
使自身成为民族的领导阶级的时候，历史环境也在资产阶级国家的出路
之外，为新纪元中的民族复兴提供新的实践方向及其实现条件。在马克
思主义从西方到东方的现实语境转换中，列宁继承并拓展了马克思主义
关于民族复兴的认识：必须解放劳动者，"因为在他们身上蕴藏着革命、复
兴和革新的尚未苏醒的伟大力量"。[①] 包含"纪律、组织、在现代机器工业
基础上的紧密协作以及极严格的计算与监督的原则"的整个帝国主义的
生产力，"正是俄罗斯苏维埃社会主义共和国不再做又贫穷又衰弱的国
家，而永远成为又强大又富饶的国家所需要的东西"。无产阶级解放的程
度决定了"如果说俄国现在是在从'蒂尔西特'和约走向——它无可争辩
地是在走向——民族复兴，走向伟大卫国战争的话，那么这个复兴的出路

_____

① 《列宁全集》第33卷，人民出版社1985年版，第289页。

就不是走向资产阶级国家,而是走向国际社会主义革命"。①

站在俄国看中国,无产阶级的解放已经达到这样的程度:"只有革命人民群众的英雄主义才能'振兴'中国",日益成长的中国无产阶级及其政党,必定会在对资产阶级革命民主派纲领的扬弃中,"正确地寻找'振兴'中国的道路"。②

列宁关于中华民族伟大复兴的历史预言最终成为现实。中国共产党自成立以来就肩负着民族复兴的历史使命,领导中国人民为实现中华民族伟大复兴不懈奋斗。作为这一伟大实践的思想成果,毛泽东思想和中国特色社会主义理论体系内在地包含了中国共产党的中华民族伟大复兴理论,在理论和实践的统一中,明确了中华民族作为国家民族,是几千年来"五方之民"交融和合、共创历史和文明的共同体意涵,明确了中华民族伟大复兴是以不断解放和发展社会生产力为中心,经济繁荣、政治文明、文化昌盛、国家强大、各族平等团结、人民生活幸福、造福世界人民的基本内涵范畴。并为中华民族长期稳定的现代化发展创设了人民民主的统一的多民族国家的整体性制度安排,为中华民族以创造人类文明新形态的革命性实践重塑世界历史中的民族历史主体性提供了科学的思想基础。

"马克思主义之所以行,就在于党不断推进马克思主义中国化时代化并用以指导实践。"③中国共产党关于中华民族伟大复兴的理论创获,以马克思主义的世界历史视野观照中华民族及其前途命运,以马克思主义揭示的人类社会发展规律指导民族复兴的道路方向,以马克思主义政党的使命自觉和宗旨意识塑造民族复兴的中坚力量,回应了近代以来中华民族是否能够复兴、追求何种复兴、如何实现复兴的百年之问,奠定了实现中华民族伟大复兴不可或缺的指导思想、理论阐释和共识基础,显示了推进马克思主义中国化时代化与引领中华民族伟大复兴的主体同一性和过程同步性。

(四)百年辉煌:开天辟地、改天换地、翻天覆地、惊天动地

1.案例呈现

(1)中国共产党自一九二一年成立以来,始终把为中国人民谋幸福、

---

① 《列宁选集》第 3 卷,人民出版社 2012 年版,第 472、473 页。

② 《列宁选集》第 2 卷,人民出版社 2012 年版,第 295、296 页。

③ 《继续把党史总结学习教育宣传引向深入 更好把握和运用党的百年奋斗历史经验》,《人民日报》2022 年 1 月 12 日第 1 版。

为中华民族谋复兴作为自己的初心使命，始终坚持共产主义理想和社会主义信念，团结带领全国各族人民为争取民族独立、人民解放和实现国家富强、人民幸福而不懈奋斗，已经走过一百年光辉历程。

新民主主义革命时期，党面临的主要任务是，反对帝国主义、封建主义、官僚资本主义，争取民族独立、人民解放，为实现中华民族伟大复兴创造根本社会条件。……在革命斗争中，以毛泽东同志为主要代表的中国共产党人，把马克思列宁主义基本原理同中国具体实际相结合，对经过艰苦探索、付出巨大牺牲积累的一系列独创性经验作了理论概括，开辟了农村包围城市、武装夺取政权的正确革命道路，创立了毛泽东思想，为夺取新民主主义革命胜利指明了正确方向。

社会主义革命和建设时期，党面临的主要任务是，实现从新民主主义到社会主义的转变，进行社会主义革命，推进社会主义建设，为实现中华民族伟大复兴奠定根本政治前提和制度基础。……在这个时期，毛泽东同志提出把马克思列宁主义基本原理同中国具体实际进行"第二次结合"，以毛泽东同志为主要代表的中国共产党人，结合新的实际丰富和发展毛泽东思想……毛泽东思想是马克思列宁主义在中国的创造性运用和发展，是被实践证明了的关于中国革命和建设的正确的理论原则和经验总结，是马克思主义中国化的第一次历史性飞跃。

改革开放和社会主义现代化建设新时期，党面临的主要任务是，继续探索中国建设社会主义的正确道路，解放和发展社会生产力，使人民摆脱贫困、尽快富裕起来，为实现中华民族伟大复兴提供充满新的活力的体制保证和快速发展的物质条件。……党深刻认识到，开创改革开放和社会主义现代化建设新局面，必须以理论创新引领事业发展。……党领导和支持开展真理标准问题大讨论，从新的实践和时代特征出发坚持和发展马克思主义，科学回答了建设中国特色社会主义的发展道路、发展阶段、根本任务、发展动力、发展战略、政治保证、祖国统一、外交和国际战略、领导力量和依靠力量等一系列基本问题，形成中国特色社会主义理论体系，实现了马克思主义中国化新的飞跃。

党的十八大以来，中国特色社会主义进入新时代。党面临的主要任务是,实现第一个百年奋斗目标,开启实现第二个百年奋斗目标新征程,朝着实现中华民族伟大复兴的宏伟目标继续前进。……习近平同志对关系新时代党和国家事业发展的一系列重大理论和实践问题进行了深邃思考和科学判断,就新时代坚持和发展什么样的中国特色社会主义、怎样坚持和发展中国特色社会主义,建设什么样的社会主义现代化强国、怎样建设社会主义现代化强国,建设什么样的长期执政的马克思主义政党、怎样建设长期执政的马克思主义政党等重大时代课题,提出一系列原创性的治国理政新理念新思想新战略,是习近平新时代中国特色社会主义思想的主要创立者。习近平新时代中国特色社会主义思想是当代中国马克思主义、二十一世纪马克思主义,是中华文化和中国精神的时代精华,实现了马克思主义中国化新的飞跃。

(资料来源:《中共中央关于党的百年奋斗重大成就和历史经验的决议》,《人民日报》2021年11月17日第1版。)

(2)中国共产党百年历史,可以划分为四个历史时期:从1921年7月中国共产党建立至1949年10月中华人民共和国成立,是新民主主义革命时期;从1949年10月至1978年12月党的十一届三中全会召开,是社会主义革命和建设时期;从1978年12月至2012年11月党的十八大召开,是改革开放和社会主义现代化建设新时期;从2012年11月至今是中国特色社会主义新时代。在这四个历史时期,中国共产党完成和推进了四件大事。四件大事铸就了中国共产党百年辉煌。

开天辟地:中国共产党在新民主主义革命时期完成救国大业;改天换地:中国共产党在社会主义革命和建设时期完成兴国大业;翻天覆地:中国共产党在改革开放和社会主义现代化建设新时期推进富国大业;惊天动地:中国共产党在中国特色社会主义新时代推进并将在本世纪中叶实现强国大业。

从1921年到2021年,中国共产党走过了整整一百年的历程。这是用鲜血、汗水、泪水、勇气、智慧、力量写就的百年;是筚路蓝缕、披荆斩棘、艰苦创业、砥砺前行、充满艰险、充满神奇的百年;是苦难中铸就辉煌、挫折后毅然奋起、探索中收获成功、失误后拨乱反正、转折中开创新局、奋斗后赢得未来的百年。争取民族独立、人民解放和实现国家富强、人民幸福,是中国共产党百年历史的主题和主线;"不懈奋斗史""理论探索史""自身建设史",是中国共产党百年历史的主流和本质;把革命、建设、改革、复兴事业不断推向前进,是中国共产党百年历史的鲜明特征;逐步实现救国、兴国、富国、强国的奋斗目标,是中国共产党百年历史的庄严使命。

(资料来源:曲青山:《中国共产党百年辉煌》,《光明日报》2021年2月3日第11版。)

2.案例指向

本案例为组合式案例,针对"教学难点三"展示《中共中央关于党的百年奋斗重大成就和历史经验的决议》中关于马克思主义中国化时代化"历史性飞跃"和"新的飞跃"的论断,介绍中共中央党史和文献研究院院长、中国中共党史学会会长曲青山对百年党史四件大事的形象概括,帮助学生理解毛泽东思想和中国特色社会主义理论体系在马克思主义中国化时代化发展史中的历史地位及其原因。

3.案例解析

教材导论依据《中共中央关于党的百年奋斗重大成就和历史经验的决议》指出,从毛泽东思想和中国特色社会主义理论体系两大理论成果在马克思主义中国化时代化历史进程中的地位来看,毛泽东思想是马克思主义中国化时代化的第一次历史性飞跃,邓小平理论、"三个代表"重要思想、科学发展观,习近平新时代中国特色社会主义思想实现了马克思主义中国化时代化新的飞跃。导论没有对《中共中央关于党的百年奋斗重大成就和历史经验的决议》宣示的马克思主义中国化时代化"第一次历史性飞跃"与两次"新的飞跃"的联系和区别进行详细阐释,这就构成了学生对马克思主义中国化时代化的两大理论成果关于"飞跃"表述的理解难点。

结合案例材料,在马克思主义中国化时代化的历史进程中,"历史性飞跃"标定的指导思想是毛泽东思想,用了"开天辟地""改天换地"来说明建立新中国、建立社会主义制度的历史性贡献。中国特色社会主义理论体系诞生于改革开放和社会主义现代化建设新时期,这一时期的历史成就用了"翻天覆地"来形容,表示我们是在建设中华人民共和国、完善社会主义制度中取得了巨大成就。因此,中国特色社会主义理论体系是马克思主义中国化时代化"新的飞跃"。习近平新时代中国特色社会主义思想形成于中国特色社会主义新时代,"新时代"的最根本依据是中国社会主要矛盾的变化,这一重大变化使"三大基本问题"成为新的时代课题,新时代以来我们取得的历史性突破和成就可以用"惊天动地"来形容,但我国仍处于并将长期处于社会主义初级阶段的历史方位,从思考并回答新的时代课题的理论创新角度看,习近平新时代中国特色社会主义思想实现了马克思主义中国化时代化"新的飞跃"。

《中共中央关于党的百年奋斗重大成就和历史经验的决议》指出:"从

新中国成立到改革开放前夕,党领导人民完成社会主义革命,消灭一切剥削制度,实现了中华民族有史以来最为广泛而深刻的社会变革,实现了一穷二白、人口众多的东方大国大步迈进社会主义社会的伟大飞跃。在探索过程中,虽然经历了严重曲折,但党在社会主义革命和建设中取得的独创性理论成果和巨大成就,为在新的历史时期开创中国特色社会主义提供了宝贵经验、理论准备、物质基础。"这里的"理论准备",从宏观上看是指毛泽东思想的活的灵魂——贯穿于其各个组成部分的立场、观点、方法,体现为实事求是、群众路线、独立自主三个基本方面——为党和人民事业发展提供了科学指引。具体而言,是指毛泽东思想中关于社会主义建设的一系列重要思想,包括社会主义社会是一个很长的历史阶段,严格区分并正确处理敌我矛盾和人民内部矛盾,正确处理我国社会主义建设的十大关系,走出一条适合我国国情的工业化道路,尊重价值规律,在党与民主党派的关系上实行"长期共存、互相监督"的方针,在科学文化工作中实行"百花齐放、百家争鸣"的方针等独创性理论成果,至今仍有重要指导意义。由此可见,毛泽东思想和中国特色社会主义理论体系之间是一脉相承又与时俱进的关系

马克思主义中国化时代化理论成果既一脉相承又与时俱进的关系,不仅反映在从毛泽东思想到中国特色社会主义理论体系的继承和发展,而且也反映在中国特色社会主义理论体系的组成部分之中。改革开放和社会主义现代化建设新时期,邓小平理论创造性地回答了什么是社会主义、怎样建设社会主义的问题,完成了中国特色社会主义理论体系的开篇之作;"三个代表"重要思想在邓小平理论的基础上,进一步回答了什么是社会主义、怎样建设社会主义的问题,创造性地回答了建设什么样的党、怎样建设党的问题,推进了中国特色社会主义理论体系的跨世纪发展;科学发展观在邓小平理论和"三个代表"重要思想的基础上,进一步回答了什么是社会主义、怎样建设社会主义和建设什么样的党、怎样建设党的问题,创造性地回答了新形势下实现什么样的发展、怎样发展等重大问题,实现了中国特色社会主义理论体系在新世纪新阶段的新发展。中国特色社会主义进入新时代,习近平新时代中国特色社会主义思想坚持把马克思主义基本原理同中国具体实际相结合、同中华优秀传统文化相结合,坚持毛泽东思想、邓小平理论、"三个代表"重要思想、科学发展观,深刻总结并充分运用党成立以来的历史经验,从新的实际出发,科学回答了新时代坚持和发展什么样的中国特色社会主义、怎样坚持和发展中国特色社会

主义,建设什么样的社会主义现代化强国、怎样建设社会主义现代化强国,建设什么样的长期执政的马克思主义政党、怎样建设长期执政的马克思主义政党等重大时代课题,在一脉相承和与时俱进的统一中,继续谱写中国特色社会主义理论体系在新时代的新篇章。

(五)青年毛泽东的万卷书和万里路

1.案例呈现

(1)1912 年秋 由于第一中学课程有限,(19 岁的毛泽东)读了通鉴辑览(《御批历代通鉴辑览》)以后,认为在校学习不如自学,便退学寄居在湘乡会馆,订了一个自修计划,每日到湖南省立图书馆读书。在自修的半年中,广泛涉猎十八、十九世纪欧洲资产阶级的社会科学和自然科学书籍。读了严复译的亚当·斯密《原富》,孟德斯鸠《法意》,卢梭《民约论》,约翰·穆勒《穆勒名学》,赫胥黎《天演论》和达尔文关于物种起源方面的书,还读一些俄、美、英、法等国的历史、地理书籍,以及古代希腊、罗马的文艺作品。在这个图书馆第一次看到一张世界大地图,引起很大的兴趣,反复细看,受到启发。

(资料来源:中共中央文献研究室编:《毛泽东年谱(1893—1949)》上卷,中央文献出版社 1993 年版,第 12～13 页。)

(2)1915 年 6 月 25 日 (22 岁的毛泽东)致信湘生,谈治学问题,对自己过去强调自修、不重视课堂学习有新的认识。信中说:"从前拿错主意,为学无头序,而于学堂科学,尤厌其繁碎。今闻于师友,且齿已长,而识稍进。于是决定为学之道,先博而后约,先中而后西,先普通而后专门。"

(资料来源:中共中央文献研究室编:《毛泽东年谱(1893—1949)》上卷,中央文献出版社 1993 年版,第 18 页。)

(3)1917 年 7 月中旬—8 月 16 日 (24 岁的毛泽东)同萧子升步行漫游长沙、宁乡、安化、益阳、沅江五县,历时一个月,行程九百余里。这次长途旅行,未带一文钱,用游学的方法或写些对联送人以解决食宿,所到之处,受到农民友善的欢迎和款待。沿途接触城乡社会各阶层的人,了解一些风土民情,获得许多新鲜知识。

(资料来源:中共中央文献研究室编:《毛泽东年谱(1893—1949)》上卷,中央文献出版社 1993 年版,第 28 页。)

(4)1920 年 3 月 14 日 (27 岁的毛泽东)写长信给周士钊,谈国内研究和出国研究的先后等问题。信中说:"……吾人如果要在现今的世界稍为尽一点力,当然脱不开'中国'这个地盘。关于这地盘内的情形,似不可不加以实地的调查,及研究。这层工夫,如果留在出洋回来的时候做,因人事及生活的关系,恐怕有些困难。不如在现在做了,一来无方才所说的困难;二来又可携带些经验到西洋去,考察时可以借资比较。"

(资料来源:中共中央文献研究室编:《毛泽东年谱(1893—1949)》上卷,中央文献出版社 1993 年版,第 54、55 页。)

(5)1920 年 4 月上旬 邀集湖南代表在景山东街中老胡同商讨结束在京驱张活动问题。……毛泽东在北京组织驱张活动期间,同李大钊、邓中夏、罗章龙等有密切联系,用心阅读他们介绍的马克思主义的书刊。热心地搜寻那时能够找到的为数不多的中文本的共产主义书籍。这时,毛泽东较多地受到马克思主义理论和俄国革命历史的影响,对社会历史的发展有比较正确的理解。

(资料来源:中共中央文献研究室编:《毛泽东年谱(1893—1949)》上卷,中央文献出版社 1993 年版,第 56、57 页。)

2.案例指向

本案例是组合式案例,针对"教学难点四"展示毛泽东"读万卷书,行万里路"的毕生实践在青年时代的起步情况,引导学生以青年毛泽东为榜样,激发学生努力学习、自主学习、为实现中华民族伟大复兴而学习的热情,启发学生深刻理解马克思主义中国化时代化理论成果学以致用的实践逻辑。

3.案例解析

读书是毛泽东毕生的爱好和习惯。从案例材料中我们知道,19 岁的毛泽东就已不再满足课堂上学习到的知识,自己到湖南省立图书馆阅读了 18、19 世纪欧洲资产阶级的社会科学和自然科学书籍,还有俄、美、英、法等国的历史、地理书籍,以及古代希腊、罗马的文艺作品。22 岁时,他对课堂学习和自主学习的关系有了新的认识,提出"为学之道,先博而后约,先中而后西,先普通而后专门",既是对自己过去学习经验的总结,也确定了终身学习、为改变中国面貌和命运而学习的志向。27 岁时,他在北京热心地搜寻那时能够找到的为数不多的中文本的共产主义书籍,通过学习开始对社会历史的发展形成比较正确的理解。毛泽东后来回忆说:"记得我在一九二〇年,第一次看了考茨基著的《阶级斗争》,陈望道翻译的《共产党宣言》,和一个英国人作的《社会主义史》,我才知道人类自有史以来就有阶级斗争,阶级斗争是社会发展的原动力,初步地得到认识问题的方法论。可是这些书上,并没有中国的湖南、湖北,也没有中国的蒋介石和陈独秀。我只取了它四个字：'阶级斗争'，老老实实地来开始研究实际的阶级斗争。"①中国共产党成立之后，无论承担多么繁忙的工作，无论身处顺境还是逆境，毛泽东都手不释卷，从未停止读书学习。这个爱好和习惯一直保持到他生命的最后一刻。

1976年9月7日到8日下午，弥留之际的毛泽东仍坚持看文件、看书。7日这天，经过抢救刚苏醒过来的毛泽东示意要看一本书。由于声音微弱和吐字不清，工作人员没能明白是要哪一本书。毛泽东显得有些着急，用颤抖的手握笔写下了一个"三"字，又用手敲敲木制的床头。工作人员猜出他是想看有关日本首相三木武夫的书。三木武夫是当时日本自由民主党总裁、内阁总理大臣。他正在日本参与大选，病重的毛泽东仍关切地注视着他在日本大选中的情况。当把书找来时，他略微点头，露出满意的神态。在工作人员帮助下，毛泽东只看了几分钟，就又昏迷过去。根据医疗组护理记录，8日这一天，毛泽东看文件、看书11次，共2小时50分钟。他是在抢救的情况下看文件看书的：上下肢插着静脉输液导管，胸部安有心电监护导线，鼻子里插着鼻饲管，文件和书是由别人用手托着。1976年9月8日晨，也就是在他临终前一天的5时50分，是在全身布满多种监护抢救器械的情况下读的，读了7分钟。毛泽东辞世离开人间的那一刻，也就是他读书学习结束的时刻。

毛泽东一生到底读过多少书，已经难以统计出准确的数字了，但是可以肯定的是，"读书破万卷"对于毛泽东并不是空悬案边的名言警句，也不是一时兴起的豪言壮语。1988年年底，根据中央指示，中央办公厅决定将毛泽东同志藏书移交中央档案馆保管。为此，中央档案馆抽调专门人员组成了毛泽东同志藏书管理组，来到中南海丰泽园，开始对藏书进行整理。经过整理，毛泽东同志藏书的总数为96473册，并编印了《毛泽东藏书目录》。毛泽东身边的工作人员证实，这些藏书绝大多数他都读过，很多还读过不止一遍，而这些书中的大部分还只是他56岁以后的藏书。

"读万卷书，行万里路"是中国人自古以来对知行合一的崇高追求。青年毛泽东尽管酷爱读书，但从不把自己禁锢在书斋中，而是着眼于社会变革，读"无字之书"，积极投身社会实践。他在课堂笔记《讲堂录》中这样写道："闭门求学，其学无用。欲从天下国家万事万物而学之，则汗漫九垓，遍游四宇尚已。"

---

① 《毛泽东农村调查文集》，人民出版社1982年版，第21、22页。

"游学"是青年毛泽东读"无字之书"最常用的方式。所谓"游学",就是旧时穷知识分子外出游历时,靠给店铺、庙宇写字、写对联、写诗,给人代写书信等,换一些盘缠。在1917年寒假和暑假、1918年夏初,毛泽东自己或邀同学一起用"游学"的方式进行了三次社会调查。1917年暑假期间,他与萧子升"游学",到长沙、宁乡、安化、益阳、沅江等地考察;1917年寒假期间,他走访浏阳文家市铁炉冲一带,和农民一起挑水、种菜、栽树;1918年夏初,他与蔡和森赴洞庭湖部分县区游历。其中历时最长、行程最远、收获最大的一次,就是案例材料中1917年夏天与萧子升同行的"游学"。

1917年初的一天,毛泽东从《民报》上看到一则关于两个青年学生徒步旅行全国,一直走到西藏边境打箭炉的报道,于是萌生了自己也要"行万里路"的想法,但他没有钱来做盘缠,便把目标先定在湖南省内。他把自己的想法告诉了已从第一师范毕业、正在楚怡小学教书的好友萧子升,萧子升提议以"游学"的方式进行社会调查,毛泽东当即表示赞同。于是在1917年暑假,两个人理了个平头,穿着草鞋,带着雨伞,背上简单的包袱,就出发了。为了解决一路的食宿,他们遇到学校、商店、庙宇时,便代写店铺名或者写一副对联送进去,来换取一些铜板。一路上,他们遇到很多困难。湖南的夏天,骄阳似火,他们头顶烈日,行走在滚烫的石板路上,有时还风餐露宿,忍饥挨饿。就这样,他们走过许多的市镇和农村,一路了解各阶层人民的生活以及社会风俗。在所有接触的人群中,毛泽东特别注重接近广大的农民,每到一个地方就主动跟农民拉家常,顺便给他们干点农活。农民看到毛泽东说话非常亲切,说的都是农家话,讲的都是农家事,又同情关心他们的疾苦,因此都愿意和他交谈,留他们吃饭住宿。在聊天交流中,农民们纷纷诉说自己长年辛苦劳作却连温饱问题都难以解决的苦难现实。农民们还告诉毛泽东,由于政府的层层盘剥,许多农民走投无路,有些地方已经发生了农民暴动。这些都给毛泽东留下了深刻的印象和深深的触动。

在一个月的时间里,毛泽东他们步行九百多华里,游历了长沙、宁乡、安化、益阳、沅江五个县,走访了学士名流、农民、小手工业者、小商贩、地方官吏、寺庙方丈等社会各界人士,查阅了各县县志,了解了各县风土人情和社会状况,尤其是农民的生产生活情况。通过这次游学,毛泽东对湖南的省情、风土人情,特别是对农民的实际生活有了深入了解,对如何与各阶层人物打交道也积累了初步经验。

从案例材料中我们知道,27岁的毛泽东就已明确认识到:"吾人如果要在现今的世界稍为尽一点力,当然脱不开'中国'这个地盘。关于这地盘内的情形,似不可不加以实地的调查,及研究。"毛泽东是这样说的,也是这样做的。从湖南到北京,从上海到广州,从江西到陕北,万里长征、抗日战争、解放战争、建立新中国、建设新中国,他走过的路何止万里! 行路本身不是目的,在行万里路中找到改变中国的正确道路才是目的。毛泽东一生做过大量的社会调查和实地研究,既把书中学到的知识在实践中加以运用和验证,又在实践的"无字之书"中学习思考,这些实践成果经过凝练总结又成为新的"有字之书",用来指导新的实践。

四、延伸阅读

1.毛泽东:《论新阶段》,《建党以来重要文献选编(1921—1949)》第 15册,中央文献出版社 2011 年版。

2.毛泽东:《中国共产党在民族战争中的地位》,《毛泽东选集》第 2卷,人民出版社 1991 年版。

3.《中国共产党第十七届中央委员会第四次全体会议公报》,http://cpc.people.com.cn/GB/64093/64094/10080626.html? ol4f,访问日期:2024 年 4 月 22 日。

4.习近平:《高举中国特色社会主义伟大旗帜 为全面建设社会主义现代化国家而团结奋斗——在中国共产党第二十次全国代表大会上的报告》,人民出版社 2022 年版。

5.逢先知、金冲及:《毛泽东传》,中央文献出版社 2011 年版。

五、拓展研学

1.结合案例一和案例四,指导学生进行延伸阅读并自主搜集相关资料,以小组为单位,通过内部讨论形成集体观点,以"马克思主义中国化和马克思主义时代化是同义语吗?"为题开展课堂辩论。

2.结合案例二和案例三,指导学生广泛阅读马克思主义经典原著关于民族复兴的内容,以小组代表发言和教师点评的方式,围绕"中华民族伟大复兴因何伟大?"的问题进行课堂讨论。

3.结合案例五,指导学生自主搜集相关素材,制作幻灯片、短视频或微电影,以"毛泽东怎样学理论用理论?"为主题进行课堂展示。

第一章　毛泽东思想及其历史地位

一、教学主要目标

本章教学以毛泽东思想为中华民族伟大复兴根本社会条件的创造、根本政治前提和制度基础的奠定为主线。教学过程需要完成三个层次的教学主要目标:(一)了解近代基本国情,认识毛泽东思想产生的社会历史条件、了解毛泽东思想形成和发展的过程及特点;(二)了解毛泽东思想科学体系中的独创性内容,领会贯穿于毛泽东思想各个组成部分的立场、观点和办法,即毛泽东思想活的灵魂;(三)认识毛泽东思想的历史地位和指导意义,掌握科学评价毛泽东和毛泽东思想的原则方法,坚持正确党史观、树立大历史观,进而培育学生围绕历史发展的主线和主题来评价历史人物和历史事件的能力。

二、教学重难点

本章教学重点:讲清楚毛泽东思想的形成和发展,引导学生理解毛泽东思想是中国共产党集体智慧的结晶,科学区别毛泽东思想科学体系与毛泽东晚年的错误思想,正确分析毛泽东和毛泽东思想评价中存在的两种错误认识,掌握好毛泽东思想的主要内容和活的灵魂。

本章教学难点:一是帮助学生理解为什么党一直强调要永远高举毛泽东思想的旗帜前进,二是为什么在新时代还要继续坚持毛泽东思想。

三、教学案例

(一)写入党章的毛泽东思想

1.案例呈现

党章的总纲上确定:以马克思列宁主义的理论与中国革命的实践之

统一的思想——毛泽东思想,作为我们党一切工作的指针,反对任何教条主义的与经验主义的偏向。

………………

毛泽东思想,就是马克思列宁主义的理论与中国革命的实践之统一的思想,就是中国的共产主义,中国的马克思主义。

毛泽东思想,就是马克思主义在目前时代的殖民地、半殖民地、半封建国家民族民主革命中的继续发展,就是马克思主义民族化的优秀典型。它是从中国民族与中国人民长期革命斗争中,在中国伟大的三次革命战争——北伐战争、土地革命战争和现在的抗日战争中,生长和发展起来的。它是中国的东西,又是完全马克思主义的东西。它是应用马克思主义的宇宙观与社会观——辩证唯物论与历史唯物论,即在坚固的马克思列宁主义理论的基础上,根据中国这个民族的特点,依靠近代革命以及中国共产党领导人民斗争的极端丰富的经验,经过科学的缜密的分析而建设起来的。它是站在无产阶级利益因而又正是站在全体人民利益的立场上,应用马克思列宁主义的科学方法,概括中国历史、社会及全部革命斗争经验而创造出来,用以解放中国民族与中国人民的理论与政策。它是中国无产阶级与全体劳动人民用以解放自己的唯一正确的理论与政策。

………………

毛泽东思想的生长、发展与成熟,已经有了二十四年的历史,在无数次的千百万人民的剧烈斗争中反复考验过来了,证明它是客观的真理,是唯一正确的救中国的理论与政策。过去有无数历史事实证明:当着革命是在毛泽东同志及其思想的指导之下,革命就胜利,就发展;而当着革命是脱离了毛泽东同志及其思想的指导时,革命就失败,就后退。马克思主义的理论与帝国主义时代无产阶级革命的实践及俄国革命的实践相结合,曾经产生了俄国的布尔什维主义,列宁主义。而列宁主义,不但曾经指导俄国人民获得了彻底的解放,而且指导了与正在指导着世界人民去获得解放。作为马克思、恩格斯、列宁、斯大林的学生,毛泽东同志所做的,也正是以马克思列宁主义的理论与中国革命的实践相结合,便产生了中国的共产主义——毛泽东思想;而毛泽东思想,也指导了与正在指导着中国人民去获得彻底的解放,并对各国人民的解放事业,特别是东方各民族的解放事业,作了有益的贡献。

（资料来源：《刘少奇选集》上卷,人民出版社1981年版,第332～335页。）

2.案例指向

本案例重点指向教材第一章第一节第二目的内容,即"毛泽东思想形成发展的过程"和"毛泽东思想科学内涵"的问题。本案例旨在说明毛泽东思想是在我国新民主主义革命、社会主义革命和社会主义建设的实践过程中,在总结我国革命和建设正反两方面历史经验的基础上,逐步形成和发展起来的。毛泽东思想是中国共产党人集体智慧的结晶,是马克思主义中国化时代化的第一个重大理论成果。

3.案例解析[①]

1945年4月23日至6月11日,中国共产党第七次全国代表大会在延安举行。5月14日,刘少奇在会上作《关于修改党章的报告》。这个报告1950年1月经作者改名为《论党》,集我们党的建设理论思想之大成,是中国共产党的建设理论的具有里程碑意义的伟大文献。收入本案例的是书中的"关于党的指导思想问题"的部分内容。

党章是党的总章程,是党的建设和党的生活的基本规范,是全党必须共同遵守的根本行为规范。把毛泽东思想确立为党的指导思想并写入《中国共产党章程》,是党的七大的历史性贡献。七大党章第 次明确了毛泽东思想为党的指导思想,并且以毛泽东思想来贯穿整个党章。

(1)阐述了对党的指导思想进行原始性创新的主要代表毛泽东的历史作用

刘少奇对毛泽东作为党的领袖的认识是有一个过程的。尽管遵义会议确立了毛泽东在党中央的领导地位,党的扩大的六届六中全会基本上纠正了王明的右倾错误,进一步巩固了毛泽东在全党的领导地位,但那时包括刘少奇在内,还没有像我们现在这样认为毛泽东已成为党的领导核心。

对毛泽东的领袖地位达成共识,主要是在1941年9月中央政治局扩大会议进行整风期间。这次中央高层领导整风,通过检讨历史,明确路线是非。与会同志纷纷指出:毛泽东是中国革命的旗帜,是创造的马克思主义者的模范,代表了唯物辩证法,从实践到理论都值得我们学习。1942年5月,刘少奇在回延安途经山东时作了一次报告。在这个报告中,他明确指出:"现在全党已有毛泽东为党的领袖","这种领袖不是委任的。法

---

① 本部分参考石仲泉:《〈论党〉——中国共产党的建设理论的一座伟大里程碑》,《党的文献》2005年第5期。

律上的领袖不是实际的领袖"。"仅在法律上有了领袖的地位,是可靠又完全不可靠。可靠的要在长期斗争中考验。"①随后,在中共中央山东分局纪念七一的干部大会上,他作报告强调毛泽东的领袖地位:"党已有了经过长期锻炼的坚强干部,也有正确的政治路线,更有了精通马列主义和中国实际情况为每一个党员所拥护的党的领袖——毛泽东同志。"②1943年7月,在纪念党诞生22周年的宣传文章中,有两篇最引人注目。一是王稼祥首次使用"毛泽东思想"这个概念,二是刘少奇提出了"毛泽东同志的思想体系"概念。1945年,党的六届七中全会通过的《关于若干历史问题的决议》,明确指出:党在奋斗的过程中产生了自己的领袖毛泽东同志,形成了中国化的马克思主义的思想体系——毛泽东思想。以此为根据,七大党章将毛泽东思想作为我们党一切工作的指针。

　　《论党》以《关于若干历史问题的决议》的论述为基础,进一步从实践与理论两个方面,从马克思主义的民族性和时代性的内在要求,阐明了毛泽东思想的主要创立者、已被确认为全党领袖的毛泽东的历史贡献。就革命实践而言,《论党》指出:毛泽东经历了党领导现代中国革命的全过程,"是我们党和现代中国革命的组织者与领导者";是从人民群众的革命斗争中产生出来的"我国英勇无产阶级的杰出代表","我们伟大民族的优秀传统的杰出代表","中国有史以来最伟大的革命家和政治家"。③ 就革命理论而言,《论党》指出:毛泽东"是天才的创造的马克思主义者","中国有史以来最伟大的理论家和科学家"。他"使马克思列宁主义的普遍真理与中国革命具体实践的结合得到了高度发展","出色地成功地进行了这件特殊困难的马克思主义中国化的事业",创立了"最坚固的中国化的马克思列宁主义理论",将"我国民族的思想水平提到了从来未有的合理的高度","为灾难深重的中国民族与中国人民指出了达到彻底解放的唯一正确的道路——毛泽东道路"。④

　　(2)深入地揭示毛泽东思想的丰富内涵和本质特征

　　《论党》根据《关于若干历史问题的决议》的论述,对毛泽东思想下了三个定义:一是从马克思主义理论品格的要求来定义,指出,"毛泽东思

①　金冲及主编:《刘少奇传(1898—1969)》上,中央文献出版社2008年版,第471页。
②　《刘少奇年谱》上卷,中央文献出版社1996年版,第401页。
③　《刘少奇选集》上卷,人民出版社1981年版,第319、336页。
④　《刘少奇选集》上卷,人民出版社1981年版,第336、323、315、319页。

想,就是马克思列宁主义的理论与中国革命的实践之统一的思想",或"马克思列宁主义的理论与中国革命的实践相结合"的思想,是"中国的共产主义,中国的马克思主义";二是从马克思主义的时代性和民族化的要求来定义,指出,"毛泽东思想,就是马克思主义在目前时代的殖民地、半殖民地、半封建国家民族民主革命中的继续发展,就是马克思主义民族化的优秀典型";三是从马克思主义的效用性来定义,指出,毛泽东思想是"我们这个民族的特出的、完整的关于中国人民革命建国的正确理论",而且强调它"是中国无产阶级与全体劳动人民用以解放自己的唯一正确的理论与政策","是唯一正确的救中国的理论与政策",因而是我们党的"唯一正确的总路线"。①《论党》之所以强调这一点,是因为中国的近现代历史证明,康梁的维新改良主义不能救中国,国民党的三民主义不能救中国,西方化的资本主义不能救中国,就是中国共产党领导的革命斗争,奉行教条化的马克思主义也不能救中国。"当着革命是在毛泽东同志及其思想的指导之下,革命就胜利,就发展;而当着革命是脱离了毛泽东同志及其思想的指导时,革命就失败,就后退。"②当时尽管没有强调毛泽东思想是集体智慧的结晶,但毛泽东强调他是一个代表,不能将正确的东西和功劳都记在他个人的账上。因此,对这些话的解读,可以当作以他为代表的共产党人的集体的作用。这样,《论党》从理论与实践相结合的角度,论证了毛泽东思想是指导中国革命走向胜利的唯一正确的理论、路线和政策,从而说明了它完全具备成为党的指导思想的条件。

(3)《论党》概括了毛泽东思想体系的主要内容

1941年春天以来,不断有理论工作者和党的负责人开始论述毛泽东思想体系的基本观点,其中最重要的是陈毅和张闻天。《论党》的概括吸纳了陈毅和张闻天概括的好的思想,同时又作了进一步的理论整合,因而更加全面、完整。这是那个时期,甚至可以说是那一代领导人对毛泽东思想体系主要内容的最具权威性的概括。它科学地回答了中国革命的历史环境、文化基础、革命性质、基本动力、团结阵线、斗争形势、发展道路、奋斗目标和领导力量等一系列重大问题。不仅如此,《论党》还特别强调毛泽东思想的两个基本特点:一是强调毛泽东思想"完全是马克思主义的,又完全是中国的","使马克思主义从欧洲形式变为中国形式",并且"是中

① 《刘少奇选集》上卷,人民出版社1981年版,第333~335页。
② 《刘少奇选集》上卷,人民出版社1981年版,第334页。

国民族智慧的最高表现和理论上的最高概括";二是强调毛泽东思想"是发展着与完善着的中国化的马克思主义"。[①] 这就是说,毛泽东思想是一个与时俱进的开放的理论体系,它需要随着时代的发展而发展。

《论党》对于毛泽东思想的科学的论述,是中国共产党的马克思主义理论认识史和毛泽东思想认识史上的一个重要里程碑。如果说毛泽东思想的创立达到了那个时期中国化的马克思主义的最高水平,那么,《论党》对毛泽东思想的科学阐发也达到了那个时候全党对毛泽东思想认识的最高水平。尽管有的表述、提法乃至分析还可以再斟酌,但其充满逻辑力量的深刻分析,闪烁着历史智慧的宏论,对于确立毛泽东思想在全党的指导地位,对于推动全党更好地理解和把握这个理论体系,作出了不可替代的独特贡献。就此而言,《论党》对党的指导思想的贡献也属于原创性的。

党的七大确立毛泽东思想为党的指导思想,是近代中国历史和人民革命斗争发展的必然选择。正如刘少奇在《论党》中所强调:"毛泽东思想,就是马克思主义在目前时代的殖民地、半殖民地、半封建国家民族民主革命中的继续发展,就是马克思主义民族化的优秀典型。""毛泽东思想,从他的宇宙观以至他的工作作风,乃是发展着的与完善着的中国化的马克思主义,乃是中国人民完整的革命建国理论……这些理论与政策,完全是马克思主义的,又完全是中国的。这是中国民族智慧的最高表现和理论上的最高概括。"[②]毛泽东思想是在党领导人民艰苦奋斗的基础上,通过总结正反两方面的历史经验,在实践中逐步形成的。它是中国共产党集体智慧的结晶,以独创性的理论丰富和发展了马克思主义,实现了马克思主义中国化的第一次历史性飞跃。而毛泽东是马克思主义中国化的伟大开拓者,毛泽东所代表的马克思主义中国化的方向,得到全党的高度认同。

(二)邓小平评价毛泽东

1.案例呈现

我说要用准确的完整的毛泽东思想作指导的意思是,要对毛泽东思想有一个完整的准确的认识,要善于学习、掌握和运用毛泽东思想的体系来指导我们各项工作。只有这样,才不至于割裂、歪曲毛泽东思想,损害毛泽东思想。我们可以看到,毛泽东同志在这一个时间,这一个条件,对

---

① 《刘少奇选集》上卷,人民出版社1981年版,第335页。
② 《刘少奇选集》上卷,人民出版社1981年版,第333、335页。

某一个问题所讲的话是正确的,在另外一个时间,另外一个条件,对同样的问题讲的话也是正确的;但是,在不同的时间、条件对同样的问题讲的话,有时分寸不同,着重点不同,甚至一些提法也不同。所以我们不能够只从个别词句来理解毛泽东思想,而必须从毛泽东思想的整个体系去获得正确的理解。

(资料来源:《邓小平文选》第2卷,人民出版社1994年版,第42~43页。)

中国反帝反封建革命经历过无数次悲惨的失败。难道不是毛泽东思想才使约占全人类四分之一的中国人民找到正确的革命道路,并在一九四九年获得全国解放,在一九五六年基本上完成社会主义改造吗?这一系列伟大的胜利不但根本改变了中国的命运,也改变了世界的形势。毛泽东思想在世界上是同反霸权主义的斗争分不开的,而打着社会主义旗号实行霸权主义正是取得了政权的马列主义党背叛社会主义原则的最显著标志。我们在前面说,毛泽东同志在他的晚年还提出了关于三个世界划分的战略思想,并且亲自开创了中美关系和中日关系的新阶段,从而为世界反霸斗争和世界政治前途创造了新的发展条件。我们能在今天的国际环境中着手进行四个现代化建设,不能不铭记毛泽东同志的功绩。毛泽东同志同任何别人一样,也有他的缺点和错误。但是,在他的伟大的一生中的这些错误,怎么能够同他对人民的不朽贡献相比拟呢?在分析他的缺点和错误的时候,我们当然要承认个人的责任,但是更重要的是要分析历史的复杂的背景。只有这样,我们才是公正地、科学地、也就是马克思主义地对待历史,对待历史人物。如果谁在对待这样严肃的问题上离开了马克思主义,那末,他就会受到党和群众的责难。这有什么奇怪呢?

(资料来源:《邓小平文选》第2卷,人民出版社1994年版,第171~172页。)

对毛泽东同志的评价,对毛泽东思想的阐述,不是仅仅涉及毛泽东同志个人的问题,这同我们党、我们国家的整个历史是分不开的。要看到这个全局。这是我们从决议起草工作开始的时候就反复强调的。决议稿中阐述毛泽东思想的这一部分不能不要。这不只是个理论问题,尤其是个政治问题,是国际国内很大的政治问题。

(资料来源:《邓小平文选》第2卷,人民出版社1994年版,第299页。)

2.案例指向

本案例重点指向教材第一章第三节第三目的内容,即"怎样科学评价毛泽东和毛泽东思想的历史地位"的问题。正确评价毛泽东同志是邓小平同志的一个重大的历史贡献。这件事关系到如何看待党和国家百年来奋斗的历史,关系到党的团结、国家的安定,也关系到党和国家未来的发展前途,不仅有重要的历史意义,而且有重要的现实意义。

3.案例解析

关于毛泽东同志功过的评价和毛泽东思想的阐述,关系到怎样看待党百年奋斗和前进的历史,关系到党的团结、国家的安定,也关系到党和国家未来的发展前途,不仅有重要的历史意义,而且有重要的现实意义。邓小平以正确的党史观和唯物史观为指导多次作出重要的讲话和指示,本案例选取以下讲话部分内容:1977年7月21日,《完整地准确地理解毛泽东思想》是邓小平同志在中共十届三中全会上讲话的一部分;1979年3月30日,邓小平同志在党的理论工作务虚会议上的讲话,即《坚持四项基本原则》;1980年10月25日,同中央负责同志的谈话,即《对起草〈关于建国以来党的若干历史问题的决议〉的意见》。

通过本案例的分析,我们要重点把握好以下三个问题:

(1)完整地、准确地理解和掌握毛泽东思想的科学体系

毛泽东思想是一个完整的科学理论体系,不能割裂。它包括新民主主义革命理论、社会主义革命和社会主义建设理论、革命军队建设和军事战略理论、政策和策略理论、思想政治工作和文化工作理论、党的建设理论等主要内容。要把毛泽东晚年的错误思想与毛泽东的科学体系严格区别开来。毛泽东晚年的错误和毛泽东思想科学的体系是两个不同的范畴,有各自的内涵。毛泽东晚年的错误思想是被实践证明是错误的毛泽东个人的思想,主要指阶级斗争扩大化的理论和经济建设上急于求成"左"倾错误理论观点,这些错误理论观点严重违背了马克思主义理论与中国实际相结合的原则,明显脱离了毛泽东思想的科学轨道。显然,毛泽东晚年的错误思想不属于毛泽东思想的范畴。因此,必须把它们严格区别开来,不能混为一谈,既不能因为毛泽东晚年的理论错误,就怀疑和否定毛泽东思想的科学价值。同样,也不能对毛泽东的言论采取教条主义的态度,以为凡是毛泽东说过的话都是正确的,只能照抄照搬,不实事求是地承认毛泽东晚年所犯的错误,甚至把这些错误混同于毛泽东思想。总之,必须把经过长期历史考验而成为科学体系的毛泽东思想同毛泽东晚年的错误理论观点区别开来,既要纠正毛泽东晚年的错误,又要坚持和发展毛泽东思想。

正是作出了这样的科学区分,中国共产党才能够做到既维护毛泽东思想的指导地位,旗帜鲜明地坚持并发展毛泽东思想,又能实事求是地指

出毛泽东晚年的错误。由于主客观方面的因素，毛泽东同志在社会主义建设道路的探索中走过弯路，特别是发动"文化大革命"这个严重的错误。对毛泽东同志的历史功过，中国共产党已经作出了全面评价："他的功绩是第一位的，错误是第二位的，他的错误是一个伟大的革命家、伟大的马克思主义者所犯的错误。"①1981 年 6 月的《关于建国以来党的若干历史问题的决议》赋予了毛泽东思想科学的内涵，并旗帜鲜明地指出，毛泽东思想是我们党的宝贵的精神财富，它将长期指导我们行动。回答了人民关于"毛泽东以后的中国"向何处去的疑问，统一了全党和全国人民的思想，为此后正确认识和评价毛泽东和毛泽东思想提供了基本遵循。《关于建国以来党的若干历史问题的决议》表明中国共产党对自己包括领袖人物的失误和错误采取郑重的态度，敢于承认，正确分析，坚决纠正，从而使失误和错误连同党的成功经验一起成为宝贵的历史教材。

（2）坚持历史唯物主义和辩证唯物主义的原则和方法，反对历史虚无主义

对历史人物和历史事件的评价，需要围绕历史发展的主线和主题来进行。中国共产党成立以来的历史就是为中国人民谋幸福、为中华民族谋复兴的历史。对毛泽东的评价，要牢牢把握住这一主题和主线，把握主流和本质，唯有如此，才能得出客观公允的认识。习近平同志指出："对历史人物的评价，应该放在其所处时代和社会的历史条件下去分析，不能离开对历史条件、历史过程的全面认识和对历史规律的科学把握，不能忽略历史必然性和历史偶然性的关系。不能把历史顺境中的成功简单归功于个人，也不能把历史逆境中的挫折简单归咎于个人。不能用今天的时代条件、发展水平、认识水平去衡量和要求前人，不能苛求前人干出只有后人才能干出的业绩来。"②这为我们在新时代科学认识毛泽东的历史地位提供了重要的方法论依据。

（3）在实践中坚持和发展毛泽东思想

要完整准确地理解毛泽东思想只往回看不行，还必须向前看，必须在马克思列宁主义和毛泽东思想基本原理的指导下去研究新情况、解决新

---

① 习近平：《在纪念毛泽东同志诞辰 130 周年座谈会上的讲话》，《人民日报》2023 年 12 月 27 日第 2 版。

② 习近平：《在纪念毛泽东同志诞辰 120 周年座谈会上的讲话》，《人民日报》2013 年 12 月 27 日第 2 版。

问题,掌握毛泽东思想的科学内涵和活的灵魂等内容,真正在实践中将其加以应用和发展。毛泽东思想是我们党的宝贵精神财富,将长期指导我们的行动。毛泽东同志用马克思主义之"矢"射中国具体实际之"的"的伟大实践,为我们正确地对待马克思主义、不断推进马克思主义中国化时代化提供了光辉典范。

实践发展永无止境,理论创新也永无止境。要把"老祖宗不能丢"和"要创造新的理论"结合起来,坚守理论创新的根和魂,坚持守正创新,立足民族复兴进入关键时期、百年变局加速演进的时代背景,把毛泽东同志开创的事业继续推向前进,围绕推进中国式现代化、推动高质量发展、构建新发展格局、推进党的自我革命、建设中华民族现代文明等重大课题开展深入研究,全面系统提出解决现实问题的科学理念、有效对策,让当代中国马克思主义、21世纪马克思主义展现出更为强大、更有说服力的真理力量。

(三)墙上芦苇,头重脚轻根底浅

1.案例呈现

我想将两种互相对立的态度对照地讲一下。

第一种:主观主义的态度。

在这种态度下,就是对周围环境不作系统的周密的研究,单凭主观热情去工作,对于中国今天的面目若明若暗。在这种态度下,就是割断历史,只懂得希腊,不懂得中国,对于中国昨天和前天的面目漆黑一团。在这种态度下,就是抽象地无目的地去研究马克思列宁主义的理论。不是为了要解决中国革命的理论问题、策略问题而到马克思、恩格斯、列宁、斯大林那里找立场,找观点,找方法,而是为了单纯地学理论而去学理论。不是有的放矢,而是无的放矢。马克思、恩格斯、列宁、斯大林教导我们说:应当从客观存在着的实际事物出发,从其中引出规律,作为我们行动的向导。为此目的,就要像马克思所说的详细地占有材料,加以科学的分析和综合的研究。我们的许多人却是相反,不去这样做。其中许多人是做研究工作的,但是他们对于研究今天的中国和昨天的中国一概无兴趣,只把兴趣放在脱离实际的空洞的"理论"研究上。许多人是做实际工作的,他们也不注意客观情况的研究,往往单凭热情,把感想当政策。这两种人都凭主观,忽视客观实际事物的存在。或作讲演,则甲乙丙丁、一二三四的一大串;或作文章,则夸夸其谈的一大篇。无实事求是之意,有哗众取宠之心。华而不实,脆而不坚。自以为是,老子天下第一,"钦差大臣"满天飞。这就是我们队伍中若干同志的作风。这种作风,拿了律己,则害了自己;拿了救人,则害了别人;拿了指导革命,则害了革命。总之,这种反科学的反马克思列宁主义的主观主义的方法,是共产党的大敌,是工人阶级的大敌,是人民的大敌,是民族的大敌,是党性不纯的一种表现。大敌当前,我们有打倒它的必要。只有打倒了主观主义,马克思列宁主义的真理才会抬头,党性才会巩固,革命才会胜利。我们应当说,没有科学的态度,即没有马克思列宁主义的理论和实践统一的态度,就叫做没有党性,或叫做党性不完全。

有一副对子,是替这种人画像的。那对子说:

墙上芦苇,头重脚轻根底浅;

山间竹笋,嘴尖皮厚腹中空。

对于没有科学态度的人,对于只知背诵马克思、恩格斯、列宁、斯大林著作中的若干词句的人,对于徒有虚名并无实学的人,你们看,像不像? 如果有人真正想诊治自己的毛病的话,我劝他把这副对子记下来;或者再勇敢一点,把它贴在自己房子里的墙壁上。马克思列宁主义是科学,科学是老老实实的学问,任何一点调皮都是不行的。我们还是老实一点吧!

第二种:马克思列宁主义的态度。

在这种态度下,就是应用马克思列宁主义的理论和方法,对周围环境作系统的周密的调查和研究。不是单凭热情去工作,而是如同斯大林所说的那样:把革命气概和实际精神结合起来。在这种态度下,就是不要割断历史。不单是懂得希腊就行了,还要懂得中国;不但要懂得外国革命史,还要懂得中国革命史;不但要懂得中国的今天,还要懂得中国的昨天和前天。在这种态度下,就是要有目的地去研究马克思列宁主义的理论,要使马克思列宁主义的理论和中国革命的实际运动结合起来,是为着解决中国革命的理论问题和策略问题而去从它找立场,找观点,找方法的。这种态度,就是有的放矢的态度。"的"就是中国革命,"矢"就是马克思列宁主义。我们中国共产党人所以要找这根"矢",就是为了要射中国革命和东方革命这个"的"的。这种态度,就是实事求是的态度。"实事"就是客观存在着的一切事物,"是"就是客观事物的内部联系,即规律性,"求"就是我们去研究。我们要从国内外、省内外、县内外、区内外的实际情况出发,从其中引出其固有的而不是臆造的规律性,即找出周围事变的内部联系,作为我们行动的向导。而要这样做,就须不凭主观想象,不凭一时的热情,不凭死的书本,而凭客观存在的事实,详细地占有材料,在马克思列宁主义一般原理的指导下,从这些材料中引出正确的结论。这种结论,不是甲乙丙丁的现象罗列,也不是夸夸其谈的滥调文章,而是科学的结论。这种态度,有实事求是之意,无哗众取宠之心。这种态度,就是党性的表现,就是理论和实际统一的马克思列宁主义的作风。这是一个共产党员起码应该具备的态度。如果有了这种态度,那就既不是"头重脚轻根底浅",也不是"嘴尖皮厚腹中空"了。

(资料来源:《毛泽东选集》第 3 卷,人民出版社 1991 年版,第 799～801 页。)

2.案例指向

本案例重点指向教材第一章第二节第二目的内容,即"毛泽东思想活的灵魂"之"实事求是"的问题。实事求是是毛泽东思想的基本点,是毛泽东思想的精髓。实事求是,就是一切从实际出发,理论联系实际,坚持在实践中检验真理和发展真理。这是中国共产党人认识世界、改造世界的根本要求,是我们党的基本思想方法、工作方法和领导方法。

3.案例解析

1941 年 5 月 19 日,毛泽东在延安干部会议上作《改造我们的学习》的报告。这是毛泽东为改造中国共产党的学风而写就的一篇关于学习马克思列宁主义著作的文章,提出改造全党学习方法和学习制度的任务,批判了理论和实际脱离了主观主义,特别是教条主义的作风,强调坚持马克思主义实事求是的学风。这篇文章不仅成功地指导了延安整风运动,而且对今天更好地加强中国共产党的思想建设、促进中国共产党的建设发展具有重要的借鉴价值。

(1)指出党内存在主观主义的表现

毛泽东指出,中国共产党的 20 年,就是马克思列宁主义普遍真理和中国革命的具体实践日益结合的 20 年。和党幼年时期对于马克思列宁主义的认识和对于中国革命的认识的肤浅贫乏相比,中国共产党现在的理论和认识水平深刻得多了,丰富得多了。但是,中国共产党在学习方面还存在着主观主义的作风。毛泽东用辛辣之语为主观主义者画像,称之为"墙上芦苇,头重脚轻根底浅;山间竹笋,嘴尖皮厚腹中空"。这种作风具体表现为三点:一是不注重研究现状。"缺乏调查研究客观实际状况的浓厚空气。'闭塞眼睛捉麻雀','瞎子摸鱼',粗枝大叶,夸夸其谈,满足于一知半解。"二是不注重研究历史。"不论是近百年的和古代的中国史,在许多党员的心目中还是漆黑一团。许多马克思列宁主义的学者也是言必称希腊,对自己的祖宗,则对不住,忘记了。"三是不注重马克思列宁主义的应用。"只会片面地引用马克思、恩格斯、列宁、斯大林的个别词句,而不会运用他们的立场、观点和方法,来具体地研究中国的现状和中国的历史,具体地分析中国革命问题和解决中国革命问题。"[①]如果不纠正这种作风,就无法使中国共产党将马克思列宁主义的普遍真理和中国革命具体实践相互结合的伟大事业继续推向前进。

(2)阐述了实事求是的马克思主义学习态度

在分析了党内主观主义学风的基础上,《改造我们的学习》进一步对比了主观主义的学习态度和实事求是的学习态度。马列主义的态度用马列主义的理论和方法对周围的环境进行系统的、周密的调查与研究。不是单凭热情去工作,而是把革命气概和实际精神结合起来。这种态度就是马列主义的态度,也就是实事求是的态度。"实事"就是客观存在着的一切事物,"是"就是客观事物的内部联系及规律性。"求"就是我们去研究,我们要从国内外、省内外、县内外、区内外的实际情况出发,从其中引出其固有的而不是臆造的规律性,即找出周围事变的内部联系,作为我们行动的向导。这种态度就是党性的表现,就是理论和实际统一的马克思列宁主义的作风。这是一个共产党员起码应该具备的态度。有了这种态度,毛泽东就认为共产党员既不是"头重脚轻根底浅",也不是"嘴尖皮厚腹中空"了。

(3)《改造我们的学习》具有极其重大和深远的意义

《改造我们的学习》被确定为延安整风的文献之后,直接推动了党的高级干部的理论学习,破除了党内把马克思主义教条化、把共产国际决议和苏联经验神圣化的错误倾向,指导了延安整风运动的正确开展,对于全党确立和贯彻一切从实际出发的实事求是的思想路线,坚持马克思列宁主义和中国革命具体实际相结合的原则,具有极其重大和深远的意义。实事求是是中国共产党人认识世界、改造世界的根本要求,是马克思主义的根本观点,是我们党的基本思想方法、工作方法、领导方法。不论过去、现在和将来,我们都要坚持一切从实际出发,理论联系实际,在实践中检验真理和发展真理。在推进中国特色社会主义事业的过程中,习近平同志指出:"调查研究是谋事之基、成事之道。没有调查,就没有发言权,更没有决策权。研究、思考、确定全面深化改革的思路和重大举措,刻舟求

---

① 《毛泽东选集》第3卷,人民出版社1991年版,第796～797页。

剑不行,闭门造车不行,异想天开更不行,必须进行全面深入的调查研究。"①这就要求我们必须像毛泽东当年一样把实际调查放在第一位,注重理论联系实际,制定出正确的、切实可行的方针政策。要在全面掌握客观情况的基础上,运用新的思维方式和新的研究手段,从新的高度研究问题,得出新的看法和见解,提出解决问题的新思路、新办法,不断解决中国特色社会主义事业前进中遇到的新问题。

(四)拜群众为师,办法就在群众中

1.案例呈现

领导干部在急难险重等关键时刻,应该冲在最前列;面对目前大量的群众信访问题,领导干部也应站在最前面,面对面地做好群众工作。

我省去年以来实行的领导下访制度,就是面对面做好群众工作的有效方法。通过领导干部下访接待群众,各地解决了一大批群众反映强烈的问题。变群众上访为领导下访,不是信访工作的唯一形式,也不是越俎代庖,取代基层工作,而是一种思想观念的转变,一种工作思路的创新,一种行之有效的机制,一种发扬民主、体察民情、联系群众的重要渠道。这有利于进一步畅通与基层群众交流沟通的渠道,有利于面对面地检查督促基层信访工作,有利于发现倾向性问题,深化规律性认识。提倡面对面做好群众工作,体现了立党为公、执政为民的本质要求,体现了我们党密切联系群众的优良传统和作风,体现了领导干部权为民所用、情为民所系、利为民所谋的具体实践,必须始终坚持下去。

(资料来源:习近平:《之江新语》,浙江人民出版社 2007 年版,第 54 页。)

在困难面前,是束手无策、畏缩不前,还是克难攻坚、奋力前行? 作为领导干部理所应当选择后者,应该千方百计采取切实可行的好措施、好办法,努力解决困难。好措施、好办法哪里来? 答案是从群众中来。

群众的实践是最丰富最生动的实践,群众中蕴藏着巨大的智慧和力量。我们一定要认真贯彻党的群众路线,坚持从群众中来到群众中去,一切相信群众,一切依靠群众,一切为了群众。要解决矛盾和问题,就要深入基层,深入群众,拜群众为师,深入调查研究。省委作出的实施"八八战略"和建设"平安浙江"的决策部署,都是在深入调查研究的基础上形成的。调查研究多了,情况了然于胸,才能够找出解决问题、克服困难的办

---

① 《习近平关于调查研究论述摘编》,中央文献出版社 2023 年版,第 4 页。

法,作出正确决策,推进工作落实,才能够不断增进与群众的感情,多干群众急需的事,多干群众受益的事,多干打基础的事,多干长远起作用的事,扎扎实实把改革开放和现代化建设推向前进。

(资料来源:习近平:《之江新语》,浙江人民出版社 2007 年版,第 61 页。)

党是最广大人民根本利益的忠实代表,党始终坚持立党为公、执政为民,全心全意为人民服务,与人民群众保持血肉联系。一个党员,如果与群众的距离远了,就与党拉开了距离;心中没有群众,就不配再做共产党员。"群众利益无小事",柴米油盐等问题对群众来说就是大事。老百姓可能不关心 GDP,但他们关心吃穿住行,关心就业怎么办、小孩上学怎么办、生病了怎么办、老了怎么办,等等。针对这些问题,我们必须切实把发展的理念转变到科学发展观上来,转变到以人为本上来。在这个过程中,共产党员一定要服务群众并教育群众,努力做为人民群众服务的带头人,做人民群众信赖、尊敬的贴心人。

(资料来源:习近平:《之江新语》,浙江人民出版社 2007 年版,第 139 页。)

人民群众是共产党存在和发展的基础、力量和智慧的源泉。共产党最基本的一条经验是一刻也不能脱离人民群众。现在基层出现的问题,很多是因为没有重视群众工作,没有做好群众工作,不会做群众工作,甚至不去做群众工作。有少数干部不会同群众说话,在群众面前处于失语状态。其实,语言的背后是感情、是思想、是知识、是素质。不会说话是表象,本质还是严重疏离群众,或是目中无人,对群众缺乏感情;或是身无才干,做工作缺乏底蕴;或是手脚不净、形象不好,在人前缺乏正气。

因此,做群众工作要将心比心,换取真心。群众在党员干部心里的分量有多重,党员干部在群众心里的分量就有多重。这说明,只有在平时多做过细的群众工作,才能真正取得群众的认同和信任。有了这个牢固的基础,遇到问题和矛盾时才容易同群众说上话、有沟通、好商量、能协调。

(资料来源:习近平:《之江新语》,浙江人民出版社 2007 年版,第 146 页。)

2.案例指向

本案例重点指向教材第一章第二节第二目的内容,即"毛泽东思想活的灵魂"之"群众路线"的问题。群众路线是以毛泽东同志为主要代表的中国共产党人坚持把马克思列宁主义关于人民群众是历史创造者的原理,系统地运用在党的全部活动中形成的党的根本工作路线。群众路线是我们党的生命线和根本的工作路线,是我们党永葆青春活力和战斗力的重要传家宝。不论过去、现在还是将来,我们都要坚持一切为了群众,一切依靠群众,从群众中来,到群众中去,把党的正确主张变为群众的自觉行动,把群众路线贯彻到治国理政全部活动之中。

3.案例解析

时任浙江省委书记、省人大常委会主任的习近平同志,曾在《浙江日报》"之江新语"专栏发表有关"群众路线"短论四篇,即《面对面做好群众工作》(2004 年 5 月 24 日)、《办法就在群众中》(2004 年 6 月 21 日)、《做人民群众的贴心人》(2005 年 5 月 9 日)和《善于同群众说话》(2005 年 6 月 29 日)。这些短评思想性、针对性、时效性强,观点敏锐清晰,形式生动活泼,讲道理浅显易懂,鲜明地提出了推进浙江经济社会科学发展的正确主张,及时回答了现实生活中人民群众最关心的问题,是坚持"从群众中来,到群众中去"的科学的领导方法、工作方法的生动体现,是运用马克思主义的立场、观点和方法观察问题、分析问题、解决问题的光辉篇章。

习近平同志在《之江新语》中谈到在困难面前如何攻坚克难、奋力前行时,提出"面对面做好群众工作""好措施、好办法哪里来? 答案是从群众中来""善于同群众说话""做人民群众的贴心人"。这是因为人民群众身处实践最前沿,对实践变化感知最敏感、感受最深切,也最聪慧,只要来到基层、走到人民群众中去,向群众学习,拜群众为师,很多百思不得其解的问题就能豁然开朗,找到答案。

(1)拜群众为师,到群众中找办法,要摆正基本态度

人民群众对美好生活的向往就是我们的奋斗目标。孩子们的抚养教育、青年人的就业创业、老年人养老看病等热点问题,都是群众操心烦心揪心的事。群众关心的难事急事就是我们工作的指南针。抗战相持阶段,最困难的问题之一就是财政经济问题。为什么制定大生产运动的政策? 原因之一就是当时征粮征多了,群众有怨言。毛泽东回忆说:"一九四一年边区要老百姓出二十万石公粮,还要运输公盐,负担很重,他们哇哇地叫。那年边区政府开会时打雷,垮塌一声把李县长打死了,有人就说,唉呀,雷公为什么没有把毛泽东打死呢? 我调查了一番,其原因只有一个,就是征公粮太多,有些老百姓不高兴。那时确实征公粮太多。要不要反省一下研究研究政策呢? 要!"①我们的各项工作,都要尊重人民的主体地位和首创精神,必须摆正心态、放下架子,多问计于群众、多求教于群众、多向群众学习。经常倾听群众诉求,注意群众的议论,善于从群众

---

① 《毛泽东文集》第 3 卷,人民出版社 1996 年版,第 338 页。

的议论中发现问题,提出解决问题的方针和政策,特别要善于听取群众中的跟领导机关、领导者意见不同的议论,不怕来自群众的批评,才能做到工作举措与群众利益同频共振。唯有把人民群众的意见、建议作为工作决策的重要参考,群众才会积极响应决策要求。特别是对于关系发展全局、涉及群众急难愁盼问题的重大决策举措,更要把深入基层调研、听取群众意见作为重要环节,到群众中去找办法,制订出让群众满意的决策方案。

（2）拜群众为师,到群众中找办法,要强化调查研究

群众中蕴含的无穷智慧和力量,是书本上学不到、会场上听不到、办公室里想不到的。脚下沾有多少泥土,心中才会沉淀多少真情。要想汲取群众的智慧力量,就要加强调查研究,静下心来,重心下移,深入实际、深入基层、深入群众,在群众中扎根,在和群众面对面交流、肩并肩劳动中融入群众,获得切身感受。习近平同志指出:"群众的很多想法,往往不是在那些很正式的场合、当着很多人的面会讲出来的,而是要同他们身挨身坐、心贴心聊才能听得到。各级干部要多沉下身子、走近群众,就从严治党问题多向群众请教。"①那些调查研究时"坐着车子转、隔着窗玻璃看",高高在上、作风虚浮的干部,不仅不能获得群众的真知灼见,反而会拉开与群众的距离,影响党在群众中的形象。只有心中装着群众,把自己当作群众的一员,和群众想在一起干在一起,才能赢得群众的真心,获得群众的智慧。

（3）拜群众为师,到群众中找办法,要一以贯之走好群众路线

群众路线是党的生命线和根本工作路线。毛泽东用生动的比喻深刻阐明了共产党员同人民群众的关系,"我们共产党人好比种子,人民好比土地。我们到了一个地方,就要同那里的人民结合起来,在人民中间生根、开花。我们的同志不论到什么地方,都要把和群众的关系搞好,要关心群众,帮助他们解决困难"②。党员干部践行群众路线,不是一阵子而是一辈子的事,必须年复一年、日复一日,久久为功、善作善成。"共产党的干部要坚持当'老百姓的官',把自己也当成老百姓,不要做官当老爷,在这一点上,年轻干部从一开始就要想清楚,而且要终身牢记。年轻干部无论是立身处世还是从政干事,首先要解决好'我是谁、为了谁、依靠谁'的问题,不断追求'我将无我,不负人民'的精神境界。要拜人民为师,甘

---

① 《十八大以来重要文献选编》中,中央文献出版社 2016 年版,第 101 页。

② 《毛泽东选集》第 4 卷,人民出版社 1991 年版,第 1162 页。

当小学生,特别要多交几个能说心里话的基层朋友,这样才有利于了解真实情况,才有利于把工作做好。"①要充分认清我们干工作归根到底是为了满足人民群众对美好生活的向往,切实把"发展为了人民,发展依靠人民,发展成果由人民共享"内化为思想和行动的准则,不断提高服务群众的能力水平。要勇于接受人民群众的批评和监督,时常对照党的根本宗旨来自我检视,督促自己凡事到群众中去寻计问策,让到群众中找办法成为一种价值取向、工作方法和行为习惯。

拜群众为师,办法就在群众中,是中国共产党百年奋斗的历史经验。回望党的百年历史,我们党由小到大、由弱到强,不断从胜利走向胜利,背后是群众的支持和拥护、是群众实践经验的总结和推广、是群众智慧的凝结和体现。毛泽东同志强调:"如果我们能够团结全国人民,努力奋斗,并给以适当的指导,我们就能够胜利。"②党的二十大报告指出,要"树牢群众观点,贯彻群众路线,尊重人民首创精神,坚持一切为了人民、一切依靠人民,从群众中来、到群众中去"。站在新的历史起点上,开启了实现第二个百年奋斗目标新征程,我们必须走好新时代党的群众路线,始终保持同人民群众的血肉联系,团结带领人民创造更加美好的生活。

(五)独立自主研制"两弹一星"

1.案例呈现

1958 年上半年,赫鲁晓夫建议在中国建一个长波电台,后来又提出要在中国修一个不冻港,建立共同潜艇舰队。毛泽东对此十分生气,断然予以拒绝。他认为,这严重地侵犯了中国的国家主权和领土完整,损害了中国的国家利益。他言辞尖锐地说:"要讲政治条件,连半个指头都不行","在这个问题上,我们可以一万年不要援助","你们可以说我是民族主义","如果你们这样说,我就可以说,你们把俄国的民族主义扩大到了中国的海岸"。毛泽东的严肃态度,使赫鲁晓夫感到事态严重,立即动身秘密来华向毛泽东作解释。从 7 月 31 日到 8 月 3 日,毛泽东和赫鲁晓夫举行了 4 次会谈,最后以赫鲁晓夫收回要求而告平息。随着中苏两党论战升级和两国关系走向紧张,苏联背信弃义,撕毁合同、撤走专家,给我国

---

① 王晔:《立志做党光荣传统和优良作风的忠实传人 在新时代新征程中奋勇争先建功立业》,《人民日报》2021 年 3 月 2 日第 1 版。

② 《毛泽东选集》第 3 卷,人民出版社 1991 年版,第 1032 页。

经济发展和社会建设特别是"两弹一星"的研制工作带来严重困难。国防尖端科技项目是"上马"还是"下马",大家意见很不一致。毛泽东明确指示:要下决心搞尖端技术,不能放松或下马。陈毅说:"即使当了裤子,也要把原子弹搞出来。"主管国防科技工作的张爱萍对科技人员说:"再穷也要有一根打狗棒。"这形象地表达了毛泽东等老一辈革命家对发展我国国防尖端武器的坚强决心和坚定态度。在这种背景和条件下,中国人民在党的坚强领导下,不信邪、不怕鬼、不怕压,独立自主,自力更生,艰苦奋斗。毛泽东说:"苏联把专家撤走,撕毁了合同,这对我们有好处。我们没办法,就靠自己,靠自己两只手","离开了先生,学生就自己学"。我们依靠自己的力量战胜困难,走出困境,成功研制出了"两弹一星",大长了中国人民的志气,极大地振奋了民族精神。改革开放后,邓小平在一次谈话中曾讲到这件事,谈到它的重大意义时说:"如果六十年代以来中国没有原子弹、氢弹,没有发射卫星,中国就不能叫有重要影响的大国,就没有现在这样的国际地位。这些东西反映一个民族的能力,也是一个民族、一个国家兴旺发达的标志。"后来他在同几位中央负责同志谈话时谈到"第三代领导集体的当务之急"时强调,"中国本来是个穷国,为什么有中美苏'大三角'的说法?就是因为中国是独立自主的国家。为什么说我们是独立自主的?就是因为我们坚持有中国特色的社会主义道路。否则,只能是看着美国人的脸色行事,看着发达国家的脸色行事,或者看着苏联人的脸色行事,那还有什么独立性啊!"可以说,没有独立自主,就没有中国革命的胜利,就不会有中国人民的站起;就没有社会主义革命和建设的巨大成就,也就不会有中华民族在世界东方的巍然屹立。

(资料来源:曲青山:《学习毛泽东同志独立自主的探索和实践精神》,《学习时报》2023年11月20日第A7版。)

2.案例指向

本案例重点指向教材第一章第二节第二目的内容,即"毛泽东思想活的灵魂"之"独立自主"的问题。独立自主,就是坚持独立思考,走自己的路,就是坚定不移地维护民族独立,捍卫国家主权,把立足点放在依靠自己力量的基础上,同时积极争取外援,开展国际经济文化交流,学习外国一切对我们有益的先进事物。独立自主是中华民族的优良传统,是中国共产党、中华人民共和国立党立国的重要原则,是我们党从中国实际出发,依靠党和人民力量进行革命、建设、改革的必然结论。不论过去、现在还是将来,我们都要把国家和民族的发展放在自己力量的基点上,增强民族自尊心和自信心,坚定不移走自己的路。

3.案例解析

"两弹一星"指核弹(原子弹、氢弹)、导弹和人造卫星。中国的"两弹一星"是 20 世纪中华民族自力更生、自主研制的辉煌伟业。它包含着自力更生、艰苦奋斗的自强创业的精神。"两弹一星",完全是在新中国内有困难、外有重压、"一穷二白"的极端艰苦条件下独立自主研制出来的。

(1)反映了中国共产党要坚决摆脱苏联共产党的控制,在处理与苏共及苏联政府之间的关系问题上实现完全独立自主的决心

20 世纪,中苏两国共产党之间的关系是一个复杂的问题,苏联共产党与共产国际在中国共产党创立、确定民主革命纲领、实现国共合作、发动国民革命等事情上给予了极大的帮助。但是,他们插手中共内部事务,助长了中共党内几次错误路线的产生,对毛泽东开辟的中国革命道路长期持怀疑态度,甚至阻拦中共领导的人民力量解放全中国。斯大林去世后,赫鲁晓夫继续以"老子党"自居,在中苏合作问题上指手画脚。

案例中涉及的共同核潜艇舰队事件、在中国建设长波电台问题,从形式上看是中苏之间的正常的军事合作,好像是苏联高姿态地帮助中国。实质上,背后隐藏的却是是否尊重中国的主权和战略利益问题:①中国要不要接受苏联提供的核保护,如同当时的西欧跟美国?②中国允不允许外国军事力量在自己的国土上驻军、设立军事基地,哪怕是用"共同管理""共同使用"的名义?

1949 年 12 月,从毛泽东第一次访苏开始,毛泽东和中国共产党人就一直在谋求同苏联建立一种平等的盟友关系,而不是一种战略上的附庸关系。在这种情况下,苏联领导人赫鲁晓夫从自己的战略需要出发,提出在中国建立长波电台和共同核潜艇舰队的要求,引起毛泽东的强烈不满。在毛泽东看来,这证实了一个判断:在习惯了"老子党"作风和大国主义作风的苏联领导人心目中,中国并没有取得平等的地位。中国的主权和战略地位没有得到应有的尊重。中国发展自己的核武器的努力并没有得到苏联的真心支持。因此,在这期间,毛泽东反复强调要自力更生搞尖端国防科技攻关。1958 年 5 月 17 日,他在中共八大二次会议上提出:"苏联卫星上天,我们想不想搞个把两个卫星,我们也要搞一点卫星。"6 月 21 日,他在中央军委扩大会议上指出:"搞一点原子弹、氢弹,什么洲际导弹,

我看有十年工夫完全可能的。"①

(2)彰显了中华民族埋头苦干自强不息的伟大精神

新中国成立之初,我们面临的是经济落后、技术空白、人才奇缺、环境恶劣、工业基础十分薄弱、资金和设备极端匮乏的严峻形势,各项发展步履维艰。在研制导弹初期,苏联曾与我国签订技术协定表示支持,但就在我们研制导弹开局不久的关键时刻,苏联却单方面撕毁协议,撤走了全部专家,带走了所有资料,取消了一切援助。苏联于1957年1月14日在联合国大会上提出一份禁止核试验的提案,妄图实施核垄断,将中国的导弹研制扼杀在萌芽状态。1958年6月17日,毛泽东在中共中央军委扩大会议的文件上作出批示:"自力更生为主,争取外援为辅,破除迷信,独立自主地干工业、干农业、干技术革命和文化革命,打倒奴隶思想,埋葬教条主义,认真学习外国的好经验,也一定研究外国的坏经验——引以为戒,这就是我们的路线。经济战线上如此,军事战线上也完全应当如此。"②

1959年6月20日,苏共中央致信中共中央,拒绝提供原子弹教学模型和技术资料。同时,苏联专家也借口回国休假,一去不复返。在此形势下,毛泽东、周恩来等提出,"自己动手,从头摸起,准备用八年时间搞出原子弹。"③中国决心依靠自己的力量研制原子弹,并以苏联毁约的年月"596"作为第一颗原子弹的代号。7月,周恩来向负责这项工作的宋任穷等传达了这个决定。毛泽东等中国领导人由此得出一个刻骨铭心的教训:在关系战略全局的尖端技术和核心技术上,中国只能依靠自己的力量艰苦奋斗、自力更生。

此后,成千上万的科技工作者和基础设施建设者迎难而上,毅然来到渺无人烟的大漠、荒原,以板房帐篷为家,与戈壁黄沙为伴,用青春和生命把"自力更生、艰苦奋斗"的"两弹一星"精神镌刻在中国大地上。他们冒高温、顶沙尘、住土屋、挤帐篷、喝咸苦水,克服了各种难以想象的艰难险阻,建起了导弹试验基地,经受住了生命极限的考验。当时,资料严重不足,设备极其简陋,安装在我国第一颗原子弹里的精密零件的形状和体积,是靠简单手摇计算机甚至算盘计算出来的,溶解炸药的实验中所用的工具,大多是日常生活中所使用的盆盆罐罐。

----

① 《毛泽东年谱(1949—1976)》第3卷,中央文献出版社2013年版,第351、373页。
② 《毛泽东文集》第7卷,人民出版社1999年版,第380页。
③ 《周恩来传(1898—1976)》下,中央文献出版社2008年版,第1574页。

为了尽快得到重要核装料——铀，铀矿勘查地质队普遍开展了土法炼铀，在几个大桶里装上人工用铁锤砸碎的矿石和腐蚀性强的硫酸、硝酸，用布袋过滤沉淀物。就是靠着这样近乎原始的简陋装备，工人们在短时间内生产出了 160 多吨重铀酸铵，为我国首次核试验赢得了时间。就是靠着惊人的顽强拼搏和发愤图强精神，科研人员攻破了几千个重大的技术难关，制造了几十万台必备的仪器、仪表、设备。1960 年 11 月 5 日，中国第一枚导弹"东风一号"发射成功；1964 年 10 月 16 日，中国第一颗原子弹爆炸成功；1967 年 6 月 17 日，中国第一颗氢弹空爆试验成功；1970 年 4 月 24 日，中国第一颗人造地球卫星"东方红一号"发射成功，《东方红》的旋律响彻太空。他们所具有的惊人毅力和勇气，显示了中华民族在自力更生基础上自立于世界民族之林的坚定决心和坚强能力。

（3）深刻揭示了党始终掌握历史主动的根本原因，彰显了中华民族勇毅前行的信心和决心

从浴血奋战、百折不挠的革命岁月到激情燃烧、发愤图强的建设年代，毛泽东同志带领全党全国人民自力更生、砥砺前行，"就靠自己，靠自己两只手"，创造了令全国各族人民自豪的非凡成就，开创了适合中国特点的革命道路，粉碎了帝国主义的封锁，扛住了超级大国的高压，谱写了一个个独立自主的精彩篇章，让中国人民不仅站起来了，而且站住了、站稳了，使新中国逐步成为一个在国际上有地位、有尊严、受尊重和负责任的大国。

独立自主是毛泽东思想活的灵魂的三个基本方面之一，也是我们党总结百年历史得出的"十个坚持"的宝贵经验之一。坚持独立自主，走自己的路，是党百年奋斗得出的历史结论。新时代新征程，我们面临的任务更艰巨、挑战更严峻。我们必须保持强大战略定力，坚持独立自主、自力更生，不信邪、不怕压，把国家和民族发展放在自己力量的基点上，百折不挠地为实现中华民族伟大复兴而奋斗，为人类和平与发展的进步事业作出新的更大贡献。

四、延伸阅读

1.《中国共产党中央委员会关于建国以来党的若干历史问题的决议》，中共中央文献研究室编：《三中全会以来重要文献选编》下，人民出版社 1982 年版。

2.邓小平:《对起草〈关于建国以来党的若干历史问题的决议〉的意见》,中共中央文献研究室编:《三中全会以来重要文献选编》上,人民出版社1982年版。

3.习近平:《在纪念毛泽东同志诞辰120周年座谈会上的讲话》,人民出版社2013年版。

4.习近平:《在庆祝中国共产党成立100周年大会上的讲话》,人民出版社2021年版。

5.《中共中央关于党的百年奋斗重大成就和历史经验的决议》,人民出版社2021年版。

6.习近平:《在纪念毛泽东同志诞辰130周年座谈会上的讲话》,人民出版社2023年版。

五、拓展研学

1.结合本案例,指导学生课前观看影视《走近毛泽东》《中国出了个毛泽东》《觉醒年代》《问苍茫》,感受毛泽东的人格力量和英雄风范。撰写观后感,谈谈"你心目中的毛泽东",说说作为新时代青年学生,在往后的学习、生活与工作中如何继承与弘扬毛泽东同志的高尚品德。

2.结合本案例,组织学生将群众路线与"枫桥经验"和"四下基层"联系起来。探讨中国共产党取得社会治理奇迹与坚持群众路线的关系。结合各地创新"枫桥经验"和"四下基层"的做法,采取走访调研、搜集文献、案例以及研讨等形式,以小组为单位撰写调研报告,在班上开展讨论和交流,深化对拜群众为师、办法就在群众中的认识。

3.结合本案例,组织学生参观古田会议纪念馆、新泉整训纪念馆,将独立自主与"中国共产党人精神谱系"联系起来。探讨中国共产党带领人民坚持独立自主、自力更生、艰苦奋斗的意志和决心。挖掘"中国共产党人精神谱系"中独立自主、自力更生、艰苦奋斗的素材,通过搜集文献、案例以及展开讨论等形式,撰写研学论文。

第二章　新民主主义革命理论

一、教学主要目标

本章的教学,是以毛泽东思想科学体系中新民主主义革命理论的主要内容为线索组织和展开的。教学过程中需要完成三个层次的教学目标:(一)使学生了解和掌握新民主主义革命理论的形成、基本内容和重要意义。(二)使学生懂得中国革命的胜利,就是在新民主主义革命理论指导下取得的;新民主主义革命理论是对中国革命实践经验的总结,是中国革命的科学指南。(三)引导学生充分认识无论是革命还是建设和改革,都必须从中国的实际出发,走自己的路,坚定"四个自信"。

二、教学重难点

本章教学重点:讲清楚新民主主义革命理论形成的依据、新民主主义革命的总路线和基本纲领的主要内容,讲清楚"农村包围城市,武装夺取政权"的革命道路形成的必然性和开辟这一道路的重大意义,以及新民主主义革命三大法宝的主要内容及其对中国革命的重要性。

本章教学难点:帮助学生理解中国资产阶级为什么要分为官僚资产阶级和民族资产阶级,为什么官僚资产阶级是革命的对象而民族资产阶级是革命的动力,使学生领悟到毛泽东对中国国情认识的客观性和准确性。

三、教学案例

(一)曾联松与五星红旗

1.案例呈现

国旗的设计者是上海市合作总社的一名 32 岁的干部,他叫曾联松。

1949 年 7 月，从小酷爱书画的曾联松从报纸上获知征集国旗设计图案的消息后激动万分，决定动手设计一幅自己心中的国旗图案。

一个夜晚，曾联松仰望星空，陷入沉思。中国人民在中国共产党的领导下，盼星星，盼月亮，终于迎来了新中国的诞生，中国共产党不正是中国人民的大救星嘛！曾联松有了灵感，就构思形成了这样一幅图案：以一颗大五角星导引于前，几颗小五角星环绕于后，众星拱北斗，大五角星象征伟大的中国共产党，小五角星象征人民。人民紧紧环绕在党的周围，团结奋斗，从胜利走向胜利。他还把五角星设计为金黄色，色简而庄严，也表达了中华儿女黄色人种的民族特征。

关于到底要设计几颗小星环绕大星周围的问题，曾联松想到毛泽东在《论人民民主专政》一文中指出中国阶级构成，包括工人阶级、农民阶级、城市小资产阶级和民族资产阶级四个阶级，就决定以四颗小星象征广大人民。四颗小星各有一个角对着大星，大小呼应，疏密相间，形成了一个椭圆形，既表现了中国的地理特征，又显得平稳和谐，明朗而有气势。为了进一步突出中国共产党的领导地位，大五星中还添加了党旗上的镰刀、斧头图案。

整体框架确定后，对于色彩问题，曾联松决定用红色做底色，因为红色象征革命，中国共产党党旗是红色，红旗又标志着中国共产党领导的革命和革命取得胜利，既热烈喜庆，也象征解放和光明。

1949 年 8 月，曾联松设计好五星红旗图案稿后，就邮寄给筹备委员会。为了遵循筛选原则，第六小组将他设计的这幅图案中大五星中的镰刀、斧头图案删除，选入《国旗图案参考资料》，排序为"复字第 32 号"。但是，当时并没有公布投稿者的名字。1950 年 9 月，中央人民政府办公厅给曾联松寄送了公函，正式告知他就是国旗的设计者。

（资料来源：周进主编：《百年风华》第 2 辑，当代中国出版社 2021 年版，第 20～21 页。）

2.案例指向

本案例重点指向教材第二章第二节第一目的内容，即新民主主义革命总路线中关于新民主主义革命的革命领导力量和动力的问题，说明无产阶级及其政党——中国共产党的领导，是中国革命取得胜利的根本保证，新民主主义革命的动力包括无产阶级、农民阶级、小资产阶级和民族资产阶级。

3.案例解析

1949 年 6 月 15 日，新政协筹备会在北平正式成立，该会所担负的筹备工作中,就包括制定新中国的国旗这项重要任务,并指定由筹备会的第六小组负责。7月4日,第六小组开会决定:登报公开征求国旗、国徽图案和国歌词谱。7月14日至8月15日,《人民日报》《解放日报》《新华日报》等报纸刊登了中国人民政治协商会议筹备会征求国旗图案的通知。关于国旗图案有四点要求:一要有中国特征,如历史、地理、民族、文化等;二要有政权特征,体现以工人阶级为领导,以工农联盟为基础的人民民主专政;三要庄严简洁,长方形,长阔比例为3∶2;四要以红色为主。

曾联松从《解放日报》得知消息非常激动,经过夜以继日不断认真思索,终于设计出"五星红旗",最终被新政协筹备会确定为中华人民共和国国旗,新中国国旗就此诞生。五星红旗的寓意:大星代表中国共产党,四个小星代表四个阶级,"众星拱北斗",即新民主主义革命总路线中的革命领导力量和动力。

(1)关于新民主主义革命领导的认识

1840年鸦片战争后中国开始沦为半殖民地半封建社会,为了完成民族独立、人民解放,中国的农民阶级和资产阶级先后发动了太平天国起义和辛亥革命等革命运动,结果都未能改变中国半殖民地半封建社会的命运,没有完成反帝反封建的民主革命的任务。究其原因,最重要的就是没有先进阶级的领导。太平天国运动,定都南京,沉重打击了封建统治阶级,代表了中国旧式农民战争的最高峰。但纵观中国旧式农民战争,其结局要么是失败,要么是改朝换代。农民阶级的局限性,决定了单纯的农民战争不能完成民主革命的任务。1856年天京事变后,太平天国运动一蹶不振,最终走向失败。孙中山领导的辛亥革命,虽然赶跑皇帝,建立中华民国,但民族资产阶级的软弱妥协性致使辛亥革命的成果被袁世凯所窃取,北洋军阀的黑暗统治取代了清政府的反动统治,因此资产阶级也无法领导中国民主革命取得胜利、建立人民当家作主的共和国。

谁才是革命的领导力量？毛泽东在《中国社会各阶级的分析》中明确指出是工业无产阶级。"工业无产阶级人数虽不多,却是中国新的生产力的代表者,是近代中国最进步的阶级,做了革命运动的领导力量。"[1]中国的工人阶级要从自在阶级变为自为阶级、领导革命取得胜利,必须在马克思主义的指导下,建立自己的先锋队——中国共产党。中国产生了共产党,这是开天辟地的大事变,中国革命的面貌从此焕然一新。因此,无产

---

[1]　《毛泽东选集》第1卷,人民出版社1991年版,第8页。

阶级及其政党——中国共产党的领导,是中国革命取得胜利的根本保证。五星红旗,四颗小星环绕一颗大星,大星代表中国共产党,代表党的领导地位,也正如习近平总书记形象地说党的领导核心地位犹如"众星捧月","月"就是中国共产党。

(2)关于新民主主义革命动力的认识

革命要取得胜利,还必须有革命的动力,即强大的同盟军。在国民革命时期,共产党内存在着两种错误倾向。"第一种倾向,以陈独秀为代表,只注意同国民党合作,忘记了农民,这是右倾机会主义。第二种倾向,以张国焘为代表,只注意工人运动,同样忘记了农民,这是'左'倾机会主义。这两种机会主义都感觉自己力量不足,而不知道到何处去寻找力量,到何处去取得广大的同盟军。"毛泽东在 1925 年 12 月发表了《中国社会各阶级的分析》,他谈道:"谁是我们的敌人? 谁是我们的朋友? 这个问题是革命的首要问题。中国过去一切革命斗争成效甚少,其基本原因就是因为不能团结真正的朋友,以攻击真正的敌人。革命党是群众的向导,在革命中未有革命党领错了路而革命不失败的。我们的革命要有不领错路和一定成功的把握,不可不注意团结我们的真正的朋友,以攻击我们的真正的敌人。"①毛泽东客观地分析中国各阶级的经济地位及其对革命的态度,科学地认为:"可知一切勾结帝国主义的军阀、官僚、买办阶级、大地主阶级以及附属于他们的一部分反动知识界,是我们的敌人。工业无产阶级是我们革命的领导力量。一切半无产阶级、小资产阶级是我们最接近的朋友。那动摇不定的中产阶级,其右翼可能是我们的敌人,其左翼可能是我们的朋友——但我们要时常提防他们,不要让他们扰乱了我们的阵线。"②由此毛泽东精辟地回答了"谁是我们的敌人? 谁是我们的朋友?"这个革命的首要问题。尤其是找到了革命的主力军和最可靠的同盟军——农民阶级。毛泽东在《湖南农民运动考察报告》中充分肯定农民阶级在革命中的重要作用:"很短的时间内,将有几万万农民从中国中部、南部和北部各省起来,其势如暴风骤雨,迅猛异常,无论什么大的力量都将压抑不住。他们将冲决一切束缚他们的罗网,朝着解放的路上迅跑。""孙中山先生致力国民革命凡四十年,所要做而没有做到的事,农民在几个月内做到了。这是四十年乃至几千年未曾成就过的奇勋。这是好得很。"

---

① 《毛泽东选集》第 1 卷,人民出版社 1991 年版,第 3 页。
② 《毛泽东选集》第 1 卷,人民出版社 1991 年版,第 9 页。

"一切革命同志须知:国民革命需要一个大的农村变动。辛亥革命没有这个变动,所以失败了。现在有了这个变动,乃是革命完成的重要因素。"①中国新民主主义革命的胜利,就是在中国共产党坚强正确领导下,以工农联盟为基础,团结小资产阶级、民族资产阶级等力量,经过二十八年艰苦卓绝的英勇斗争实现的。"五星红旗"图案中,四颗小星代表当时的工人阶级、农民阶级、城市小资产阶级和民族资产阶级各阶层人民,是新民主主义革命的动力。

(二)中国向往何处

1.案例呈现

抗战以来,全国人民有一种欣欣向荣的气象,大家以为有了出路,愁眉锁眼的姿态为之一扫。但是近来的妥协空气,反共声浪,忽又甚嚣尘上,又把全国人民打入闷葫芦里了。特别是文化人和青年学生,感觉锐敏,首当其冲。于是怎么办,中国向何处去,又成为问题了。

⋯⋯⋯⋯⋯⋯

我们共产党人,多年以来,不但为中国的政治革命和经济革命而奋斗,而且为中国的文化革命而奋斗;一切这些的目的,在于建设一个中华民族的新社会和新国家。在这个新社会和新国家中,不但有新政治、新经济,而且有新文化。这就是说,我们不但要把一个政治上受压迫、经济上受剥削的中国,变为一个政治上自由和经济上繁荣的中国,而且要把一个被旧文化统治因而愚昧落后的中国,变为一个被新文化统治因而文明先进的中国。一句话,我们要建立一个新中国。建立中华民族的新文化,这就是我们在文化领域中的目的。

⋯⋯⋯⋯⋯⋯

无论如何,中国无产阶级、农民、知识分子和其他小资产阶级,乃是决定国家命运的基本势力。这些阶级,或者已经觉悟,或者正在觉悟起来,他们必然要成为中华民主共和国的国家构成和政权构成的基本部分,而无产阶级则是领导的力量。现在所要建立的中华民主共和国,只能是在无产阶级领导下的一切反帝反封建的人们联合专政的民主共和国,这就是新民主主义的共和国,也就是真正革命的三大政策的新三民主义共和国。

---

① 《毛泽东选集》第1卷,人民出版社1991年版,第13、15、16页。

············

在中国建立这样的共和国,它在政治上必须是新民主主义的,在经济上也必须是新民主主义的。

大银行、大工业、大商业,归这个共和国的国家所有。"凡本国人及外国人之企业,或有独占的性质,或规模过大为私人之力所不能办者,如银行、铁道、航路之属,由国家经营管理之,使私有资本制度不能操纵国民之生计,此则节制资本之要旨也。"这也是国共合作的国民党的第一次全国代表大会宣言中的庄严的声明,这就是新民主主义共和国的经济构成的正确的方针。在无产阶级领导下的新民主主义共和国的国营经济是社会主义的性质,是整个国民经济的领导力量,但这个共和国并不没收其他资本主义的私有财产,并不禁止"不能操纵国民生计"的资本主义生产的发展,这是因为中国经济还十分落后的缘故。

这个共和国将采取某种必要的方法,没收地主的土地,分配给无地和少地的农民,实行中山先生"耕者有其田"的口号,扫除农村中的封建关系,把土地变为农民的私产。农村的富农经济,也是容许其存在的。这就是"平均地权"的方针。这个方针的正确的口号,就是"耕者有其田"。在这个阶段上,一般地还不是建立社会主义的农业,但在"耕者有其田"的基础上所发展起来的各种合作经济,也具有社会主义的因素。

············

所谓新民主主义的文化,一句话,就是无产阶级领导的人民大众的反帝反封建的文化。

············

民族的科学的大众的文化,就是人民大众反帝反封建的文化,就是新民主主义的文化,就是中华民族的新文化。

新民主主义的政治、新民主主义的经济和新民主主义的文化相结合,这就是新民主主义共和国,这就是名副其实的中华民国,这就是我们要造成的新中国。

(资料来源:《毛泽东选集》第2卷,人民出版社1991年版,第662~709页。)

2.案例指向

本案例重点指向教材第二章第二节第二目的内容,即新民主主义革命政治纲领、经济纲领和文化纲领。

3.案例解析

全民族抗战发动后,国共合作,全民族同仇敌忾、团结抗战,全国人民有一种欣欣向荣的气象。但随着抗战进入相持阶段,蒋介石对共产党政策也发生了重大变化。1939年1月,国民党在重庆召开五届五中全会,除继续抗日之外,还制定了"溶共""防共""限共""反共"的反动方针。在军事上到处挑起摩擦的同时,在政治思想战线上也发动猖狂的进攻,高喊"一个主义""一个政党""一个领袖"。"反共的马克思主义者"、国民党"理论家"任卓宣公然宣称:三民主义可以满足中国现在和将来的一切要求,三民主义的实现,中国便不需要社会主义了,从而组织一个党来为社会主义而奋斗的事也就不必要了。蒋介石鼓吹"以党治国""以党建国",妄想在抗战胜利后继续实行国民党一党专政的独裁统治。一些民族资产阶级及其代表人物,企图在国共政治主张之外走第三条道路,在抗战胜利后搞欧美式的资产阶级共和国。于是,怎么办,中国向何处去,成为时局之问。

而此时的中国共产党,已经从狭小的圈子之中走了出来,变成了全国性的大党,成为抗战的中流砥柱。在中国政治大舞台,中国共产党日益受到人们的密切关注,人们也迫切希望了解共产党对时局和中国未来的主张,因此中国共产党此时必须亮出自己的政治主张,旗帜鲜明地回答中国向往何处。另外,中国共产党积累了成功的经验和失败的教训,已经能够从中国实际出发,独立自主地回答和解决中国革命面临的实际问题。1939年12月,毛泽东写了《中国革命和中国共产党》,打出了"新民主主义革命"的大旗。那新民主主义革命的基本纲领,即新民主主义革命具体的奋斗目标是什么? 1940年1月,毛泽东写了《新民主主义论》,明确回答了中国向何处去:我们要建立一个新中国,这个新中国要有新政治、新经济和新文化,即新民主主义的政治、经济、文化基本纲领。

在政治上我们所要建立的中华民主共和国,只能是在无产阶级领导下的一切反帝反封建的人们联合专政的民主共和国,这就是新民主主义的共和国,既不同于欧美式的资产阶级专政的共和国,又区别于苏联式的无产阶级专政的共和国。

经济上,大银行、大工业、大商业,归这个共和国的国家所有,就是要没收官僚资本归新民主主义国家所有。以蒋介石、宋子文、孔祥熙、陈果夫和陈立夫等四大家族为代表的官僚资本与国家政权相结合,肆无忌惮地疯狂敛财,大发国难财,官僚资本恶性膨胀,控制国家的主要经济命脉,压制民族资本主义经济发展,造成民不聊生,必须坚决没收。这与孙中山新三民主义主张的"节制资本"有相同之处。没收地主的土地,分配给无地和少地的农民,实行中山先生"耕者有其田"的口号,就是要没收封建地主阶级的土地归农民所有。这个共和国并不没收其他资本主义的私有财产,并不禁止"不能操纵国民生计"的资本主义生产的发展,这就是要保护民族工商业。

文化上就是无产阶级领导的人民大众的反帝反封建的文化,即民族的科学的大众的文化。新民主主义革命的政治、经济和文化相结合,这就是我们要造成的新中国——新民主主义的共和国。

《新民主主义论》是一篇具有严密理论体系的光辉著作,是新民主主义革命科学理论体系形成的一个重要标志,连号称国民党"理论家"的任卓宣也不得不折服,他说读了《新民主主义论》,就把毛泽东作为共产党理论家来看待。《新民主主义论》清晰而完整地勾画出中国共产党所要建立的新中国的轮廓,回答了时局之问,使人们明确了奋斗目标和未来方向,使越来越多的人了解和认同中国共产党的主张,纷纷聚集在新民主主义大旗之下,为未来建立崭新的国家——新民主主义的共和国而奋斗。

(三)毛泽东与中国革命新道路的开辟

1 案例呈现

(1)文家市会议

在湘赣边界起义的原定计划严重受挫的情况下,起义军立刻需要作出抉择:是继续进攻还是实行退却?如果退却的话,向哪里退却?继续进攻长沙,是中共中央原来的决定,不这样做会被加上"逃跑"的罪名。中国共产党在武装斗争方面,以往也只有过向城市进攻的经验。但在当时敌我力量悬殊的实际情况下,这样做只会导致全军覆没。面对如此两难的抉择时,这个决心是很不好下的。

九月十九日晚,毛泽东在文家市里仁学校召开有师、团主要负责人参加的前敌委员会会议,讨论工农革命军今后的行动方向问题。工农革命军第一师师长余洒度仍坚持"取浏阳直攻长沙",这是符合中共中央的主张的,起义部队中也有不少人抱有这种情绪。毛泽东清醒地对客观形势作出判断,认定当地农民起义并没有形成巨大声势,单靠工农革命军的现有力量不可能攻占国民党军队强固设防的长沙,湖南省委原来的计划已无法实现,断然主张放弃进攻长沙,把起义军向南转移到敌人统治力量薄弱的农村山区,寻找落脚点,以保存革命力量,再图发展。提出这个主张,在当时是需要有极大勇气的。会议经过激烈争论,在总指挥卢德铭等支持下通过了毛泽东的主张,"议决退往湘南"。

∙∙∙∙∙∙∙∙∙∙∙∙

第二天清晨,毛泽东在文家市里仁学校操场上向全师指战员宣布改变行动方向的决定。他满怀信心地说:现代中国革命没有枪杆子不行,有枪杆子才能打倒反动派。这次武装起义受了挫折,算不了什么! 胜败乃兵家常事。我们当前力量还小,还不能去打敌人重兵把守的大城市,应当先到敌人统治薄弱的农村,去保存力量,发动农民革命。我们现在好比一块小石头,蒋介石反动派好比一口大水缸,但总有一天,我们这块小石头,一定要打烂蒋介石那口大水缸!

(资料来源:中共中央文献研究室编:《毛泽东传(1893—1949)》,中央文献出版社2004年版,第157~159页。)

(2)创建井冈山革命根据地

三湾改编后,毛泽东带领起义军首先来到井冈山。井冈山地处湘赣边界的罗霄山脉中段。毛泽东选择在这里建立革命根据地,是因为:这个地区的群众基础比较好,大革命时期湘赣边界各县曾经建立过党的组织和农民协会;这里的部分旧式农民武装,愿意同工农革命军联合;这里地势险要,易守难攻;周围各县具有自给自足的农业经济,便于部队筹款筹粮;地处湘赣边界,距离国民党统治的中心比较远,湘赣两省军阀之间又存在矛盾,对这个地区的控制力量比较薄弱。

毛泽东抓住统治阶级内部发生新破裂的有利时机,全力进行边界党、军队和政权的建设。1927年11月,成立湘赣边界第一个红色政权——茶陵县工农兵政府。1928年2月中旬,打破江西国民党军队对井冈山地区的进攻。至此,井冈山根据地初步建立,边界党的组织也逐步建立起来。

对于工农革命军,毛泽东要求改变过去军队只顾打仗的旧传统,担负起打仗消灭敌人、打土豪筹款子、做群众工作三项任务。1928年4月,他又总结部队做群众工作的经验,规定部队必须执行三大纪律、六项注意。以后六项注意又发展成八项注意。这些规定体现了人民军队的本质,对于正确处理军队内部关系、军民关系和瓦解敌军等,都起了重大作用。

1928年4月下旬,朱德、陈毅率部分南昌起义保留下来的部队和湘南起义农军一万余人陆续转移到井冈山地区,与毛泽东领导的部队会师,合编为工农革命军第四军(后改称"工农红军第四军"),朱德任军长,毛泽东任党代表和军委书记。从此,他们领导的军队被称为"朱毛红军"。5月,湘赣边界党的第一次代表大会选举产生以毛泽东为书记的中共湘赣边界特委。

毛泽东、朱德在连续打退湘赣两省国民党军队的进攻中,概括出游击战争的基本原则,即"敌进我退,敌驻我扰,敌疲我打,敌退我追"的十六字诀,领导红四军以不足四个团的兵力,在同国民党军队八九个团甚至十八个团兵力的战斗中,不畏强敌、不畏艰难,使根据地日益扩大。

井冈山根据地的斗争同土地革命是分不开的。根据地建立之初,分田只在个别地区试行。随着根据地逐步巩固,1928年5月至7月,边界各县掀起分田高潮,年底颁布井冈山《土地法》。广大贫苦农民从分得土地的事实中认识到红军是为他们的利益而奋斗的,从各方面全力支持红军和根据地发展。这是井冈山根据地能够存在和发展的社会基础。

井冈山根据地的建立,点燃了工农武装割据的星星之火,为中国革命探索出了农村包围城市、武装夺取政权这样一条前人没有走过的正确道路。

(资料来源:《中国共产党简史》,人民出版社、中共党史出版社2021年版,第41、42页。)

(3)星星之火,可以燎原

在对于时局的估量和伴随而来的我们的行动问题上,我们党内有一部分同志还缺少正确的认识。他们虽然相信革命高潮不可避免地要到来,却不相信革命高潮有迅速到来的可能。因此他们不赞成争取江西的计划,而只赞成在福建、广东、江西之间的三个边界区域的流动游击,同时也没有在游击区域建立红色政权的深刻的观念,因此也就没有用这种红色政权的巩固和扩大去促进全国革命高潮的深刻的观念。

············

他们的这种理论的来源,主要是没有把中国是一个许多帝国主义国家互相争夺的半殖民地这件事认清楚。如果认清了中国是一个许多帝国主义国家互相争夺的半殖民地,则一,就会明白全世界何以只有中国有这种统治阶级内部互相长期混战的怪事,而且何以混战一天激烈一天,一天扩大一天,何以始终不能有一个统一的政权。二,就会明白农民问题的严重性,因之,也就会明白农村起义何以有现在这样的全国规模的发展。三,就会明白工农民主政权这个口号的正确。四,就会明白相应于全世界只有中国有统治阶级内部长期混战的一件怪事而产生出来的另一件怪事,即红军和游击队的存在和发展,以及伴随着红军和游击队而来的,成长于四围白色政权中的小块红色区域的存在和发展(中国以外无此怪事)。五,也就会明白红军、游击队和红色区域的建立和发展,是半殖民地中国在无产阶级领导之下的农民斗争的最高形式,和半殖民地农民斗争发展的必然结果;并且无疑义地是促进全国革命高潮的最重要因素。六,也就会明白单纯的流动游击政策,不能完成促进全国革命高潮的任务,而朱德毛泽东式、方志敏式之有根据地的,有计划地建设政权的,深入土地革命的,扩大人民武装的路线是经由乡赤卫队、区赤卫大队、县赤卫总队、地方红军直至正规红军这样一套办法的,政权发展是波浪式地向前扩大的,等等的政策,无疑义地是正确的。

⋯⋯⋯⋯⋯

中国是全国都布满了干柴,很快就会燃成烈火。"星火燎原"的话,正是时局发展的适当的描写。只要看一看许多地方工人罢工、农民暴动、士兵哗变、学生罢课的发展,就知道这个"星星之火",距"燎原"的时期,毫无疑义地是不远了。

⋯⋯⋯⋯⋯

农村斗争的发展,小区域红色政权的建立,红军的创造和扩大,尤其是帮助城市斗争、促进革命潮流高涨的主要条件。所以,抛弃城市斗争,是错误的;但是畏惧农民势力的发展,以为将超过工人的势力而不利于革命,如果党员中有这种意见,我们以为也是错误的。因为半殖民地中国的革命,只有农民斗争得不到工人的领导而失败,没有农民斗争的发展超过工人的势力而不利于革命本身的。

⋯⋯⋯⋯⋯

我所说的中国革命高潮快要到来,决不是如有些人所谓"有到来之可能"那样完全没有行动意义的、可望而不可即的一种空的东西。它是站在海岸遥望海中已经看得见桅杆尖头了的一只航船,它是立于高山之巅远看东方已见光芒四射喷薄欲出的一轮朝日,它是躁动于母腹中的快要成熟了的一个婴儿。

(资料来源:《毛泽东选集》第1卷,人民出版社1991年版,第97～106页。)

2.案例指向

此组案例重点指向教材第二章第二节第一目的内容,即新民主主义革命的道路问题,"文家市会议"标志中国革命开始从城市走向乡村,"创建井冈山革命根据地"开始形成"工农武装割据"局面,"星星之火,可以燎原"初步形成了中国革命的新道路理论。

3.案例解析

这组案例给出了选择新民主主义革命的道路时的重要背景。

一是文家市会议。八七会议后，毛泽东临危受命，以中央特派员身份到湖南领导秋收起义。起义原计划是工农革命军分三路推进，会攻长沙。毛泽东对此充满信心，兴奋地写下了《西江月·秋收起义》："军叫工农革命，旗号镰刀斧头。匡庐一带不停留，要向潇湘直进。地主重重压迫，农民个个同仇。秋收时节暮云愁，霹雳一声暴动。"但当时革命形势已走向低潮，群众没有发动起来，薄弱的起义队伍又分散行动、各自为战，收编的邱国轩部临阵倒戈，在兵力绝对优势的敌人围攻下，起义严重受挫。毛泽东当机立断，决定各路起义部队停止进攻，退到文家市。起义队伍由5000人减至1500多人。1927年9月19日，在文家市里仁学校召开决定队伍下一步方向的会议，史称"文家市会议"。

二是创建井冈山革命根据地。虽然毛泽东在八七会议上提出枪杆子里面出政权的著名论断，八七会议也确定了土地革命和武装斗争反抗国民党反动派的总方针，但在农村怎么进行武装革命，对当时年轻的中国共产党，包括毛泽东，都是一个全新的重大课题。一方面是党之前的工作重心是在城市，领导工人运动，缺乏在农村搞革命的经验；另一方面国情不一样，不能沿用俄国十月革命的道路和照搬苏联经验。毛泽东在井冈山创建中国第一个农村革命根据地的探索和实践，对中国革命新道路的形成具有极为重要的意义。

通过这组案例，我们可以得到以下几个判断：

（1）党决定从进攻大城市转为向农村进军

退到文家市的秋收起义部队，如果继续执行原定计划进攻长沙，必然失败甚至全军覆灭。后来的事实也印证了这一假设。1930年7月，彭德怀率领红三军团1万多人，趁敌人防守空虚，攻占了长沙，但当敌人回援时，红三军团被迫撤离。之后，毛泽东、朱德指挥红一方面军再攻长沙。此时的红一方面军有3万多人，成立之初，士气高涨，武器装备和作战经验比秋收起义时有了很大的提升，然而围攻长沙16天，总攻2次均未果。之后敌人增援，为了避免腹背受敌，只能下令主动撤退。可见，当时若贸然进攻长沙，后果定是不堪设想。当然改变中央原定计划，需要极大勇气，会背上"逃跑"罪名，被处分、撤职。毛泽东后来就因此被开除中共中央临时政治局候补委员。沧海横流，方显英雄本色。在面临重大抉择的关键时刻，一代伟人毛泽东表现出超人的勇气、果敢和担当，审时度势，决定放弃进攻大城市长沙，向湘南农村进军。正如《中共中央关于党的百年奋斗重大成就和历史经验的决议》指出："事实证明，在当时的客观条件下,中国共产党人不可能像俄国十月革命那样通过首先占领中心城市来取得革命在全国的胜利,党迫切需要找到适合中国国情的革命道路。从进攻大城市转为向农村进军,是中国革命具有决定意义的新起点。"①因此文家市会议意义十分重大,它迈出了开创井冈山革命根据地、开辟中国革命新道路的极为关键的一步。

(2)开辟工农武装割据道路

武装斗争是土地革命和根据地存在和发展的强有力保证。毛泽东先是积极争取井冈山当地旧式农民武装袁文才、王佐部的支持,并对其进行成功的改造,工农红军由此在井冈山站稳脚跟。毛泽东又派人去联络和接应朱德部上井冈山。朱德部是以北伐铁军叶挺部为基础形成的,装备齐整、训练有素、有作战经验,人数2000多人。朱毛会师,实力大增,有能力进行较大规模的战斗。有了一定规模和战斗力的武装力量,井冈山根据地多次打败了国民党军队的"进剿",如取得了龙源口大捷等,"不费红军三分力,打败江西两只羊(杨)",井冈山根据地进入全盛时期。毛泽东说:"相当力量的正式红军的存在,是红色政权存在的必要条件。若只有地方性质的赤卫队而没有正式的红军,则只能对付挨户团,而不能对付正式的白色军队。所以虽有很好的工农群众,若没有相当力量的正式武装,便决然不能造成割据局面,更不能造成长期的和日益发展的割据局面。所以'工农武装割据'的思想,是共产党和割据地方的工农群众必须充分具备的一个重要的思想。"②武装斗争是井冈山根据地存在和发展的强有力保证。

农村革命根据地是中国革命的战略阵地。关于根据地建设,毛泽东十分重视军队和地方的建党工作。在军队中落实三湾改编提出的"支部建立在连上"的原则,各个连队先后建立了党支部。在地方抓紧党组织的恢复和发展工作,并从军队中抽调一批有政治工作经验的党员,到农村基层去开展建党工作,到1928年2月,湘赣边界各县党组织初步恢复和发展起来。5月,选举产生了以毛泽东为书记的中共湘赣边界特委。建立了党组织,军队和根据地建设就有了核心,就能够发展壮大。毛泽东还重视根据地政权建设。1927年11月,在毛泽东指示下,湘赣边界第一个红

① 《中共中央关于党的百年奋斗重大成就和历史经验的决议》,人民出版社2021年版,第5页。

② 《毛泽东选集》第1卷,人民出版社1991年版,第50页。

色政权——以谭震林为主席的茶陵工农兵政府成立,随后遂川、宁冈等地也建立了工农兵政府。在毛泽东指导下,党在土地革命战争时期的第一部工农民主政府《施政大纲》在遂川县颁布。工农政府由百姓当家,如遂川县政府成立,主席王次淳是农民。毛泽东说,他前天还在地里挑大粪,今天就被选为县长,这是自古以来所没有的事。工农政府和《施政大纲》代表广大老百姓的利益,对于发动、组织、领导老百姓积极参加、支持革命和进行根据地各项建设起了重要作用。井冈山根据地掀起了红色风暴。毛泽东还努力把军队建设成为一支新型的人民军队。军队的任务,自古以来就是只管打仗,但毛泽东提出军队不仅要打仗,还要做群众工作,这是毛泽东对军队建设的创新。军队要执行三大任务,必须要有严明的群众纪律。在准备上井冈山时,毛泽东宣布三条纪律:第一,一切行动听指挥;第二,不拿老百姓一个红薯;第三,打土豪要归公。毛泽东说,如果像有的同志那样,到这个地里掰个苞谷,在那个地里挖两个红薯,山上的穷苦百姓是不会喜欢我们的。在遂川,毛泽东又提出六项注意:(1)上门板;(2)捆铺草;(3)说话要和气;(4)买卖公平;(5)借东西要还;(6)损坏东西要赔(后来增加了"不搜俘虏腰包"和"洗澡避女人"两项)。旧式军队,"兵匪一家",而新型人民军队纪律严明,体现了人民军队全心全意为人民服务的宗旨和本质,对于正确处理军队内部关系、军民关系以及瓦解敌军等,都起了重大作用。根据地的各项建设,发展和巩固了井冈山革命根据地,为开展武装斗争和土地革命提供了有力的依托。

土地革命是中国革命的基本内容,是赢得人民群众支持的关键。群众的拥护和支持,是根据地生存和发展之本。要取得民心,必须解决群众最关心的迫切问题。井冈山是边远落后的农业区域,百姓以农为生,但多半土地握在地主手中。毛泽东在《井冈山的斗争》中指出:"大体说来,土地的百分之六十以上在地主手里,百分之四十以下在农民手里。江西方面,遂川的土地最集中,约百分之八十是地主的。"①租地的农民收成多半要交租,"种了万担粮,农民饿肚肠",生活十分穷苦,贫困农民最渴望的是获得土地,只有没收一切土地重新分配,才能够得到广大农民拥护。因此,毛泽东上井冈山后,就把领导与实行土地革命作为根据地党和工农民主政府工作的一项特别重要的任务。1928年5月,毛泽东在湘赣边界党的第一次代表大会上确定了"深入割据地区的土地革命"的政策,阐明深

---

① 《毛泽东选集》第1卷,人民出版社1991年版,第68页。

入土地革命对于建立红色政权、开展武装斗争、巩固根据地的重要性和迫切性，号召全面分田。随后各县、区、乡设立负责分田的机构"土地委员会"，边界各县掀起声势浩大的全面分田的高潮。12月，毛泽东拟写的中国新民主主义革命的第一部成文的土地政纲——《井冈山土地法》颁布。毛泽东领导的井冈山土地革命，带来了农村社会大变动，广大贫苦农民分得了土地，永新县甚至有些出家多年的尼姑也下山嫁人分地。百姓从分得土地的事实中认识到红军是为他们的利益而奋斗的，从各方面全力支持红军和根据地发展。这是井冈山根据地能够存在和发展的社会基础。

井冈山根据地的成功创建，毛泽东领导根据地军民进行土地革命、武装斗争、根据地建设，开辟了工农武装割据新局面，为农村包围城市、武装夺取政权的中国革命道路的形成进行了可贵的初步探索和实践。

（3）农村包围城市、武装夺取政权革命新道路理论的初步形成

为了反抗国民党内反动集团叛变革命、残酷屠杀共产党人和革命人民，中国共产党先后领导举行了南昌起义、秋收起义、广州起义，但由于敌我力量悬殊，这些起义大多数失败了。在敌强我弱的情况下，不少人对革命前途感到悲观。有些党员脱党，起义队伍中不少人跑了。1927年，朱德率南昌起义军余部1000余人到赣南安远天心圩宿营，第二天早上，只剩下800多人，团级以上干部只剩朱德、陈毅、王尔琢三人。

中国革命的前景如何？革命力量和红色政权能否存在和发展？这是中国共产党必须探索和回答的问题。当时具体的情况是革命力量在城市很难生存。如张太雷等领导的广州起义，一度占领广州绝大部分市区，成立了苏维埃政府。由于敌我力量悬殊，起义军不可能坚守广州。叶挺建议主动撤出，遭到共产国际代表诺伊曼的反对，起义军英勇奋战、顽强抵抗，但寡不敌众，只坚守三天就失败了，张太雷和许多起义者英勇牺牲。而这些起义失败后的余部撤到数省边界的偏僻农村开展游击战争，却存在和发展起来。朱毛红军在井冈山成功开创根据地。湖北黄麻起义失败后，鄂东工农起义军撤到黄陂木兰山只剩下72人，号称"木兰山七十二英雄"，后来不断壮大，发展成为红四方面军。客观的现实促使毛泽东开始思考和探索中国革命的新道路。毛泽东总结创建井冈山革命根据地的实践，写了《中国的红色政权为什么能够存在？》《井冈山的斗争》。毛泽东科学总结和分析中国红色政权存在的五个"主客观"条件，指出："一国之内，在四围白色政权的包围中，有一小块或若干小块红色政权的区域长期地存在，这是世界各国从来没有的事。这种奇事的发生，有其独特的原因。

而其存在和发展,亦必有相当的条件。""有些同志在困难和危急的时候,往往怀疑这样的红色政权的存在,而发生悲观的情绪。这是没有找出这种红色政权所以发生和存在的正确的解释的缘故。我们只须知道中国白色政权的分裂和战争是继续不断的,则红色政权的发生、存在并且日益发展,便是无疑的了。"①如井冈山根据地初创时,毛泽东就抓住了国民党李宗仁和唐生智集团发生战争,江西朱培德主力调往赣北,井冈山周围各县国民党兵力空虚的时机,发起攻势向外发展。同样朱毛红军开辟赣南、闽西革命根据地时,也是抓住国民党蒋介石和桂系新军阀爆发蒋桂之战的大好时机。"风云突变,军阀重开战。洒向人间都是怨,一枕黄粱再现。红旗跃过汀江,直下龙岩上杭。收拾金瓯一片,分田分地真忙。"所以,毛泽东在《星星之火,可以燎原》中指出:"如果认清了中国是一个许多帝国主义国家互相争夺的半殖民地……就会明白相应于全世界只有中国有统治阶级内部长期混战的一件怪事而产生出来的另一件怪事,即红军和游击队的存在和发展,以及伴随着红军和游击队而来的,成长于四围白色政权中的小块红色区域的存在和发展(中国以外无此怪事)。"基于对中国革命的特殊国情、具体特点以及当时激烈的阶级矛盾的精准判断和科学分析,毛泽东认为"星星之火",距"燎原"的时期,毫无疑义地不远了,乐观地预测中国革命高潮快要到来。"它是站在海岸遥望海中已经看得见桅杆尖头了的一只航船,它是立于高山之巅远看东方已见光芒四射喷薄欲出的一轮朝日,它是躁动于母腹中的快要成熟了的一个婴儿。"②星星之火,终成燎原之势。

毛泽东坚决反对流动游击,强调建立农村革命根据地、实行工农武装割据的重要性。毛泽东明确指出"单纯的流动游击政策,不能完成促进全国革命高潮的任务"。"红军、游击队和红色区域的建立和发展,是半殖民地中国在无产阶级领导之下的农民斗争的最高形式,和半殖民地农民斗争发展的必然结果;并且无疑义地是促进全国革命高潮的最重要因素。""朱德毛泽东式、方志敏式之有根据地的,有计划地建设政权的,深入土地革命的……政权发展是波浪式地向前扩大的,等等政策,无疑义是正确的。③

毛泽东在《星星之火,可以燎原》一文中,科学地分析了当时国内政治

①　《毛泽东选集》第1卷,人民出版社1991年版,第48~49页。
②　《毛泽东选集》第1卷,人民出版社1991年版,第98、106页。
③　《毛泽东选集》第1卷,人民出版社1991年版,第98页。

的形势和敌我力量的对比,进一步回答了中国红色政权为什么能够存在和发展的问题,有力批判了看不到革命力量发展的悲观思想,为艰难奋斗的党及其领导的革命军队和人民群众坚定了必胜的信心。毛泽东强调建立和发展红色政权对于中国革命具有决定性的意义和作用,创造性地提出以"乡村为中心"的思想,指出:"农村斗争的发展,小区域红色政权的建立,红军的创造和扩大,尤其是帮助城市斗争、促进革命潮流高涨的主要条件"。[①]这明确说明了中国革命必须首先在农村发展和积蓄力量,建立革命政权,逐步推进直至夺取城市,实际上已经开始形成农村包围城市、武装夺取政权的革命新道路理论。农村包围城市、武装夺取政权思想的提出,标志着马克思主义中国化即毛泽东思想的初步形成。

(四)古田会议

1.案例呈现

12月28日至29日,红四军党的第九次代表大会在福建省上杭县古田召开,这就是古田会议。会上传达了中共中央指示信。大会通过了八个决议案,其中最重要的是《关于纠正党内的错误思想》的决议案。

古田会议确立了思想建党、政治建军原则。

在党的建设方面,决议强调了加强党的思想建设的重要性,指明了党内各种非无产阶级思想的表现、来源及纠正办法。决议还提出了加强党的组织建设的任务,要求"厉行集中指导下的民主生活",指出以后发展新党员要注重质量,党员的条件是:(1)政治观念没有错误的(包括阶级觉悟)。(2)忠实。(3)有牺牲精神,能积极工作。(4)没有发洋财的观念。(5)不吃鸦片,不赌博。

在军队建设方面,决议规定中国的红军是一个执行革命的政治任务的武装集团,必须绝对服从党的领导,必须全心全意为着党的纲领、路线和政策而奋斗;批评了那种认为军事和政治是对立的单纯军事观点。决议再次提出红军必须担负起打仗、筹款和做群众工作这三位一体的任务,批评了只是走州过府、流动游击、不愿做建设政权的艰苦工作等思想倾向。决议强调要加强红军政治工作,特别是政治教育工作。

古田会议根据中共中央的指示,选举产生了新的中共红四军前敌委员会,毛泽东当选为书记。

---

① 《毛泽东选集》第1卷,人民出版社1991年版,第102页。

（资料来源：中共中央党史和文献研究院：《中国共产党的一百年：新民主主义革命时期》，中共党史出版社 2022 年版，第 113～114 页。）

2.案例指向

本案例重点指向教材第二章第三节第二目的内容，即新民主主义革命的三大法宝中的武装斗争和党的建设。古田会议确立的思想建党、政治建军和党对军队的绝对领导等根本原则，是中国共产党领导武装斗争和进行党的建设所必须始终遵循的根本原则。

3.案例解析

古田会议是在党中央高度肯定红四军建党建军和政治工作经验，以及红四军已有条件全面总结两年来红军建设的经验、纠正党内错误思想的背景下召开的。

面对红四军党内和军内存在并不断滋长的各种非无产阶级思想，毛泽东力图加以纠正，但并不顺利。1929 年 6 月，由陈毅主持的红四军党的七大在龙岩召开，毛泽东打算通过会议，总结红四军下井冈山以来的斗争经验，批评并纠正党和部队中产生的各种非无产阶级思想，解决红军建设中的主要问题。结果事与愿违，问题未能解决，争论更加激化，在改选前委书记时，陈毅当选，毛泽东落选。毛泽东离开红军到闽西特委指导地方工作，同时养病。9 月，红四军在上杭县城召开红四军党的八大。会议"无组织状态的开了三天"，争论不休，毫无结果。当病重的毛泽东坐担架来上杭开会时，会议已经结束。

1929 年 10 月，陈毅带着中共中央的指示信，即"九月来信"，回到了闽西。7 月，陈毅前往上海如实向党中央汇报红四军党的七大上的争论、部队存在的不良倾向以及毛泽东离开部队等情况。时任中央组织部长、军事部长周恩来听了汇报后，几次召开会议讨论，决定给红四军前委写书面指示信，即"九月来信"。近万字的"九月来信"，由陈毅按中央会议和周恩来谈话精神起草，李立三、周恩来、陈毅共同讨论，最后由周恩来审定。"九月来信"对红四军党内的争论作出明确的结论，肯定了毛泽东提出的"工农武装割据"和红军建设基本原则，要求红四军维护朱德、毛泽东的领导，毛泽东"应仍为前委书记"。"九月来信"为红四军党内统一认识、纠正各种非无产阶级思想提供了根据，直接促成了古田会议的召开。

（1）毛泽东努力探索和解决在农村环境中进行革命所面临的建党建军的难题

大革命失败后，以毛泽东为代表的中国共产党人开始领导在农村建立革命根据地,开展武装斗争和土地革命。在农村进行革命斗争,必然会出现这样的情况,即红军是以农民为主体组织起来的,农民和其他小资产阶级出身的党员占党员的多数,随着根据地的扩大,党的组织和红军的发展,红军党内和军内的各种非无产阶级思想也在滋长。如何克服党内和军内的非无产阶级思想,把党建设成为无产阶级的先锋队,把红军建设成为一支无产阶级领导的新型人民军队,是亟待解决的根本性问题。

毛泽东在秋收起义部队到达永新时,进行了著名的"三湾改编"。建立和健全部队各级党的组织,把支部建立在连上,确立党对军队的领导;在部队中实行民主制度,官兵平等,建立士兵委员会。三湾改编,奠定了新型人民军队的基础。

毛泽东在《井冈山的斗争》一文中指出:"我们感觉无产阶级思想领导的问题,是一个非常重要的问题。边界各县的党,几乎完全是农民成分的党,若不给以无产阶级的思想领导,其趋向是会要错误的。"①由于当时紧张激烈的革命斗争等情况,这个问题没有得到彻底解决。

在转战赣南、闽西的征程中,军队存在的单纯军事观点、极端民主化、绝对平均主义、个人主义、流寇主义等非无产阶级思想有所发展。同时军队领导层在军队建设问题上出现分歧。中央派到红四军工作的刘安恭,指责毛泽东从实际出发的一些正确主张,引发红四军党内关于建军原则的一场争论。

红四军党的七大和党的八大,未能解决这些问题。

之后,陈毅带来"九月来信",毛泽东恢复担任前委书记。毛泽东决定召开红四军党的九大,以统一全军党内的思想。为此,1929 年 12 月,毛泽东主持为期 10 天的"新泉整训"。毛泽东深入基层调查研究,为起草党代会决议准备材料。之后,他进驻古田,在军内外进行周密的调查。根据"九月来信"精神和红四军实际情况,毛泽东负责起草了"纠正党内非无产阶级意识的不正确倾向"等八个决议草案,并在会前做了充分的讨论,确保了古田会议的胜利召开,在探索和解决在农村环境中进行革命建党建军的难题上,作出了里程碑式的贡献。

(2)思想建党、政治建军

古田会议强调加强党的思想建设的重要性。在《关于纠正党内的错误思想》的决议中,毛泽东首先指出:"红军第四军的共产党内存在着各种

———————

① 《毛泽东选集》第 1 卷,人民出版社 1991 年版,第 77 页。

非无产阶级的思想,这对于执行党的正确路线,妨碍极大。若不彻底纠正,则中国伟大革命斗争给予红军第四军的任务,是必然担负不起来的。"并分析了其原因,"四军党内种种不正确思想的来源,自然是由于党的组织基础的最大部分是由农民和其他小资产阶级出身的成分所构成的;但是党的领导机关对于这些不正确的思想缺乏一致的坚决的斗争,缺乏对党员作正确路线的教育,也是使这些不正确思想存在和发展的重要原因"①。毛泽东列举了单纯军事观点、极端民主化、非组织观点、绝对平均主义、主观主义、个人主义、流寇思想、盲动主义残余等八种错误思想,对每个错误进行单独分析,既指出错误观点的表现,又分析错误观点的来源,更提出切实可行的纠正方法。案例中严格规定发展新党员的条件,把好入党关,有利于在思想上保持党员队伍的纯洁性。思想建党是古田会议确立的一项重大原则,必须把思想建设始终放在党的建设的首位,是党的建设的重要经验。

古田会议决议规定红军是执行革命的政治任务的武装集团,必须绝对服从党的领导,必须全心全意为着党的纲领、路线和政策而奋斗。从而结束了之前红四军党内关于建军原则的一场争论,确立了建设新型人民军队的根本原则是坚持党对军队的绝对领导。决议再次提出红军必须担负起打仗、筹款和做群众工作三大任务,体现了新型人民军队的本质和宗旨。要保证完成军队的三大任务,必须坚持党对军队的绝对领导,加强红军政治工作,特别是政治教育工作。政治建军,是古田会议确立的另一项重大原则。党指挥枪、听党指挥,是人民军队必须遵循的根本原则。

(3)古田会议永放光芒

古田会议是党和人民军队建设史上的重要里程碑。习近平总书记说:"古田是我们党确立思想建党、政治建军原则的地方,是我军政治工作奠基的地方,是新型人民军队定型的地方。""古田会议是在红军生死存亡的紧要关头召开的。当时,毛泽东、朱德、陈毅同志率领红四军主力从井冈山下来,在转战赣南、闽西过程中,部队发生了关于建军原则的争论。红四军第八次党代会后,红四军出击东江失败,部队思想混乱、士气低迷,面临着严峻考验。根据'中央九月来信',红四军召开第九次党代会,纠正和肃清各种非无产阶级思想,形成了我党我军历史上著名的古田会议决议。这次会议确立了马克思主义建党建军原则,确立了我军政治工作的

---

① 《毛泽东选集》第 1 卷,人民出版社 1991 年版,第 85 页。

方针、原则、制度,提出了解决把以农民为主要成分的军队建设成为无产阶级性质的新型人民军队这个根本性问题的原则方向。历史,往往在经过时间沉淀后可以看得更加清晰。回过头来看,古田会议使我们这支军队实现了浴火重生、凤凰涅槃。从那儿以后,在党领导下,我军由小到大、由弱到强,不断从胜利走向胜利。古田会议奠基的我军政治工作对我军生存发展起到了决定性作用。"[①]

(五)西安事变的和平解决

1.案例呈现

由于日本在华北的侵略活动已超出南京政府所能容忍的限度,直接威胁到它的生存,蒋介石和国民党中央的对日政策也在发生变化。国共双方开始通过多种渠道,进行秘密接触。中共中央向国民党方面提出停止内战、一致抗日的主张,倡导国共两党重新合作。1936年5月5日,原已渡过黄河开入山西的中国人民红军抗日先锋军在全部回师河西时,毛泽东、朱德发出《停战议和一致抗日通电》,公开放弃反蒋口号。9月1日,中共中央发出党内指示,明确提出党的总方针应是逼蒋抗日。从抗日反蒋到逼蒋抗日,这是党根据国内阶级关系变化的实际状况作出的一个重大政策变化。

这时,蒋介石对日本的态度虽有变化,但其"攘外必先安内"的方针并没有根本改变。1936年12月4日,蒋介石亲赴西安,逼迫张学良、杨虎城率部"剿共"。张学良、杨虎城在向蒋介石要求抗日的"哭谏"遭到严厉训斥和拒绝后,决心采取"兵谏",逼其答应抗日。

12月12日凌晨,按照张学良、杨虎城商定的计划,东北军一部包围华清池,扣留了蒋介石;第十七路军控制了西安全城,囚禁了从南京来的几十名国民党军政要员。张、杨并向全国通电,提出停止内战、一致抗日等八项主张。这就是震惊中外的西安事变。

西安事变发生后,南京政府在如何对待事变问题上出现了两种主张。军政部长何应钦等主张讨伐,调动军队准备进攻西安;以宋子文、宋美龄为首的一派主张和平解决,积极谋划营救蒋介石的办法。

中国共产党在事变发生前没有与闻。事变发生后,张学良立刻电告中共中央。毛泽东和周恩来立即复电,表示拟派周恩来前往西安商量大

[①]　习近平:《论中国共产党历史》,中央文献出版社2021年版,第96、97页。

计。13日,中共中央举行政治局会议,毛泽东在发言中认为西安事变是有革命意义的,应该支持。张闻天在发言中主张"我们不采取与南京对立方针","尽量争取南京政府正统"。"我们的方针:把局部的抗日统一战线,转到全国性的抗日统一战线。"毛泽东在作结论时强调,不应把反蒋与抗日并立。17日,应张学良邀请,周恩来作为中共中央代表到达西安。在弄清情况后,中共中央以中华民族利益的大局为重,独立自主地确定了用和平方式解决西安事变的方针。根据这一方针,周恩来与张学良、杨虎城共同努力,经过谈判,迫使蒋介石作出了"停止剿共、联红抗日"的承诺。

西安事变的和平解决,成为时局转换的枢纽。自此之后,内战基本停止。党促成西安事变和平解决,对推动国共再次合作、团结抗日起了重大历史作用。在抗日的前提下,国共两党实行第二次合作成为不可抗拒的大势。

(资料来源:中共中央党史和文献研究院:《中国共产党的一百年:新民主主义革命时期》,中共党史出版社2022年版,第172~174页。)

2.案例指向

本案例重点指向教材第二章第一节第一目中的近代中国国情和第三节第二目新民主主义革命三大法宝中的统一战线的问题,说明在近代中国社会各种矛盾中最主要的矛盾是帝国主义和中华民族的矛盾,诸多矛盾交织在一起,我们不仅能够而且必须建立最广泛的统一战线。

3.案例解析

九一八事变后,随着日本步步入侵,中日民族矛盾日益上升,抗日救亡运动随之兴起。1935年,日本策划了"华北事变",平津危急,整个华北危在旦夕。北平爱国学生悲愤地喊出:华北之大,已安放不下一张平静的书桌了。

在民族危亡之际,中国共产党首先举起了停止内战、一致抗日的民族革命大旗。瓦窑堡会议后,党为推动抗日救亡运动和建立抗日民族统一战线而展开多方面的努力,特别是积极做张学良东北军和杨虎城十七路军的统战工作,并取得了突破性进展。1936年上半年,在西北初步形成红军、东北军、十七路军"三位一体"联合抗日的局面。

华北事变后,日本的侵略政策已超出蒋介石南京政府所能容忍的范围,蒋介石对日政策也发生了变化:在"安内"的同时,也考虑"攘外",并在1935年年底,通过多种渠道,跟中国共产党接触。但其"攘外必先安内"的政策并未真正改变,并调集重兵,准备对陕北根据地进行"会剿"。12

月 4 日,蒋介石带领大批军政要员飞抵西安,命令张学良、杨虎城进攻红军。张、杨反复苦谏,均遭蒋介石训斥。张、杨只能下决心"兵谏"。12 月 12 日,西安事变发生了。

西安事变发生后,中共中央首先肯定事变是有革命意义的。应张学良的邀请,周恩来等中共代表 17 日到达西安。从抗战大局出发,中共中央独立自主确定了和平解决西安事变的方针。以宋子文、宋美龄为代表的亲英美派也主张和平解决,到西安进行谈判。由于中国共产党的正确决策以及以周恩来为首的中共代表团卓有成效的能力,经过三方(中共,张、杨,南京方面)的谈判,南京方面接受"停止内战、联共抗日"等六项主张,张学良送蒋介石回南京,西安事变仅 14 天就得以和平解决。张学良、杨虎城为了团结抗战,毅然发动并参与和平解决西安事变,是中华民族的"千古功臣"。

(1)中华民族和帝国主义的矛盾是近代中国最主要的矛盾

西安事变的发生和和平解决,绝非偶然。毛泽东指出:"帝国主义和中华民族的矛盾,封建主义和人民大众的矛盾,这些就是近代中国社会的主要的矛盾。当然还有别的矛盾,例如资产阶级和无产阶级的矛盾,反动统治阶级内部的矛盾。而帝国主义和中华民族的矛盾,乃是各种矛盾中的最主要的矛盾。……伟大的近代和现代的中国革命,是在这些基本矛盾的基础之上发生和发展起来的。"[①]

九一八事变后,随着日本步步入侵,尤其是 1935 年日本一手策划了"华北事变"后,中日民族矛盾日益上升。东北丢了,热河丢了,华北又即将成为第二个伪满洲国。正如诞生于 1935 年的《义勇军进行曲》所唱的:"起来! 不愿做奴隶的人们! 把我们的血肉,筑成我们新的长城! 中华民族到了最危险的时候,每个人被迫着发出最后的吼声。起来! 起来! 起来! 我们万众一心,冒着敌人的炮火,前进! 冒着敌人的炮火,前进! 前进! 前进! 进!"1935 年 12 月 9 日,在中共北平临时工委领导和组织下,北平数千名学生举行声势浩大的抗日救亡大游行。一二·九运动加深了中国人民对民族危机的认识,极大地促进了中华民族的觉醒,标志着中国人民抗日救亡运动新高潮的到来。"兄弟阋于墙,外御其侮","停止内战、一致抗日",成为国人的呼声和时代的洪流。

针对时局的变化,毛泽东精辟地指出"目前形势的基本特点,就是日

---

① 《毛泽东选集》第 2 卷,人民出版社 1991 年版,第 631 页。

本帝国主义要变中国为它的殖民地""这种情形,就给中国一切阶级和一切政治派别提出了'怎么办'的问题"。作为民主革命动力的工人、农民、小资产阶级是要反抗的,民族资产阶级的一部分(左翼)可能参加抗日,另一部分则可能由动摇而采取中立态度。近代中国社会中各种矛盾交织,最大的压迫是民族压迫,即使在地主买办阶级营垒中也会分化。当斗争是向着日本帝国主义的时候,美国以至英国的走狗们是有可能遵照其主人的叱声的轻重,同日本帝国主义者及其走狗暗斗以至明争的。日本帝国主义的侵略改变了中国各阶级之间的相互关系,扩大了民族革命营垒的势力,减弱了民族反革命营垒的势力。[①]

正如毛泽东所预计的,在民族危机到了严重关头的时候,国民党阵营也发生破裂,出现了冯玉祥、蔡廷锴、马占山等抗日人物。国民党军队中爱国官兵也进行了局部抗日,如东北军马占山的江桥抗战、蔡廷锴十九路军的淞沪抗战、冯玉祥领导的察哈尔抗战以及长城抗战和福建事变等。这些说明了国民党爱国官兵,面对日本帝国主义的入侵,不满蒋介石的"不抵抗"政策,有抵抗侵略的强烈愿望和勇气。

蒋介石的对日政策在华北事变后也发生了变化。之前是希望依靠国联,幻想通过外交途径来解决问题。但华北事变,超出蒋介石南京政府所能容忍的范围。蒋介石认为,和平未到完全绝望时期,决不放弃和平;牺牲未到最后关头,亦决不轻言牺牲。如果"最后关头"到来,那也只好"放弃和平"、决心"牺牲"。1935年年底,在"攘外必先安内"的同时,通过多种渠道,蒋介石方面跟中国共产党接触。

这些说明了在中日民族矛盾日益上升为主要矛盾,中华民族到了生死存亡的关头,中国人民包括国民党爱国官兵在内都希望停止内战、一致抗日。蒋介石集团为了自身的利益,也有可能抗日。建立广泛的抗日民族统一战线以共同抗日是应对时局的唯一答案。西安事变正是在此情形下发生和得以和平解决的,蒋介石顽固坚持"攘外必先安内",违背民族利益,迫使张学良、杨虎城发动西安事变。"停止内战、一致抗日"是大势所趋、人心所向,是中共、张杨和南京方面能够坐下来谈判的基础。蒋介石答应了"停止'剿共'、联红抗日",张学良送蒋回南京,西安事变就此和平解决。

(2)中国共产党已经懂得统一战线是战胜敌人的重要法宝

在统一战线问题上,中国共产党不仅出现了右倾错误,还犯过"左"倾

---

① 《毛泽东选集》第1卷,人民出版社1991年版,第142~149页。

关门主义的错误。"左"倾关门主义认为："革命的力量是要纯粹又纯粹，革命的道路是要笔直又笔直。圣经上载了的才是对的。民族资产阶级是全部永世反革命了。对于富农，是一步也退让不得。对于黄色工会，只有同它拼命。如果同蔡廷锴握手的话，那必须在握手的瞬间骂他一句反革命。哪有猫儿不吃油，哪有军阀不是反革命？知识分子只有三天的革命性，招收他们是危险的。因此，结论：关门主义是唯一的法宝，统一战线是机会主义的策略。"①"左"倾关门主义的错误给中国革命带来严重的后果。如蒋介石对中央苏区发动第五次"围剿"时，蔡廷锴十九路军发动了抗日反蒋的福建事变。蒋介石不得不从"围剿"中央苏区的前线抽调九个师讨伐十九路军。基于抗日反蒋，红军本可以和十九路军合作，但"左"倾关门主义把十九路军和福建人民革命政府看成"最危险的敌人"。孤立无援的福建人民革命政府，在蒋介石军事进攻和政治分化下很快失败，红军也错失一次打破"围剿"的时机。

华北危机后，中国共产党适时地提出建立抗日民族统一战线的主张，首先举起了停止内战、一致抗日的民族革命大旗。1935 年 8 月，发表了《为抗日救国告全体同胞书》（即著名的《八一宣言》），指出抗日救国已成为每个同胞的神圣天职，呼吁全国各党派、各军队、各界同胞，停止内战，一致抗日，组织国防政府和抗日联军，共产党领导的红军愿首先加入联军，以尽抗日救国之天职。《八一宣言》道出了在民族危亡之际中华民族的共同呼声，得到全国各界同胞的热烈拥护和积极响应。

1935 年 12 月，中央政治局在瓦窑堡召开扩大会议，会议通过的决议指出，目前政治形势已经起了一个基本上的变化，党的政策路线是在发动、团聚与组织全中国全民族一切革命力量去反对当前主要的敌人：日本帝国主义与卖国贼头子蒋介石。关门主义是党内的主要危险。为了适应建立广泛的抗日民族统一战线的需要，决议将"工农共和国"改为"人民共和国"。

会后 2 天，毛泽东又作了《论反对日本帝国主义的策略》的报告。毛泽东指出："日本帝国主义决定要变全中国为它的殖民地，和中国革命的现时力量还有严重的弱点，这两个基本事实就是党的新策略即广泛的统一战线的出发点。组织千千万万的民众，调动浩浩荡荡的革命军，是今天的革命向反革命进攻的需要。""只有统一战线的策略才是马克思列宁主

---

① 《毛泽东选集》第 1 卷，人民出版社 1991 年版，第 154、155 页。

义的策略。关门主义的策略则是孤家寡人的策略。""我们一定不要关门主义,我们要的是制日本帝国主义和汉奸卖国贼的死命的民族革命统一战线。"①瓦窑堡会议是在从国内革命战争向抗日战争伟大转折时期召开的一次重要会议。会议的决议和毛泽东的报告,说明党已经克服了"左"倾盲动主义和关门主义的错误,及时地制定了建立抗日民族统一战线的策略和政策,使党在新的历史时期即将到来时掌握政治的主动权,对推动抗日民族统一战线的建立起了重要的作用。

瓦窑堡会议后,党为推动抗日救亡运动和建立抗日民族统一战线而展开卓有成效的努力,如与张学良、杨虎城达成合作的初步协议,在西北地区初步形成"三位一体"联合抗日的局面,这是党灵活运用统一战线这一法宝取得的一个重大胜利。

针对蒋介石南京政府在华北事变发生后的变化,党中央认为蒋介石集团有被迫参加抗日民族统一战线的可能。1936年4月,周恩来和张学良在延安会谈。张学良认为蒋有抗日的可能,蒋的错误在于"攘外必先安内"的政策,目前最主要的问题在于设法把这个错误政策扭转过来。如果蒋介石集团能参加抗日民族统一战线,对抗战有利。周恩来表示赞同。之后,中共中央把反蒋抗日转变为逼蒋抗日。9月,中央向党内发出指示:"目前中国人民的主要敌人,是日本帝国主义,所以把日本帝国主义与蒋介石同等看待是错误的,'抗日反蒋'的口号,也是不适当的。我们的总方针应是逼蒋抗日。"同时也开始和南京政府接触。10月,中共代表潘汉年与南京政府代表陈立夫谈判。国民党提出陕北政权必须取消,红军只留3000人,师长以上的领导一律解职出洋,中共自然不可能接受,但中共并没有就此关门。可见此时的中国共产党已经懂得统一战线的重要性。

(3)西安事变和平解决有力证明了建立最广泛的统一战线是可能的

西安事变,震惊中外。事变发展存在两种可能:一是就此停止内战、一致抗日,二是引发更大规模的内战,使日本帝国主义侵华加剧。事变发生当天凌晨,张学良告知我党。稍后,张、杨联名电邀中共中央派人到西安共商大计。在得知西安事变后,中共中央政治局召开会议,毛泽东肯定事变是抗日反卖国贼的,指出:"现在处在一个历史事变新的阶段,前面摆着很多道路,也有许多困难。为了争取群众,我们对西安事变不轻易发

---

① 《毛泽东选集》第1卷,人民出版社1991年版,第155页。

言。我们不是正面反蒋，而是具体指出蒋介石个人的错误，不把反蒋抗日并列。"①在周恩来等到达西安弄清情况后，从抗战大局出发，我党独立自主确定了和平解决西安事变的方针，并为此做了大量积极有效的工作。毛泽东密电潘汉年，让他告知宋子文和陈立夫关于我党对事变的态度和解决的方针，以及张、杨发动事变的目的只是逼蒋停止内战、一致抗日，有力促成了宋子文、宋美龄的西安之行。由于停止内战、一致抗日是当时中华民族的最高利益和全体中国人的共同心声，也由于中国共产党的正确决策以及以周恩来为首的中共代表团卓有成效的能力，经各方努力，事变得以和平解决。

西安事变的和平解决，证明了在诸多矛盾交织在一起的半殖民地半封建的中国社会，当帝国主义和中华民族的矛盾上升为最主要矛盾，当国家和民族处于生死存亡的危急关头，当某一帝国主义要变中国为其殖民地而步步紧逼危及别的帝国主义支持的官僚资产阶级集团利益时，只要我们采取正确的策略，停止内战、一致对外，建立民族革命统一战线是完全可能的。西安事变和平解决，促成了国内和平的初步实现，有力推动了国共再度合作和全民族抗战局面的形成，成为由国内战争走向民族抗日战争的转折点，成为时局转换的枢纽。全面抗战爆发后，国民党进行正面战场的作战，共产党开辟敌后战场，共同抗击日本侵略者。以国共合作为基础的全国抗日民族统一战线，是战胜日本帝国主义、取得自鸦片战争以来民族解放战争的首次完全胜利的根本保证。历史证明，近代中国，弱小的革命力量面对强大的敌人，是必须而且可能建立民族革命统一战线并取得民族革命战争的胜利的，因此统一战线是克敌制胜的重要法宝。

四、延伸阅读

1.《毛泽东选集》第 1 卷，人民出版社 1991 年版。

2.《毛泽东选集》第 2 卷，人民出版社 1991 年版。

3.《毛泽东文集》第 1 卷，人民出版社 1993 年版。

4.《毛泽东文集》第 2 卷，人民出版社 1993 年版。

5.习近平：《论中国共产党历史》，中央文献出版社 2021 年版。

---

① 中共中央文献研究室编：《毛泽东年谱（1893—1949）》上卷，中央文献出版社、人民出版社 1993 年版，第 621～622 页。

6.中共中央文献研究室编:《毛泽东传(1893—1949)》,中央文献出版社 2004 年版。

7.《中国共产党简史》,人民出版社、中共党史出版社 2021 年版。

8.中共中央党史和文献研究院:《中国共产党的一百年》,中共党史出版社 2022 年版。

五、拓展研学

1.结合案例让学生组成读书学习小组,结合以下选题,通过收集文献资料、案例及展开交流讨论等形式,进一步深入探讨,最终形成读书报告。

选题一:新民主主义革命理论在毛泽东思想体系中的地位。

选题二:新民主主义革命总路线与中国革命的胜利。

选题三:把中国资产阶级区分为官僚资产阶级和民族资产阶级的意义及其作用。

选题四:中国革命走"农村包围城市,武装夺取政权"道路的必然性。

选题五:统一战线、武装斗争、党的建设是克敌制胜的重要法宝。

2.结合案例组织学生观看红色影片《红色摇篮》《秋收起义》《井冈山》《古田军号》《西安事变》等,让学生了解中国革命新道路开辟的艰难曲折、毛泽东的独创开拓精神、古田会议精神以及以西安事变和平解决为契机建立以国共第二次合作为基础的抗日民族统一战线的重要性。

3.结合案例组织学生实地参观古田会议纪念馆、井冈山红色教育基地等,让学生就井冈山精神与道路自信,古田会议与思想建党、政治建军等问题进行讨论并形成研学报告。

第三章 社会主义改造理论

一、教学主要目标

本章教学以中国从新民主主义社会向社会主义社会过渡为主线,以为什么要进行社会主义改造、如何进行社会主义改造、社会主义改造有什么意义三个问题为导向,通过对这三个问题进行解答,教学期望达到三个层次的主要目标:(一)深入理解党在过渡时期的总路线、理解确立社会主义基本制度的必要性和重要性、理性认识社会主义改造的基本经验。(二)在当前把推进中国式现代化作为最大政治的情境下,坚定对中国共产党领导的社会主义现代化的信念,增强走中国特色社会主义道路的自觉性。(三)深入领会马克思主义的社会发展观的基本观念,明确解放生产力和发展生产力、变革生产关系和发展生产力的有机统一性,提高分析和解决中国特色社会主义发展现实问题的能力。

二、教学重难点

本章教学重点:讲好新中国成立后社会主义改造的必要性、基本过程和重大意义,引导学生掌握马克思主义有关资本主义社会向社会主义社会过渡的思想以及将其应用于中国社会主义改造实践的经验。树立马克思主义中国化时代化的观点,确立走社会主义道路的信念,进而深刻领悟如何通过适时改变生产关系以解放和发展生产力,坚持守正创新,努力实现理论创新和实践创新的良性互动。

本章教学难点:一是帮助学生理解为什么新民主主义社会是一个过渡性的社会;二是讲好社会主义改造中所体现的生产力发展和生产关系改变的辩证统一关系,尤其是社会主义改造与社会主义改革的关系。

三、教学案例

(一)毛泽东谈"大仁政"和"小仁政"

1.案例呈现

1953年9月,毛泽东在中央人民政府委员会第24次会议上,专门讲了一段如何看待"施仁政"问题。当时有些同志,也包括一些党外朋友中的有识之士,看不到抗美援朝、发展重工业的重要性,片面强调中国经过22年的战争,经济亟待恢复,人心思定,不能再打仗了,人民生活亟待改善,应该多搞些轻工业。有的甚至提出,工商业者可以专搞轻工业、国家则专搞重工业,这样分工合作,于国于民两利。这两种议论,一时呼声甚高。毛主席把这种思想称为"小仁政",提出了善意的批评。他说:"所谓仁政有两种:一种是为人民的当前利益,另一种是为人民的长远利益,例如抗美援朝,建设重工业。前一种是小仁政,后一种是大仁政。两种必须兼顾,不兼顾是错误的。那末重点放在什么地方呢?重点应当放在大仁政上。现在,我们施仁政的重点应当放在建设重工业上。要建设,就要资金。所以,人民的生活虽然需要改善,但一时又不能改善很多。就是说,人民生活不可不改善,不可多改善;不可不照顾,不可多照顾。照顾小仁政,妨碍大仁政,这是施仁政的偏向。"

············

1954年6月,在中央人民政府委员会第30次会议上,毛主席在谈到发展重工业的必要性和重要性时,又形象地说:"现在我们能造什么?能造桌子椅子,能造茶碗茶壶,能种粮食,还能磨成面粉,还能造纸。但是,一辆汽车、一架飞机、一辆坦克、一辆拖拉机都不能造。"试想,不优先发展重工业,怎么能改变这种落后的经济状况,怎么能使我国立于世界民族之林呢?

(资料来源:薄一波:《若干重大决策与事件的回顾》上,中共党史出版社1993年版,第291~292页。)

2.案例指向

本案例中毛泽东谈"大仁政"和"小仁政",重点指向教材第三章第一节第二目的内容,即"党在过渡时期总路线及其依据",强调从根本上改变中国贫穷落后的面貌就必须实现社会主义工业化。

3.案例解析

(1)为何有"施仁政"的必要

所谓"仁政"指当政者体恤民生的政策。中华人民共和国成立之初，经济落后，尤其是经过了多年战乱，人民生活亟待改善，因此社会上存在多搞一些轻工业的说法以及主张工商业者和国家分别搞轻工业和重工业利国利民的议论。针对这些看法，毛泽东同志提出为人民的当前利益是"小仁政"，为人民的长远利益是"大仁政"，两种必须兼顾，重点应当放在建设重工业这个大仁政，不可因照顾小仁政而妨碍大仁政。

(2)实施"大仁政"的紧迫性和重要性

实现社会主义工业化是中华人民共和国成立之初面临的国内和国际条件所决定的。就国内来讲，按一般常识，多发展轻工业，一定是投资省、见效快的，发展轻工业还能改善人民的物质生活条件，为国家多积累建设资金。但是，没有机器制造业，发展轻工业的装备从哪里来？没有钢铁等基础工业，机械制造的原材料又从哪里来？没有能源和交通运输，整个国民经济又怎么运转？所以发展重工业对于改变国家的落后状况具有极其重要的迫切性。就国外来看，西方资本主义国家对我们实行禁运和封锁，全靠苏联等社会主义国家支援也不现实。特别是当时美帝国主义实际上还同我国处于军事对峙状态，我国亟须建立强大的军事工业以增强国防力量。这些因素是客观的现实，不是我们主观意志可以改变的。因此，我们不能不采取优先发展重工业的指导思想。

(3)正确处理"大仁政"和"小仁政"的关系

优先发展重工业并不意味着放弃其他事业。中华人民共和国成立之初，中国选择走社会主义道路，面对当时的时代条件和国际环境的新特点，中国实现工业化只能主要依靠内部积累，这样就有了人民当前利益和长远利益如何协调的问题。社会主义工业化注重将人民的当前利益与长远利益相结合，注重处理好人民当前利益和长远利益协调问题。即使认定了优先发展重工业的战略，以毛泽东为代表的中国共产党人，依然保持了统筹兼顾的处事原则。因此，过渡时期总路线不仅是一条社会主义建设和社会主义改造同时并举的路线，体现了社会主义工业化和社会主义改造的紧密结合，体现了解放生产力与发展生产力、变革生产关系与发展生产力的有机统一，而且实际上在第一个五年计划中适当安排了对其他事业的投资，保证了国民经济的协调发展，取得了良好的经济和社会效益。

(二)党在过渡时期总路线的提出

1.案例呈现

1952年我国面临的形势是,土地改革在全国范围基本完成,恢复国民经济的任务顺利实现,朝鲜停战谈判双方在主要问题上达成协议,战争可望不久结束。形势的发展表明,国家具备了开展大规模经济建设的条件。

在取得巨大成绩的同时,我国社会生活中出现和积累了一些新的矛盾。在农村,主要是土改以后农民分散落后的个体经济难以满足城市和工业发展对粮食和农产品原料不断增长的需要,而土改后农村中出现某种程度的贫富差距又引起党对两极分化的关注。在城市,工人阶级同资产阶级之间限制和反限制的斗争,给经济生活带来很大影响。国家开始有计划的经济建设,需要把有限的资源、资金和技术力量集中使用到重点建设上来。而私人资本主义经济则要求扩大自由生产和自由贸易来发展自己。这就不可避免地引起矛盾和冲突。现实的发展,需要党采取新的方针来解决社会经济中的矛盾问题。这样,就把对国民经济实行系统的社会主义改造提到日程上来。

推进革命转变的客观依据是什么呢?主要是三年来我国经济内部的关系发生了重大变化。国营工业产值在工业总产值(不包括手工业)中的比重从原来的不足一半达到超过1/2,国营批发商业在全国批发商业营业总额中占据优势。通过整顿金融秩序,私营金融业全部实行了公私合营。在各种经济成分中,社会主义经济已成为相对强大的因素,成为中国逐步向社会主义过渡的重要物质基础。与此同时,私营工商业经过一系列调整,开始有相当一部分被纳入主要是初级形式的国家资本主义轨道。土改后在农村普遍开展的互助合作,初步显示了将个体农民组织起来增加农业生产的优越性。实践表明,三年以来,我国在一些方面(不是一切方面)已经初步开始对生产资料私有制的社会主义改造。

党的认识随着实践的发展而发生变化。原来设想经过10年到15年的新民主主义建设时期,再采取实际的步骤进入社会主义社会。这时进一步看清,新民主主义建设时期实际上就是逐步过渡到社会主义的时期,也就是社会主义经济成分在国民经济比重中逐步增长的时期。根据认识的变化和进行大规模经济建设的要求,1952年9月,毛泽东提出"中国怎样从现在逐步过渡到社会主义去"的指导方针和大致设想。经过反复酝酿,1953年6月15日,中央政治局扩大会议对此进行讨论,毛泽东在会上首次提出了党在过渡时期的总路线基本内容,后来正式表述为:"从中华人民共和国成立,到社会主义改造基本完成,这是一个过渡时期。党在这个过渡时期的总路线和总任务,是要在一个相当长的时期内,逐步实现对国家的社会主义工业化,并逐步实现国家对农业、对手工业和对资本主义工商业的社会主义改造。这条总路线是照耀我们各项工作的灯塔,各项工作离开它,就要犯右倾或'左'倾的错误。"1954年2月,党的七届四中全会通过决议,正式批准中央政治局确定的这条总路线。

过渡时期总路线的提出,是党在从新民主主义到社会主义转变问题认识上的一个重要改变。本来,1949年党的七届二中全会决议就对"要在实际上保证中国向社会主义的前途走去"的方针政策作过原则的规定。在新的实践基础上,党改变原来的设想,不是等待长期准备之后再采取实际的社会主义步骤,而是现在就采取社会主义工业化和社会主义改造同时并举的方针,充分利用三年来所创造的经济、政治条件,实行以多种过渡形式改造个体经济和私人资本主义经济的具体政策,积极而又循序渐进地完成经济上的社会主义革命任务,初步确立社会主义的经济基础和经济制度。这是党依据新中国成立后经济、政治条件的新变化作出的重大决策,是党的总路线、总任务及发展战略上的重大转变,是符合新中国社会发展的实际和规律的。

（资料来源:中共中央党史和文献研究院:《中国共产党的一百年:社会主义革命和建设时期》,中共党史出版社2022年版,第410~411页。）

2.案例指向

所选案例重点指向教材第三章第一节第二目,即"党在过渡时期总路线的提出",强调过渡时期总路线的提出反映了历史必然性,并且体现了党在新的历史条件下把马克思主义原理同中国的具体实际作"第二次结合"的决策、动员、组织和落实能力。

3.案例解析

(1)过渡时期总路线的提出反映了历史必然性

为什么需要过渡时期总路线?过渡时期总路线的提出反映了历史必然性。一是从理论上说,中国必须走社会主义道路,从新民主主义社会过渡到社会主义社会,这在民主革命时期已经明确。既是新民主主义革命,它的续篇就只能是社会主义,或者说必然以社会主义为其发展前途。二是从实践上看,正如这个案例开头所说的,1952年我国土地改革在全国范围基本完成,恢复国民经济的任务顺利实现,朝鲜停战谈判双方在主要问题上达成协议,战争可望不久结束。经过中华人民共和国成立以来三年的奋斗,国家的政治、经济和社会面貌发生了巨大的变化,国际形势也发生了变化,为我们采取社会主义改造的实际步骤提供了重要的条件和时机。从新民主主义社会向社会主义社会过渡的客观条件已经具备。三是从主观条件上分析,过渡时期总路线的提出,也是毛主席和党中央审时度势、深思熟虑的结果。当中央决定从1953年起执行我国发展国民经济的第一个五年计划时,毛主席已经开始思考向社会主义过渡的问题了。此外,毛主席和党中央作出10年到15年基本上过渡到社会主义的判断时,曾经参考过苏联的经验并征求过斯大林的意见。

（2）如何理解过渡时期总路线

要全面地理解过渡时期总路线的表述。过渡时期总路线的表述中凝聚了社会主义改造的原因、路径和原则。首先,它明确定义"从中华人民共和国成立,到社会主义改造基本完成,这是一个过渡时期"。这不仅明确了新民主主义社会的过渡性,反对把新民主主义与社会主义割裂,而且明确了过渡时期的起讫点,不再坚持"先搞10年、15年或更多一点时间的新民主主义,然后再向社会主义过渡"的设想和说法了。其次,它明确规定"党在过渡时期的总路线和总任务,是要在一个相当长的时期内,逐步实现国家的社会主义工业化,并逐步实现国家对农业、对手工业和对资本主义工商业的社会主义改造"。这里透露出五个关键信息:一是社会主义工业化和社会主义改造既是总路线,又是总任务。路线强调的是方式和方法。任务则包含目标和评价。二是时间期限没有用具体的年数,而是用了一个富有弹性的说法,即"一个相当长的时期",这说明对完成总任务所蕴含的长期性、复杂性和艰巨性有清醒的认识。此外,时间期限的充分容余考量与社会主义工业化和社会主义改造的总体渐进或逐步展开特征和策略性是一致的。三是无论是"工业化"还是"改造"前面,都以"社会主义"定性,这是对工业化和改造的本质规定,还是一种价值取向。工业化是各国现代化共有的,走社会主义工业化道路,是新中国的重大选择,也是未来中国现代化的重要底色。改造的对象是现有的农业、手工业和资本主义工商业,它们的前途是社会主义经济成分,并共同构成社会主义的经济基础。四是从表述中两度出现"国家"这个语词来看,无论是社会主义工业化还是社会主义改造,都是在全国范围内展开,并且是由国家主导的行为。这样既彰显了新中国社会变革的主体性,又必然为后来的社会主义建设进程打下深刻烙印。五是社会主义改造与社会主义工业化是同时并举的,两者相互促进(否则无须设置这种共时性)。这是中国共产党对生产力和生产关系的历史唯物主义原理的坚持及结合中国实际的应用。如果有社会主义的工业基础,农业和手工业的集体化就有了物质和技术的支撑,改造资本主义工商业也有了重要依靠;如果顺利地和尽快地实现对农业、手工业和资本主义工商业的社会主义改造,就可以为社会主义工业化的快速推进和人民生活的适度改善提供原料、资金、服务和市场需求等方面的有利条件。

(3)过渡时期总路线的意义

过渡时期总路线的提出,体现了党在新的历史条件下把马克思主义原理同中国的具体实际作"第二次结合"的决策、动员、组织和落实能力。党的决策工作是一门很大的学问。[①] 我们发现,毛主席对过渡时期总路线的正式表述中,还包括这样一句话:"这条总路线是照耀我们各项工作的灯塔,各项工作离开它,就要犯右倾或'左'倾的错误。"[②]这说明不论是社会主义工业化还是社会主义改造都是政治性、政策性极强的工作,要把原则性和灵活性结合起来,正确地处理过程中的矛盾和问题,以调动一切积极性投入社会主义建设。

(三)对农村形势估量的变化和加快农业合作化的指导方针

1.案例呈现

1955 年春,针对粮食征购工作购了过头粮、农业合作化工作过粗过快等缺点,党中央采取分别不同地区"停、缩、发"方针,对合作社进行了必要的整顿和压缩。同时采取大力保护耕畜、实行粮食定产定购定销等有效措施,使农民生产情绪趋于稳定,粮食供应紧张的局面得到缓解,农村形势开始好转。

1955 年 4 月 6 日至 22 日,毛泽东到南方视察。他沿途看到整顿合作社工作取得成效,认为大部分农民对生产并不消极;又听到有地方干部反映说,春季农民喊缺粮并不都是真实的,许多农户是为了多留余粮;还有反映说,整顿合作社工作中,有许多本来可以办好的合作社被强行解散了。陪同视察的中共中央上海局书记还对毛泽东说,经过调查,在县、区、

---

① 薄一波:《若干重大决策与事件的回顾》上,中共党史出版社 1993 年版,第 266 页。

② 《毛泽东文集》第 6 卷,人民出版社 1999 年版,第 316 页。

乡三级干部中,有30％的人反映农民要"自由"的情绪,不愿意搞社会主义。这些情况,使毛泽东改变了原来对农村形势的看法,认为前一段农村关系的紧张,不能归咎于合作化搞快了。只要把粮食征购指标压一些,便可缓和同农民的关系,而不必放慢农业合作化的步骤。

5月9日晚,毛泽东约见国务院副总理李先念、邓子恢等研究粮食问题和合作化问题。毛泽东说:"粮食,原定征购900亿斤,可以考虑压到870亿斤。这样可以缓和一下。这也是一个让步。粮食征购数字减少一点,换来个社会主义,增加农业生产,为农业合作化打下基础。"他提出,原计划到1957年争取1/3左右的农户加入初级社的合作化程度能否高一些,达到40％。邓子恢回答:还是1/3左右为好。毛泽东接着说:"农村对社会主义改造是有矛盾的。农民是要'自由'的,我们要社会主义。""在县区乡干部中,有一批是反映农民这种情绪的","不仅县区乡干部中有,上面也有。省里有,中央机关干部中也有"。这次谈话,反映了毛泽东对党内主张在合作化步骤上要稳一些的看法表示不赞同。

5月17日,毛泽东在北京主持召开有华东、中南、华北15个省、市委书记参加的会议,着重讨论粮食统购统销、发展农业合作社等问题。会上,毛泽东批评了合作化问题上,有种消极情绪,再不改变,就会犯大错误。他重申了中央的"停、缩、发"方针,但是重点是放在"发"上。毛泽东指出:"缩有全缩,有半缩,有多缩,有少缩。社员一定要退社,那有什么办法。缩必须按实际情况。片面地缩,势必损伤干部和群众的积极性。后解放区就是要发,不是停,不是缩,基本是发";"华北、东北等老解放区里面,也要有发的"。根据毛泽东要加快发展的讲话精神,会上各省都重新调整了原计划发展的数字。河南、湖北、湖南、广东、广西、江西、江苏七省自报了1956年春耕前发展农业合作社的数字共计34万个。毛泽东要求新区各省发展合作社的数目都应比上年翻一番,但发展起来的合作社要保证90％以上是可靠的。他还让东北、西北、西南、华北各中央局负责人回去分别召开会议,传达这次会议的精神,讨论解决合作社发展数字问题。

会后,毛泽东于6月8日再次离京南下,到各地考察农业合作化工作。

6月14日,刘少奇主持召开中央政治局会议,听取邓子恢关于全国第三次农村工作会议的汇报,批准了中央农村工作部报送的到1956年春耕前农业合作社发展到100万个的计划。刘少奇在会上说,过去有一段时间发展的劲头不够,在发展合作社过程中曾有一度动摇。事实证明,过去合作社发展是健康的，能巩固的。他强调，上半年对已建立起来的社进行整顿以后，马上就要再前进。新区老区今后一年都还要发展，不要再停了。这是整顿巩固合作社以来中央指导方针上的一个重要变化，即转向加快农业合作化的步伐。

毛泽东在外地视察期间，沿途召集各省负责人听取农业合作化进展情况的汇报，认为农民群众的社会主义积极性正在高涨。6月23日他回到北京后，即向邓子恢提出需要修改计划数字。毛泽东说：1956年春耕前合作社发展到100万个，这个数字同原有65万个相比较，只翻了半番多一点，偏少了。可能需要翻一番，即增加到130万个左右，基本上使全国二十几万个乡，除了某些边疆地区以外，每乡都有一个至几个小型的半社会主义性质的农业生产合作社，以作榜样。邓子恢回到部里同有关负责人商量，认为发展到100万个社的计划是经调查摸底并同各省商量定下的，比较牢靠，估计可以超过，还是坚持原计划数字好。毛泽东则认为，在农业合作化问题上，广大农民群众由于土地不足、生活贫苦或者生活还不富裕，有一种走社会主义道路的积极性，而我们有些人却不认识和不去利用这种客观存在的可能性。为此，毛泽东提议中央召集一次会议来解决思想问题。

1955年7月31日至8月1日，中共中央在北京举行省、市、自治区党委书记会议。7月31日，毛泽东在会上作《关于农业合作化问题》的报告。报告对我国农业合作化的历史，指导合作化运动的基本方针，包括自愿互利的方针，全面规划、加强领导、有准备分步骤发展的方针，以增产为标准的方针等，作了正确的总结和系统的阐述，并提出在我国的条件下必须先有农业合作化，然后才能使用大机器的重要观点。报告集中论述了加快农业合作化的紧迫性，强调国家工业化对商品粮和工业原料年年增长的需要，同农业主要农作物一般产量很低之间存在着尖锐矛盾，如果不基本解决农业合作化问题，就不能解决这个矛盾，就会使工业化遇到绝大的困难，就不可能完成工业化。为此，报告着重批评了农业合作化中的"右倾保守思想"，批评某些同志像"小脚女人"走路，有数不清的清规和戒律；批评中央农村工作部对浙江采取"坚决收缩"的方针，是"犯了右的错误"。报告强调在全国农村中，新的社会主义群众运动的高潮即将到来，"我们应当积极地热情地有计划地去领导这个运动，而不是用各种办法去拉它向后退"。

根据几年来的实践经验，增加我国农业产量的方法有很多，例如开垦荒地、兴修水利等等,但是大规模的开荒、大量增加灌溉面积,在当时还不可能。就初期工业化建设的需要与可能来说,增加农业产量的主要办法,就是实现农业生产的合作化。只要把分散的小农经营组成几十户或者更多户的联合经营,由组织起来的农民用集体的力量来搞水利、积肥、改良工具和种子、改进耕作技术等等,就能使个体农民难于单独进行的多种增产措施得以实现。正如陈云所说,在我国现有的条件下,"这是一种投资最少、收效最大、收效最快的农业增产办法"。在发展工业的同时用农业合作化的方法来增加农业的产量,这在毛泽东和其他中央领导人的认识上是一致的。

从当时的经济形势来看,1954 年夏秋我国有几大地区遭受百年不遇的特大洪涝灾害,农业受灾严重,总产值仅比上年增长 3.4%,远未完成当年的计划指标。我国工业产品中用农产品作原料的,占工业总产值的 50% 以上,农业受灾直接影响到工业经济的增长。由于粮食等主要农产品生产不足,国家不得不靠统购统销政策来调节农产品供求紧张的关系。1955 年工业总产值仅比上年增长 5.6%,是"一五"期间工业增长速度最低的一年。这突出反映了农业滞后对工业发展乃至整个国民经济的瓶颈制约。因此,毛泽东把解决农业落后于工业这个突出矛盾,放到很高的战略地位来看待,认为无论是为满足工业化对商品粮和工业原料的需求,扩展工业化所需的国内销售市场,还是通过商品交换主要从农业方面积累工业化和农业技术改造的资金,都必须尽快地实现农业合作化。这是他下决心加快农业合作化速度的一个重要因素。

从一定意义上说,适时地加快农业合作化的速度,是当时迅速推进国家工业化的内在要求。但用在党内批判"右倾思想"的方法来加速农业合作化,则不能不出现指导方针上的偏差。1955 年 7 月,省、市、自治区党委书记会议把农业合作化步骤上的不同意见当作"右的错误"来批判,在很大程度上助长了党内的急躁冒进情绪。会议结束后,各地相继举行省委扩大会议或地、市委书记会议,传达学习毛泽东的报告,批判"小脚女人走路",批判"右倾保守"思想,重新修改本地区合作发展规划,多数省委在给中央的报告中表示,要提前实现或大大超额完成发展合作社的计划。为了实现高指标,各省、市、自治区紧急行动起来,迅速从各方面抽调大批干部分别下到农村,充实办社的领导力量,检查敦促合作社的大发展。在"全党办社"、批判"右倾思想"的形势下,农业合作社运动迅猛发展。据统计,从 6 月到 10 月,全国新建合作社 64 万个,使合作社总数接近 130 万个,仅四个月就基本实现了"翻一番"。

8月下旬,中共中央将毛泽东《关于农业合作化问题》报告的修正本印发给各省、市、自治区党委,并逐级印发给各级党组织,直至每一个农村党支部。10月17日,经修改的《关于农业合作化问题》的报告在《人民日报》上公开发表。这对在全国迅速掀起农业合作化高潮起了直接推动作用。

（资料来源:中共中央党史研究室:《中国共产党历史·第2卷(1949—1978)》上册,中共党史出版社2011年版,第336~340页。）

2.案例指向

本案例重点指向教材第三章第二节第二目的内容,即"社会主义改造的历史经验",承认我国的社会主义改造取得了历史性胜利,同时,也出现了一些失误与偏差,但强调主要是受当时历史条件限制而产生的认识问题。

3.案例解析

（1）农业合作化加速的直接现实原因

在上述案例中,我们可以发现,在社会主义建设时期,加快农业合作化的一个重要原因是解决粮食问题。自新中国成立伊始,粮食产需矛盾、供求矛盾就十分尖锐。如果说尖锐的粮食产需矛盾是促进大规模开展农业合作化的动因之一,那么,1953年实行粮食统购统销则是当时解决粮食供求矛盾的产物。新中国成立头几年,国家掌握粮食,以征为主,以市场收购为辅。当时的粮食市场是自由市场,农民除缴纳农业税(公粮)外,粮食可以自由上市。经营粮食的,除国营粮食公司和供销合作社外,还有私营粮商。粮食形势一吃紧,私商与国家争夺粮源的斗争就更尖锐。如果放任粮价波动,就会引起人心不安、社会震动,大规模经济建设就很难进行。经过多次调研、反复讨论之后,1953年12月初开始,除西藏和台湾外,全国城乡开始实行粮食统购统销。《中共中央关于实行粮食的计划收购与计划供应的决议》认为实行粮食统购统销不仅可以妥善地解决粮食供求矛盾,更切实地稳定物价和有利于粮食的节约,而且是把分散的小农经济纳入国家计划建设的轨道之内,引导农民走向互助合作的社会主义道路和对农业实行社会主义改造所必须采取的一个重要步骤,是党在过渡时期总路线的一个不可缺少的组成部分。[①]

---

① 《建国以来重要文献选编》第4册,中央文献出版社1993年版,第479页。

（2）农业合作化加速成为一个转折点

我国社会主义改造加速进行的转折点是1955年夏天党内开展的对所谓"小脚女人走路"的批判。党内进行这一批判，反映了毛主席同当时担任中央农村工作部部长、国务院副总理兼第七办公室主任的邓子恢同志之间，在关于浙江省整顿巩固农业生产合作社问题和全国农业合作化发展速度问题上存在的分歧。邓子恢对农业合作化的发展强调慎重、稳步、循序渐进。因此，他主张在农业合作化发展速度上要稳妥，在数量上要少，在质量上要好，在规模上要小，逐级过渡。邓子恢提出的农业合作化发展计划定为从65万个社增加到100万个社。

毛泽东一开始也是十分重视农业合作化的渐进性的，后来在发生因购粮引发农村关系紧张情况时，他也作了专门的调研。只是，当通过一定渠道了解情况后，他认为农民喊缺粮大部分是假的，许多农户是为了多留余粮。因此，毛泽东下决心因势利导，主张全面规划，加快步伐。他在1955年7月31日《关于农业合作化问题》的报告中对邓子恢等同志的意见进行了批评，其中使用了像"小脚女人"走路的比喻，并认为这些都是右的错误，要克服掉。因此，他否定了邓子恢提出的农业合作社翻半番的发展速度，要求在1956年春耕前，全国农业合作社要在65万个的基础上增加1倍，达到130万个。在这样的号召下，农业合作化的速度越来越快，还带动了对手工业和资本主义工商业的社会主义改造的急速推进。

（3）历史地看待农业合作化进程加速

对农业合作化进程要求的差异，主要是受当时历史条件限制而产生的认识问题。从选编的案例资料里可以看出，最初提出农业合作化分别不同地区"停、缩、发"的方针是审慎的和有效的，在粮食供应紧张的情况下，缓和了国家和农民的紧张关系。然而接下来却逐步改变态度，使中央对农业合作化的指导方针从整顿巩固转向了加快步伐，在全国掀起了农业合作化的高潮，仅4个月，就实现了农业合作社数字"翻一番"。

实事求是地说，在一些主客观条件都具备，尤其是工业化急需农业合作化予以支持的情况下，适时地加快农业合作化的步伐无可厚非。此外，辩证地理解工业化与合作化的相互关系也是正确的。问题在于：对于农业合作化发展速度在认识和评价尺度把握上的分歧，借阶级斗争观点而上纲上线，在党内开展批判"右倾思想"并以此推动对农业的社会主义改造，就不能不说潜藏了低估社会主义改造长期性、复杂性、艰巨性甚至助长急躁冒进情绪的风险。《关于建国以来党的若干历史问题的决议》指出:"在一九五五年夏季以后,农业合作化以及对手工业和个体商业的改造要求过急,工作过粗,改变过快,形式也过于简单划一,以致在长期间遗留了一些问题。"①努力从历史事件中,从历史的经验和教训中,学到应当学到的东西,是为了有助于我们当前和未来的工作,推进我们的建设和改革事业,更好地坚持和完善社会主义制度。

(四)从"摘苹果"到"摘葡萄"实现私营机器工业的社会主义改造

1.案例呈现

(1)改造前概况

厦门近代的机器工业是随着航海和对外贸易的发展而兴起的。……除为港口船舶修理机械服务外,已能生产制糖压榨机、抽水机和绞米机等产品。抗战时期,厦门沦陷后,该行业逐渐衰退,主要厂家相继倒闭,一些小厂有的被淘汰,有的勉强维持。抗战胜利后,不少机器企业转为兼营商业,整个行业仍未见起色。解放初期,厦门的机器业大小厂家共有26户,生产工人不足200人,且设备都已陈旧不堪。

市财委于1951年11月投资18000元,在本市海后路31号筹建我市机器业第一家国营企业——厦门机器修造厂。1952年1月正式开业。……当年5月,根据市财委的指示又与公私合营厦门轮船公司合并,为该公司所属的轮机修配厂,由市企业管理局再投资38000元用于购置设备、厂房,年产值29000多元。1953年11月经上级批准,轮机修配厂脱离轮船公司,成立地方国营厦门机器厂……主要承担机械维修、装配业务,并已能小批量生产锯木机、启闭机和部分机器零件,其营业额约占全市机器行业营业额的10%左右。

到1954年,全市机器业共有地方国营工厂1家、私营工厂17家(多数为小型修配工场),拥有资金386000元,从业人员213人,工业总产值240930元。

(2)改造工作启动

1952年,中共厦门私营工业第二党支部选派私营机器工会主席郭目(中共党员、福记厂工人)到福州学习三个月。回厦后即配合工作组在福记、重吉等私营企业认真贯彻党提出的"发展生产、繁荣经济"方针,组织发动工人开展劳动竞赛。通过市工商联和同业公会配合做好思想教育工

---

① 《中国共产党两个关于若干历史问题的决议》,人民出版社2021年版,第93页。

作,本着"公私兼顾、劳资两利"的精神,要求资方积极经营,树立正确的经营思想,为社会提供优良产品;希望劳方积极生产,树立良好的劳动态度,遵守劳动纪律,促进劳资团结。1952年11月,福记、重吉等厂分别举行劳资协商会议,劳资双方根据《厦门市私营企业劳资协商会议组织通则》,结合各自工厂实际情况签订《劳资协议》。协议中明确规定实行八小时工作制,工人的劳保福利制度,废除旧的工薪制度,健全完善各种规章制度。对于劳方在生产上有积极表现及新创造发明、合理化建议者,给予奖励;这样保障了工人的合法权益,为进一步开展劳动竞赛创造条件。同时,还在这些企业中开展民主改革运动,在"五反"运动中,充分发挥党团员的骨干作用。福记厂的党团员勇于揭发资本家偷漏税、偷工减料等违法行为,促进资方接受爱国守法教育。

(3)"摘苹果"——选福记、重吉等企业先实行公私合营

福记铁工厂开设于1924年,创始人郭福,福建惠安人……

新中国成立初期,这个厂已有一定规模,资金比较雄厚,以制造为主、修配为辅。主要制成品是抽水机、绞谷机、皮带绞合铜座以及体育用品,如举重、哑铃等。1951年的营业额为91378元。1952年因"五反"运动的开展,资方人员心有余悸,经营信心不够,生产下降,营业额只有57493元。1954年上升到65414元,产品在闽南一带颇有声誉,历年均有盈利。但因该厂技术是依靠自身经验的长期积累,水平提高不快,生产上缺乏计划性,虽然经营渠道较广,仍积压3万余元的制成品。

合营前,福记铁工厂有员工22人,资方人员3人(郭福及其子郭永义、郭永成)掌管技术、业务。19名职工中,有党员2名、团员2名、工会执委2人。

重吉机器厂经理黄重生(又名文光),福建永春人。抗战胜利后前往马来西亚吉隆坡探亲。在外期间,极力鼓励其堂兄黄重吉来厦置业。1946年,黄拆回一部分工厂设备,并携带巨资来厦开设重吉厂,全部资本80万港币,计划分为10家小厂。由于原料缺乏,只有制酒、饼干、榨油、酱油、机器5厂开业。后因货币贬值和原料困难,到1952年,仅余电池厂和机器厂。机器厂于1952年4月与新生、新中、义兴、进明、建福等铁器厂进行私私联营,仍沿用重吉机器厂厂名……当时,重吉机器厂设备比较完整,技术水平比较先进,新生等5家机器厂(场)因资金缺乏,设备简陋,营业萧条,难以维持,希望依靠重吉的资本维持生产,而重吉厂希望借这些厂(场)原有设备扩大营业,并以此制造机器,复兴尚未开办的橡胶、肥

皂等厂。

∙∙∙∙∙∙∙∙∙∙∙

合营前,重吉机器厂有员工43人,资方从业人员8人,党员1人,团员5人。

市有关部门根据党在过渡时期的总路线精神,对福记、重吉等私营机械企业进行分析,认为:这些企业有一定的生产能力与技术条件,应努力将其纳入国家计划轨道,在国营经济的领导下,组织他们的力量为国家建设服务。这样一方面可以使生产潜力得到发挥,另一方面又避免其生产上的盲目现象,还可以使我市主要私营机械企业相互取长补短,如福记的铸造设备与技术基础较好,重吉有部分较大的机床,而四联锻工比较多,同化的工人技术水平比较高,合营后可为今后生产创造良好的条件。

(4)推进合营——从思想发动到推动企业申请公私合营

党中央过渡时期总路线振动了广大工商业者,引起了不同的反响。重吉厂想通过合营来摆脱困境;福记厂虽然认为合营是"归公"因此流露出抵触情绪,却又担心不合营会影响国营企事业单位对它的加工订货。1954年市工业局派干部到福州参加为期一个月的资改干部培训班,他们返厦后,组成工作队深入私营企业宣传党的过渡时期总路线。资方人员通过组织学习、谈心教育,提高了思想认识,认清只有实行国家资本主义才是唯一的出路。因此,也于1954年11月向市工业局呈送公私合营申请书。对于工人中的种种顾虑,则分别召开老工人、青工积极分子座谈会,用群众自我教育方法逐步消除顾虑。合营工作组紧紧依靠企业党团骨干、工会干部、职工积极分子,做好迎接公私合营的宣传教育工作,交代公私合营政策,帮助全体职工端正认识,打消顾虑,使他们受到深刻影响。一些工人积极分子昼夜为工作组搜集资料,反映情况,在促进和教育资本家接受改造方面做了大量的工作。

1955年初,私营重吉机器厂、福记铁工厂、四联铁工厂申请公私合营的报告经厦门市工业局批准(同化厂经做工作坚持不合营),有关单位指派何值作为地方国营厦门机器厂代表,与上述私营厂代表黄重生、郭永义、陈炳基进行洽谈,成立筹备委员会和清估小组,陈琪任组长,还吸收私营企业职工代表参加。清估小组在筹委会的领导下,根据"实事求是,公平合理"的政策和"从宽处理,尽快了结"精神开展工作。清产核资工作从1955年4月份开始,分为清点阶段和鉴定阶段。经过清查整理、鉴定登记、分类综合、填表核对等步骤,然后在深入了解情况的基础上,公、私股代表协商确定估价原则与标准。通过鉴定,企业实有资产总值342746元,其中固定资产135491元,流动资产207355元,公、私股金分别为54.57%和45.43%。在所有资金中侨资占20%左右。

1955年7月1日,由国营厦门机器厂和私营重吉机器厂、福记铁工厂、四联铁工厂四家企业合并而成的公私合营厦门机器厂正式成立。它标志着我市机械行业的对资改造取得了重大发展。此时的公私合营厦门机器厂,有管理人员28人,工人113人。合营当年就生产出538台脱谷机及一批水泵、印刷机、制材机械等产品,还及时完成维修器械的任务,实现产值33.3万元、完成年计划的113.27%。合营后,全厂共有党员16名,共青团员27名。通过健全党、工、团组织,政治力量得到加强,为推动全市机器行业对私改造工作积累了丰富的经验并创造了条件。

(5)"摘葡萄"——厦门市机器行业实行全行业公私合营

1955年12月,党中央提出要加速对资本主义工商业的社会主义改造。厦门市对私改造办公室也于1956年元月制定了《对厦门市私营机器业全行业实行改造方案》。当时厦门机器行业,除上述3厂外,还有私营厂29家。其中机器修理16家、汽车修理10家、独立铸造2家、铸锅1家。在155名从业人员中,职工100人,资方从业人员55人,拥有各种机器设备、机床118台。

为顺利完成我市机械全行业的资改工作,经过讨论,制定了实施方案,成立了公私合营筹备委员会。筹委会的主要任务是依靠职工,团结教育资本家,统一安排生产,积极推行合营。

(6)全行业公私合营主要工作

首先,充分发挥工会和同业公会的组织作用,注意依靠和发动群众,做好宣传教育工作,对劳资双方分别进行正面教育,说明公私合营的意义、方针、政策和任务。泰兴厂的全体职工通过学习,主动向资方宣传合营的好处,促进资方打报告申请合营,还对资方进行监督,防止资本家卖出原料和逃资等不法行为。

其次,充分发挥原有资方人员以老带新的作用。如进明厂老板郭炳发对合营后的情况心中无数,黄重生就用本人的亲身体会帮助他解开思想疙瘩,促使他不仅带头写报告还带动建发厂老板一起申请合营。黄重生还积极做好有关工商家属的思想工作,从另一个侧面来推动和促进合营工作。工商界积极分子的现身说法,打消了一些资本家的思想顾虑,加上全国各地掀起公私合营高潮,促使这些资方纷纷提出申请。到1956年

6月,这29家的合营申请分三批获得批准。有关单位根据这些厂家的特点归口管理,其中进明机器厂、建兴机器厂、王距机器厂并入公私合营厦门机器厂,同时成立厦门第一机修厂、第二机修厂和汽车修配厂。至此,我市机器业全行业对资改造工作胜利完成。

公私合营厦门机器厂《公私合营协议书》在第六、第七条明确规定:"对原企业从业人员应参酌实际情况量才录用","合营后企业如有盈余应按'四马分肥'原则进行分配。其中股息红利共可占到全年盈余总额的百分之二十五左右"。1955年下半年企业盈利22440元,即按"四马分肥"的原则,于年终结算时计提取股息红利5764元,并一次付清。私方股东对当年合营、当年盈利、当年兑现感到非常满意。1956年国务院颁布《关于在公私合营企业中推行定息办法的规定》,开始实行定息制,每年按股金的5%提取股息,1956年上半年共发放定息款8809元。

对于资方的人事安排,根据"人尽其才、量才录用"的原则,参照以下三个方面:(1)原企业规模大小及在国民经济中重要程度、职工数多少;(2)本人在社会上的政治地位和经济地位;(3)本人业务管理水平及其专长予以适当安排。其中担任副厂长的有郭永义、黄重生,股长及车间主任的5人,技师1人,管理、技术、业务等多人,并使他们有职有权。

在贯彻实施资改政策中,对资方人员还实行高薪不变的原则。这当中,有个别资方人员钻政策空子,未经劳动工资部门同意,擅自将原来工资提高105%。因此,1956年5月,又将这些人员工资资料进行评议和审核。1956年9、10月间,为解决企业工资制度等级混乱、轻重倒置、同工不同酬的不合理状况进行首次工资改革,新的工资等级实行八级工资级别,对私方人员以原工资套新级别,仍保持其高薪不变。一系列资改政策的兑现落实,对调动资方人员的积极性,发挥他们的特长起了积极的作用。

(7)改造后继续发展

资改工作全面结束后,企业确定"国防第一,支援农业合作化,满足本市基本建设,地方工业、交通运输业的需要"的经营思想,全厂设置8个股室和3个生产车间,在职工中广泛开展以增产节约、提合理化建议为主要内容的劳动竞赛,学习推广先进经验,取得明显效果。1956年完成产值676.95万元,比1955年增长103.14%,全员劳动生产率从1955年的2234元提高到1956年的3063元。1958年,企业更名为地方国营厦门通用机器厂。1961年,再改名为厦门工程机械厂。改革开放后,成为国家定点生产轮式装载机、推土机的大型重点企业。1987年荣升为国家二级企业,成为全国装载机行业第一个国家二级企业。

(资料来源:区礼华、黄坤胜主编:《光辉的胜利》,厦门大学出版社 1992 年版,第 351~360 页。)

2.案例指向

本案例重点指向教材第三章第二节第一目的内容,即"适合中国特点的社会主义改造道路",选取资本主义工商业改造的一个例子,强调采取从低级到高级的国家资本主义的过渡形式,尤其是个别企业的公私合营到全行业公私合营的成功经验。

3.案例解析

(1)对资本主义工商业改造掀起高潮

从案例中可以看出,1955 年对资本主义工商业的社会主义改造在全国已经开始掀起高潮。到 1952 年,国民经济恢复时期结束时,我国社会经济结构出现了两个重大变化:一是私人资本主义经济在国民经济中的比重迅速下降,一是初级形式的国家资本主义得到很大的发展。特别是,国家"一五"计划着手实施以后,大规模经济建设进一步引发了市场供不应求的紧张状况,迫使国家不得不采取统购统销一类的政策措施,从而一步一步加快了对资本主义工商业的改造进程。自统购统销制度实行时起,作为流通环节的私营商业的改造走在了私营工业的前面,反过来又推动着私营工业加快改造步伐。1955 年是我国社会主义革命的重要年头。这年的 5 月到 10 月,毛主席集中精力发动了农业合作化高潮,接着又发动了资本主义工商业全行业公私合营高潮。全行业公私合营以后,资本家除了按照规定领取具有剥削性质的定息以外,整个企业已经归国家所有了。这是对资本主义所有制进行社会主义改造的决定性的一步。1955 年 10 月 4 日至 11 日,党的七届六中(扩大)会议在北京举行。尽管会议主要讨论农业合作化问题,但会议的结论中包含了毛泽东关于加快资本主义工商业改造步伐的设想。他认为,农业合作化巩固了工农联盟,孤立了资产阶级,有利于对资本主义工商业的改造。1955 年 10 月 27 日和 29 日,毛泽东两次约见工商界的代表人物谈话。他关于加快对资本主义工商业社会主义改造的想法在党内没有听到不同意见。工商界代表人物对毛泽东亲自出面做他们工作,表示很拥护。中央工作会议和全国工商联执委会议后,各地敲锣打鼓,掀起了资本主义工商业的社会主义改造高潮。资本主义工商业改造步伐的加快,是大势所趋。它既是中华人民共和国成立以来对资本主义工商业实行利用、限制、改造政策的结果,也是在当时的条件下民族资产阶级唯一可能的选择。

(2)针对不同类型资本主义工商业改造的策略差异

对资本主义工商业的社会主义改造是有组织有领导有方法的。对资本主义工商业的社会主义改造,从个别企业公私合营发展到全行业公私合营不是偶然的。它是对资本主义工商业进行统筹安排的产物。1954年12月,经中央批准,国务院第八办公室和地方工业部联合召开了第二次全国扩展公私合营工业计划会议。与会同志反映:现在扩展公私合营是采取"吃苹果"的办法,先挑大的吃,光吃"苹果",不吃"葡萄",把"葡萄"甩给地方,又小又烂,怎么办?针对这个问题,会议提出了个别合营与按行业改造(改组)相结合的方针。就是说,通盘规划,统一安排:可以个别合营的,就进行个别合营;需要进行联营合并的,就采取以大带小,以先进带落后的办法,进行并厂和生产改组,并使这种组合工作和合营工作结合起来;需要而且可以迁厂的,就帮助迁厂,在适当的时期再进行公私合营;至于那些没有改造条件必须淘汰的企业,则可以有计划、有步骤地吸收其成员,淘汰其企业。这些方法突破了所有制界限,解决了小企业改造的所有权障碍问题。这样做有几方面的好处:一是公私合营和生产改组结合进行,便于对全行业的改造工作和生产安排进行统筹规划,改善企业的规模结构和技术结构。二是企业规模结构和技术结构改善后,又为改进企业经营管理和改良生产技术创造了有利条件。三是便于对资本家进行教育改造。

(3)思想政治工作在资本主义工商业改造中发挥作用

对资本主义工商业的社会主义改造充分发挥了思想政治工作的推动作用。我们选取的厦门市机器行业的公私合营过程,比较充分地体现了前述做法及其好处。由此可以说明厦门市机器行业的社会主义改造是成功的。在本案例中,还可以发现一个突出的亮点:社会主义改造工作要充分重视人的因素,发挥思想政治工作的教育作用。不论是党员、团员、工会积极分子,还是资本家尤其是接受了党和政府社会主义改造政策的资方人士,他们的政策宣传、现身说法、个别交谈和集体会议,在主管机关的统一规划和统筹部署下,对公私合营的顺利完成起到了不可或缺的积极作用。邓小平曾说:"我国资本主义工商业社会主义改造的胜利完成,是我国和世界社会主义历史上最光辉的胜利之一。这个胜利的取得,是由于中国共产党领导全体工人阶级执行了毛泽东同志根据我国情况制定的马克思主义政策,同时,资本家阶级中的进步分子和大多数人在接受改造方面也起了有益的配合作用。"①

(五)《中华人民共和国宪法》的制定和施行

1.案例呈现

1953 年 1 月,中央人民政府委员会把制定宪法的任务提上日程,成立了以毛泽东为主席的中华人民共和国宪法起草委员会。6 月,党在过渡时期总路线的提出,对宪法起草工作提出了全新要求,即不仅要在《共同纲领》的基础上,全面地、规范性地确立人民民主的原则,还必须遵循社会主义的原则,用国家根本大法的形式将过渡时期的总任务确定下来,并保证在中国建设社会主义社会,同时与逐步过渡的任务相适应,将原则性和灵活性结合起来,制定一部向社会主义过渡时期的宪法。

……1953 年 12 月 27 日,毛泽东带领宪法起草小组的几个成员抵达杭州,着手宪法起草工作。1954 年 1 月 9 日,宪法起草工作正式开始。为便于中央政治局就宪法问题作充分讨论,毛泽东要求各位中央政治局委员及在京各中央委员抽时间阅看一些主要参考文件,包括:1936 年苏联宪法及斯大林报告;1918 年苏俄宪法;罗马尼亚、波兰、德国、捷克等国宪法;1913 年天坛宪法草案,1923 年曹锟宪法,1946 年中华民国宪法(可代表内阁制、联省自治制、总统独裁制三型);法国 1946 年宪法(可代表较进步较完整的资产阶级内阁制宪法)。这表明,中华人民共和国第一部宪法草案的起草,视野是世界的,也是历史的,不仅参考苏联和东欧人民民主国家立宪的经验,而且注意吸取西方资本主义国家宪法中值得借鉴的一些成果。

3 月初,宪法起草小组完成了四读稿,中共中央政治局连续召开三次扩大会议进行讨论修改,并提交全国政协常委会讨论。修改后的四读稿成为宪法草案初稿,由毛泽东代表中共中央提交宪法起草委员会。3 月至 6 月,宪法起草委员会举行七次正式会议,对草案初稿进行研究和讨论。同时,在北京和全国各大城市组织各方面代表人物 8000 多人,用两个月时间,对宪法初稿进行讨论,提出 5900 多条修改意见,给予起草工作重大帮助。6 月 14 日,中央人民政府委员会第三十次会议讨论通过了《中华人民共和国宪法(草案)》,并通过决议交付全国人民讨论。在近三个月时间里,全国有 1.5 亿余人参加讨论,提出 118 万多条修改、补充意

---

① 《邓小平文选》第 2 卷,人民出版社 1994 年版,第 186 页。

见和问题,几乎涉及宪法草案每一个条款。正如毛泽东所说,中华人民共和国宪法草案的起草,"采取了领导机关的意见和广大群众的意见相结合的方法",使中央的意见和全国人民的意见相结合,不仅使宪法的内容臻于完善,而且使宪法深入人心,获得最广泛的群众基础,这是中国制宪史上的一个革命。

1954 年 9 月 20 日,一届全国人大一次会议通过并公布了《中华人民共和国宪法》。宪法在序言中指出:"中华人民共和国的人民民主制度,也就是新民主主义制度,保证我国能够通过和平的道路消灭剥削和贫困,建成繁荣幸福的社会主义社会。""从中华人民共和国成立到社会主义社会建成,这是一个过渡时期。国家在过渡时期的总任务是逐步实现国家的社会主义工业化,逐步完成对农业、手工业和资本主义工商业的社会主义改造。"宪法第四条规定:"中华人民共和国依靠国家机关和社会力量,通过社会主义工业化和社会主义改造,保证逐步消灭剥削制度,建立社会主义社会。"这些规定,揭示了从新民主主义社会过渡到社会主义社会的历史必然性,把中国共产党提出并得到全国最广大人民拥护的过渡时期总路线,作为国家在过渡时期的总任务,以根本大法的形式确定下来。坚持走社会主义道路,成为中华人民共和国遵循的一项基本原则。

(资料来源:中共中央党史研究室:《中国共产党历史·第二卷(1949—1978)》上册,中共党史出版社 2011 年版,第252～254页。)

2.案例指向

本案例重点指向教材第三章第三节第二目的内容,即"确立社会主义基本制度的重大意义",强调社会主义基本制度的确立为当代中国的一切发展进步奠定了制度基础,尤其指出在当时新中国第一部宪法的制定与社会主义改造之间存在相互联系、相辅相成的关系。

3.案例解析

(1)过渡时期总路线提出的制宪意义

党在过渡时期总路线的明确,为制定新中国第一部宪法创造了条件。新中国成立之初,由于不具备召开全国人民代表大会、制定宪法的条件,全国人民代表大会的职权是由中国人民政治协商会议全体会议代行的,全国政协第一届全体会议通过的《中国人民政治协商会议共同纲领》(以下简称"《共同纲领》"),则具有临时宪法的作用。到 1952 年,全国范围的大规模军事行动已经结束,土地改革基本完成,国民经济恢复的任务也顺利完成。在这种形势下,中共中央决定领导人民向社会主义过渡。在决定向社会主义过渡的同时,召开全国人民代表大会和制定宪法的问题也纳入中共中央的统筹考虑之中。按照《中国人民政治协商会议组织法》的规定:中国人民政协全体会议每三年召开一次。到1952年年底,一届政协即将到期,因此应尽快召开第二次会议,否则就要召开第一次全国人民代表大会。考虑到在较短的时间内无法完成召开全国人民代表大会所要做的各项准备工作,加上中国人民政治协商会议在全国人民心中的崇高地位,中央决定先在1953年召开第二届全国政协会议,在晚些时候再召开全国人民代表大会。针对当时党内有人提出了制定宪法的问题,中央认为,在过渡时期,以社会各界认可并共同遵守的《共同纲领》作为国家的根本大法是可以的,因为过渡时期的阶级关系没有发生根本的转变,即使制定宪法,恐怕绝大部分也是重复《共同纲领》的内容,不会有大的改变。因此,中央考虑在过渡时期可以暂时不制定宪法,而继续以《共同纲领》代替宪法,并在以后的政协全体会议或全国人民代表大会上对《共同纲领》进行修改补充。在我国基本上进入社会主义,消灭资产阶级,阶级关系有了根本改变以后,再制定社会主义类型的宪法。可见,当时要制定的宪法是过渡时期的宪法,如果过渡时期总路线的一系列重要内容不解决,宪法也就无法制定。而这个问题解决以后,毛泽东立即把主要精力转向了宪法的起草工作。1953年12月24日,中共中央政治局召开扩大会议,决定党中央主席毛泽东休假一段时间,这期间由刘少奇代理毛泽东主持中共中央工作,由毛泽东着手起草中华人民共和国宪法草案。

(2)宪法为社会主义改造提供了保障

新中国第一部宪法的制定从根本大法的意义上保障了社会主义改造。其一,新中国第一部宪法的制定,是中国确立社会主义基本制度的根本大法形式。其二,过渡时期总路线的提出和确定,是新中国制定第一部宪法的重要前提。其三,作为国家在过渡时期的总任务,以根本大法的形式确定下来,给予了社会主义改造以最有力的法律保障。因此,要联系社会主义基本制度奠基来看待社会主义改造的历史意义。

(六)第一个五年计划的成就

1.案例呈现

从1953年起,全国人民在党和国家的领导下,进行发展国民经济的第一个五年计划。第一个五年计划的基本任务是根据党和国家在过渡时期的总路线提出的。第一个五年计划的基本任务,概括地说,是集中主要力量进行以苏联帮助我国设计的 156 个单位为中心的、由限额以上的 649 个建设单位组成的工业建设,建立我国的社会主义工业化的初步基础;发展部分集体所有制的农业生产合作社,并发展手工业生产合作社,建立对于农业和手工业的社会主义改造的初步基础;基本上把资本主义工商业分别地纳入各种形式的国家资本主义的轨道。建立对私营工商业的社会主义改造的基础。第一个五年计划的基本任务,不但包括了社会主义的工业化的内容,而且包括了对非社会主义经济成分进行社会主义改造的内容;不但注意到发展重工业,而且注意到发展农业。

第一个五年计划规定:五年间,按 1952 年不变价格计算,工业总产值增长 98.3%,手工业总产值增长 60.9%,农业及其副业总产值增长 23.3%,铁路货运周转量增长 101%,社会商品总零售额增长 80%。五年内国家对于经济和文化事业的支出总数定为 766.4 亿元(折合黄金 7 万万两以上),在这里,属于基本建设的投资为 427.4 亿元。

事实上,第一个五年计划的某些重要任务和重要指标,如对农业、手工业和对私营工商业的社会主义改造,工业总产值,粮食总产量和铁路公路运输量等等,在 1956 年就已提前一年完成和超额完成了。……按 1957 年的情况来说,工业总产值超过计划指标 17.3%;手工业总产值超过计划指标 4.5%;农业及其副业总产值超过计划指标 1.2%;各种现代化运输工具货运量超过计划指标 14%;基本建设投资总额超过计划指标 14%。

由于第一个五年计划的胜利成功,我国的工农业生产有着巨大的提高,我国国民经济的面貌起了极其深刻的变化。

第一,对于农业、手工业和资本主义工商业的社会主义改造,已经在 1956 年初取得了决定性的成功。由于经济战线上社会主义革命的成功,非社会主义经济成分基本上在我国被消灭了。在 1957 年国民经济各个物质生产部门的净产值中,国营经济,合作社经济和公私合营经济(在七年定息的条件下,公私合营企业在基本上是社会主义企业)已占 95% 左右,而资本主义经济只残留 0.01%,个体经济也只剩下 5% 左右。

第二,第一个五年计划原规定限额以上的工业项目,施工 694 个,完工 455 个,实际上,施工的项目达 800 个,而可以完工的项目则为 500 个。由于新企业的投入生产和原有企业的增加生产,我国的工业生产就急速地在增进着。1957 年工业总产值 650.36 亿元,比 1952 年增长 140.7%。生产资料的工业产值在五年内增长两倍左右,平均每年增长 24% 以上,主要产品平均每年增长速度为钢 31%、电力 21%、煤 14%、石油 27%、机器制造 33%、水泥 18%。五年中钢的产量共达 1656 万吨,等于旧中国过去半个世纪钢总产量的 218%。由于重工业的发展,生产资料的生产在工业生产总值中所占比重,就达到一半了。由于工业生产的发展,工业产值在工农业总产值中所占比重,也有着显著的提高了。

第三,由于一系列的新工业部门的建立,我国历史上许多不能生产的产品,已能够自制了,许多新的产品创造出来了。这些新工业包括飞机制造、汽车制造、高效率蒸汽机车、重型机器、新式机床、发电设备、冶金和矿山设备、无缝钢管、高级合金钢、塑料和其他精密仪表等等。第一个五年计划期间,我国国民经济各部门所需要的机器设备的自给能力已经达60%以上;金属材料自给能力已经达到 80%以上。

第四,由于农业合作化的成功,又由于国家在农业生产上进行了一系列的措施和帮助,农业建设和生产在这五年中都有巨大的发展。从 1953年到 1957 年,我国共扩大了耕地面积 6000 万亩,扩大了播种面积 1.24亿多亩(主要是增加复种指数)。以灌溉面积来说,五年间增加 2.1 亿多亩,等于我国几千年来到 1952 年为止开发的灌溉面积的 60%。在粮食的产量方面,1956 年已完成五年计划规定的 1957 年的指标,1957 年达到3700 亿斤,比 1952 年的总产量增加 600 多亿斤。第一个五年计划期间的粮食总产量超过……农业收成较好的 1932—1936 年间的产量三分之一。棉花方面,1957 年的产量是 3280 万担,比 1952 年增加 670 多万担,超过 1949 年以前棉花产量的水平几达一倍。在第一个五年计划期间,气候并不是很好的,1954 年和 1956 年两年有极其严重的自然灾害;1953 年和 1957 年也有不小的灾害,但是,这些自然灾害并不能阻碍我们超额完成计划中所规定的农业生产的指标。

第五,交通运输方面也有重大的发展。五年间新建铁路干线和支线36 条,4600 多公里,超过五年计划指标 12.8%,铁路的建设主要是在多山区。举世闻名的长江大桥是在最短期间建成的。1957 年铁路货运量达2.7 亿吨,比 1952 年增加 1 倍多,比 1936 年增加 6.6 倍。五年间新修公路 13 万公里,包括平均海拔 3000 米以上的西康西藏公路和平均海拔4000~5000 米的新疆西藏公路。1957 年汽车货运量为 1952 年的 5 倍,超过五年计划指标 54.4%。此外,航运、海运、空运和邮电事业也有巨大的发展。

第六,由于工农业生产的发展,由于国内物资供应的充足,五年计划期间市场物价始终是保持稳定的,如以 1950 年 3 月的物价水平为 100,则 1953 年为 91.3,1954 年为 91.8,1955 年为 92.4,1956 年为 91.9,1957年上半年为 92.5。物价稳定是生产活泼、物资供应充足的结果,但同时,它又是发展生产事业的重要条件。

第七,由于工农业生产事业的发展,工人农民的生活和收入,逐步在改善、在增加。在这个期间,全国职工的货币工资平均增加 42.8%,实际工资增长 30.8%;国家在有关职工福利方面的开支,五年共约 96 亿元,相当于工资总额的 19.2%,同时,国家还为企业、机关和学校修建了约 8000万平方米的住宅,合计 44 亿元。农村方面,五年间农民总收入(包括农产品提价因素在内)增长 30% 左右。在这个时期,农民向国家交纳的农业税约 165 亿元,而国家对农林、水利事业的拨款为 75 亿元,增加农业贷款23.6 亿元(1957 年底农贷余额总数为 27.6 亿元),用于农村的救济费约为14 亿元。

由于人民收入的增加,由于国内物价的稳定,我国社会购买力在这期间也在上升。全国已实现的社会购买力如果以 1952 年为 100,则 1953 年为 126.7,1954 年为 140.8,1955 年为 144.6,1956 年为 170.3,1957 年为173.6。几种重要的消费品,如以 1952 年的零售量为 100,则 1956 年的棉布为 177.3,煤油为 174.0,煤炭为 205.7,纸张为 218.7,自行车为 212,胶鞋为 160.5。全国居民平均总消费额(包括文教、卫生等项在内),1957 年约比 1952 年增加 25.3%。工农生产事业的发展同劳动人民物质文化生活的逐步提高,标志着社会主义制度的优越性,标志着我国第一个五年计划的光辉成就。

(资料来源:许涤新:《中国过渡时期国民经济的分析》,科学出版社 1959 年版,第21~25 页。)

2.案例指向

本案例重点指向教材第三章第三节第二目的内容,即"确立社会主义基本制度的重大意义",但强调社会主义改造与工业化的相互促进关系。

3.案例解析

(1)第一个五年计划与社会主义改造时间重合

发展国民经济的第一个五年计划,是我国由新民主主义社会向社会主义社会过渡的重大步骤。它的基本任务是依据党在过渡时期总路线和总任务确定的。一个国家经济社会的发展总是多种因素共同作用的结果。我国过渡时期与"一五"计划的编制及其落实在时间上的重叠,为直接了解社会主义改造的成效提供了一个观察的窗口。

（2）社会主义改造对实施第一个五年计划有积极意义

社会主义改造的成功有力地促进了第一个五年计划的成功制订和实施。一般而言，所有制的变革是否具有积极的意义，关键要看这种变革对社会生产力的发展起到了怎样的作用。从案例材料中可以看出，社会主义改造的几年，确实是从新中国成立至党的十一届三中全会前国民经济发展比较好的几年。当然，这几年国民经济的发展，原因是多方面的。如结束多年的国内战争，抗美援朝战争到过渡时期总路线提出时也已结束，这种环境应当说是自近代以来少有的。由于新中国的成立和抗美援朝战争胜利，中国共产党在全国人民面前树立了良好的形象，人民对于执政党和新政权充满期待，激发了人们投入国家建设和各项工作的高度热情。"一五"期间苏联援助的156项重点工程的开工建设，有力地加强了我国的工业基础，苏联在此期间给予的援助也对国民经济的恢复和发展产生了积极作用。所有制变革确实在一定条件下立竿见影，取得了良好的经济和社会效应。

（3）印证历史唯物主义社会发展原理

第一个五年计划的成功，从一个侧面印证了历史唯物主义适时改变生产关系可以解放和发展生产力的原理。公私合营工业企业生产效率较合营前有较大的提高，一个重要的原因是1955年之前合营的主要是那些生产条件较好、规模较大的私营企业。1956年全行业公私合营时主要是中小企业的改造（改组），这些企业多数不但规模小，而且设备落后，管理不善，生产效率自然很低。全行业公私合营中，用"以大带小，以先进带落后"的原则，对这些企业实行合并改组，改善了产品结构和技术结构，建立起比较规范的管理制度，配合以恰当的收入分配政策，激发了职工和企业管理者的积极性，生产效率就有了显著的提高。同时，这几年农业生产的发展，也与国家提高农副产品的收购价格、稳定农业税收、增加对农业生产的投资、开展农田水利建设、开展爱国增产竞赛、推广新的农业生产技术等有密切的关系。因此，从总体上来讲，社会主义改造期间社会生产力水平没有下降而是得到了发展。尤其是，根据几年来的实践经验可以发现，增加我国农业产量的方法有很多，例如开垦荒地、兴修水利等，但是在大规模开荒、大量增加灌溉面积暂时受限时，就当时工业化建设的需要与可能来说，增加农业产量的主要办法，就是实现农业生产的合作化。只要把分散的小农经营组成几十户或者更多户的联合经营，由组织起来的农民用集体的力量来搞水利、积肥、改良工具和种子、改进耕作技术等,就能使个体农民难以进行的各种增产措施得以实现。正如陈云所说,在我国现有的条件下,"这是一种投资少、收效大、收效快的农业增产办法"。[1]马克思在分析协作产生生产效率的原因时,曾经指出:"即使劳动方式不变,同时使用人数较多的工人,也会在劳动过程的物质条件上引起革命",更可贵的是,"这里的问题不仅是通过协作提高了个人的生产力,而且是创造了一种生产力,这种生产力本身是集体力"[2]。以毛泽东为代表的中国共产党人发现并应用这一原理,摆脱只有机械化才能支撑集体化的观念,把农民恰当组织起来,在发展工业的同时用农业合作化的方法来增加农业的产量,证明了社会主义改造的有效性和合理性。

四、延伸阅读

1.毛泽东:《在中国共产党第七届中央委员会第二次全体会议上的报告》,《毛泽东选集》第 4 卷,人民出版社 1991 年版。

2.毛泽东:《革命的转变和党在过渡时期的总路线》,《毛泽东文集》第 6 卷,人民出版社 1999 年版。

3.毛泽东:《关于国家资本主义经济》,《毛泽东文集》第 6 卷,人民出版社 1999 年版。

4.《中国人民政治协商会议共同纲领》,《建国以来重要文献选编》第 1 册,中央文献出版社 2011 年版。

5.《为动员一切力量把我国建设成为一个伟大的社会主义国家而奋斗——关于党在过渡时期总路线的学习和宣传提纲》,《建国以来重要文献选编》第 4 册,中央文献出版社 1993 年版。

6.《中国共产党中央委员会关于建国以来党的若干历史问题的决议》,中共中央文献研究室编:《三中全会以来重要文献选编》下,中央文献出版社 2011 年版。

7.毛泽东:《建国以来毛泽东文稿》第 5 册,中央文献出版社 1991 年版。

---

[1]　《陈云文集》第 2 卷,中央文献出版社 2005 年版,第 612 页。
[2]　《马克思恩格斯全集》第 42 卷,人民出版社 2016 年版,第 376、378 页。

五、拓展研学

1.使用幻灯片展示一些社会主义改造的图片,尤其注意使用改造前后经济统计数据的对比,让学生看出社会主义改造的必要性和可能性:"新中国成立了,走资本主义发展道路还是选项吗? 要进行大规模的工业建设,一定要等待社会财富自然积累吗? 当时的中国资本主义工商业者能否担当起国家现代化的重任? 农民和手工业者在什么条件下自己希望被组织起来?"

2.联系教材前一章,帮助学生理解为什么说新民主主义社会是一个过渡性的社会。教师通过新中国"一化三改造"解决旧中国落后挨打、民众一盘散沙等问题,让学生理解社会主义改造就是为社会主义发展奠定基础的道理。

3.分农业、手工业和资本主义工商业三个方面,展示进行社会主义改造的必要性、可能性以及改造过程中的曲折和结果。

4.联系本章中涉及的案例,根据马克思主义有关生产力和生产关系辩证关系的原理,让学生谈谈:应如何看待工业化和社会主义改造之间的关系? 这如何反映我们对于理论与实际的态度,以及我们如何将它们结合起来尤其是保持它们之间的动态平衡?

5.由学生组成学习小组,结合以下选题,通过搜集文献、案例,展开辩论等,进一步深入探讨,并形成研学报告:

(1)在社会主义改造时期,还有哪些既针对所有制又针对所有者的帮助、引导、教育和限制政策或举措?

(2)讨论在三大改造过程中遇到的政策配套问题,包括资金物资的支持,对群众宣传教育,对代表人物的工作安排、生活照顾及政治待遇等。

(3)根据社会主义改造的历史经验,思考和理解为什么说中国式现代化是中国共产党领导的社会主义现代化,并深入理解和把握中国式现代化的中国特色、本质要求和重大原则。

第四章　社会主义建设道路初步探索的理论成果

一、教学主要目标

本章教学主要以社会主义建设道路初步探索的理论成果为主线,围绕着两条基本线索组织教学:一是中国社会主义建设道路形成的历史背景与初步探索过程;二是社会主义建设道路初步探索的理论成果的主要内容及其历史意义。本章教学内容主要包括以下几点:(一)调动一切积极因素为社会主义事业服务这一理论成果的形成与确立;(二)掌握社会主义改造完成后,中国共产党如何正确认识和处理社会主义社会的矛盾问题;(三)通过毛泽东对工业与农业关系的论述,了解走中国工业化道路思想的形成与发展;(四)党对社会主义建设道路进行初步探索的理论和实践成果及其重要意义;(五)了解社会主义建设道路初步探索中的曲折和经验教训,正确认识改革开放前后两个历史时期的关系。

二、教学重难点

本章教学重点:党在社会主义建设道路初步探索中所取得的重要理论成果。(一)在中国搞社会主义建设,不能照搬照抄其他国家的经验,只能结合自己的国情,实现马克思主义与中国实际的"第二次结合",走适合中国特点的社会主义建设道路;(二)社会主义建设,要调动一切积极因素,尽可能地克服消极因素,并且努力化消极因素为积极因素;(三)敌我矛盾和人民内部矛盾这两类矛盾的性质不同,解决的办法也各不相同;(四)明确中共八大后社会主义的主要矛盾,走中国工业化道路的奋斗目标。

本章教学难点:既要全面把握党在领导人民探索社会主义建设道路时取得了一系列重要成果,又要汲取党对社会主义建设道路的初步探索中遭遇的挫折和坎坷带来的经验教训。(一)社会主义社会的主要矛盾和根本

103

任务,集中力量发展生产力;(二)必须从实际出发进行社会主义建设,建设规模和速度要和国力相适应;(三)必须发展社会主义民主、健全社会主义法制,必须坚持党的民主集中制和集体领导制度、加强执政党建设;(四)必须坚持对外开放、借鉴和吸收人类文明成果来建设社会主义。

三、教学案例

(一)波兹南事件和匈牙利事件始末

1.案例呈现

在 1956 年召开的苏共二十大上,赫鲁晓夫作了一个震惊全世界的秘密报告《关于个人崇拜及其后果》,其主要精神是对斯大林的批判,这在各国共产党内引起极大的震动和思想混乱……引发了波、苏矛盾和波兰国内各种矛盾的总爆发。原波兰共产党第一书记、共和国总统贝鲁特恰巧在苏共二十大期间病逝……波兰党内意见分歧很大,分裂成两大派。……一派以政治局委员罗科索夫斯基、诺瓦克和马茹尔为代表,认为波兰出现了反苏反共浪潮,主张犹太人从领导职位上撤掉,停止民主化而恢复高度集中……另一派……以政治局委员萨姆布罗夫斯基、奥哈布和中央书记处书记莫拉夫斯基为代表,主张国家主权独立和实行民主化,这一派得到了全国工人、学生、青年和知识分子的广泛支持。6月,波兰各地不满情绪不断增长……波兹南市斯大林机械工厂的工人,反对工资改革,要求提高工资并派代表和政府进行谈判……进而发展成一场骚乱。波政府调集军队进行镇压,骚动才得以平息。……10 月 15 日,波党政治局……准备选举哥穆尔卡为中央第一书记。哥穆尔卡对以前的方针政策和错误进行批评和纠正,提出克服"官僚主义"和"教条主义",加强法制建设和政治民主化进程,反对不重视轻工业的思想,提出改变高度集中的计划经济,建设符合波兰国内具体国情的社会主义道路。赫鲁晓夫对此感到极为不满,下令驻扎在波兰境内的苏军包围华沙,境外的苏军向波兰边境集结,以此对波兰施加压力。从而使波兰这次改革受到苏联的打压以及国内反对势力的阻止,最后以失败告终。

(资料来源:王倩:《外交档案解密"波兰事件"》,《档案春秋》2007 年第 4 期。)

匈牙利人民政权建立后,照搬苏联模式,经济上片面发展重工业,政治上制造个人崇拜,破坏法制,引起人民强烈不满,匈牙利局势逐渐陷入混乱。1956 年 10 月 23 日,布达佩斯近 20 万名大学生和群众举行示威游行,要求第一书记格罗辞职,游行者推倒了市内的斯大林铸像,同保安部队发生武装冲突。反革命分子则乘机挑拨群众,国内外反革命势力进一步策动匈牙利军队叛乱,到处发生反革命复辟,情况越来越复杂而紧张。匈牙利政府出于无奈,邀请驻匈境内的苏军帮助恢复秩序。在震惊世界的 13 天中,900 多万人的小国,就有上万人伤亡,经济损失达数百亿福林(匈牙利货币),给匈牙利人民造成了一场历史性悲剧,史称"匈牙利事件"。

(资料来源:孔寒冰、郭洁:《50 年前,匈牙利发生了什么?》,《世界知识》2006 年第 21 期。)

2.案例指向

本案例重点指向教材第四章第一节第一目的内容,提供了以毛泽东为核心的党中央集体对社会主义建设道路进行早期探索的历史背景和原因。赫鲁晓夫的"秘密报告"揭露了苏联计划经济体制模式存在的弊端,促使以毛泽东同志为核心的党的第一代中央领导集体对中国社会主义建设道路进行反思,以推进马克思主义与中国实际的"第二次结合",要走独立自主的中国特色社会主义建设道路。

3.案例解析

(1)以毛泽东同志为核心的党的第一代中央领导集体在社会主义建设早期思考和探索中国走独立自主的社会主义建设道路的历史背景和深层次根源

毛泽东曾经说过,赫鲁晓夫对个人崇拜的揭露和批判"揭了盖子,又捅了娄子"[①],意思是既有积极的一面,又有消极的一面。确实,揭开个人崇拜的盖子,有助于解放思想、调整政策、吸取经验、改进工作。但是赫鲁晓夫的苏共二十大"秘密报告"及其对斯大林个人崇拜的批判,在当时无论对苏共,对苏联,还是对国际共产主义运动都产生了重大的消极影响。受赫鲁晓夫"秘密报告"冲击最大的是东欧国家。这些国家大多是在第二次世界大战结束时由苏联红军从法西斯德国手里解放的,它们都采用苏联社会主义模式和经验来建立国家政权。当赫鲁晓夫在"秘密报告"中对斯大林的错误和苏联社会主义模式弊端进行揭露后,东欧国家的人民要求其领导人纠正过去的错误,出现了要求摆脱"斯大林模式"、摆脱苏联控

---

① 《毛泽东年谱(1949—1976)》第 2 卷,中央文献出版社 2013 年版,第 550 页。

制的社会不满情绪,相继发生了波兹南事件和匈牙利事件,使帝国主义乘机掀起反苏反共反社会主义的浪潮。总之,以上波匈事件暴露了这些国家照搬斯大林高度集中的计划经济模式后在政治、经济上的困难,党与政府在政策上和工作上的错误,导致党和政府同人民群众之间的关系发生裂痕,党必须采取有效措施克服经济上的困难,消除人民群众的不满情绪,恢复和巩固人民群众对党和政府的信任。

中华人民共和国在成立之初,也建立了一个参照"苏维埃模式"的社会管理体制。这种体制在建立之初,集中全国力量,恢复和发展国民经济,它在完成民主革命遗留任务等很多方面,都发挥了不可替代的积极作用。但随着"一五"计划的有序进行,国家经济规模不断扩大,"苏联模式"的固有缺陷就暴露了出来。如何在中国这样一个经济文化比较落后的东方大国建设和巩固社会主义,成为党必须解决的一项重要的时代课题。因此,在苏共二十大后,以毛泽东同志为核心的党的第一代中央领导集体开始探索马克思主义与中国具体实际的"第二次结合",走出中国独立自主的社会主义建设道路。

(2)波匈事件对中国共产党独立自主探索社会主义道路的启发和重要意义

波匈事件对我国也有一定影响。1956年秋冬,在一些农村、工厂、学校出现了"闹事"的情况。面对新出现的矛盾,许多党员干部思想上缺乏准备,工作处置不当,造成社会矛盾激化。这表明,在全党和全国工作重心由革命转向建设的时候,一个如何认识和处理社会主义内部矛盾的问题出现了。毛泽东借鉴波匈事件的历史教训,他说:"特别值得注意的是,最近苏联方面暴露了他们在建设社会主义过程中的一些缺点和错误,他们走过的弯路,你还想走?过去我们就是鉴于他们的经验教训,少走了一些弯路,现在当然更要引以为戒。"[①]这就明确了建设社会主义必须根据本国情况走自己的道路这一根本思想。于是,毛泽东写了《论十大关系》《关于正确处理人民内部矛盾的问题》两篇名著,提出坚持走独立自主的社会主义工业化道路,把马克思列宁主义的基本原理同中国革命、建设的具体实际结合起来,制定中国自己的社会主义建设的路线、方针、政策。

---

① 《毛泽东文集》第7卷,人民出版社1999年版,第23页。

(二)《论十大关系》与中国独立自主社会主义道路的开启

1.案例呈现

苏联作为世界上第一个社会主义国家,对如何建设社会主义进行了艰辛探索。有成功的经验,也有遭受挫折的教训。列宁总结俄国十月革命胜利初期的经验教训,实现了从战时共产主义到新经济政策的转变,促进了国民经济的恢复和发展,改善了工农关系,巩固了新生的苏维埃政权。列宁逝世后,斯大林领导苏共继续探索社会主义建设道路,实现了国家工业化和农业集体化,在取得重大成就的同时,也犯了许多错误。斯大林逝世后,矛盾充分暴露出来,苏共二十大揭开了盖子,在苏联和国际共产主义运动中引起极大思想混乱和剧烈政治动荡。

正是在这种情况下,中国开始了大规模社会主义建设。在经济文化落后的中国,怎样建设社会主义、怎样对待苏联经验,这一重大历史课题鲜明地提到中国共产党人面前。毛泽东的探索由此开始。"以苏为戒"的战略思想不但在讲话的导语中鲜明地提了出来,而且在各个部分中都有所体现。例如:

关于重工业和轻工业、农业的关系,毛泽东说:"我们没有犯原则性的错误。我们比苏联和一些东欧国家作得好些。像苏联的粮食产量长期达不到革命前最高水平的问题,像一些东欧国家由于轻重工业发展太不平衡而产生的严重问题,我们这里是不存在的。他们片面地注重重工业,忽视农业和轻工业,因而市场上的货物不够,货币不稳定。我们对于农业、轻工业是比较注重的。"①

关于国家、生产单位和生产者个人的关系,他说:"鉴于苏联和我们自己的经验,今后务必更好地解决这个问题。"②他特别讲到同农民的关系,认为"我们同农民的关系历来都是好的"。苏联则不同,他们的办法"把农民挖得很苦。他们采取所谓义务交售制等项办法,把农民生产的东西拿走太多,给的代价又极低。他们这样来积累资金,使农民的生产积极性受到极大的损害"。③

关于中央和地方的关系,他说:"我们不能像苏联那样,把什么都集中

---

① 《毛泽东文集》第 7 卷,人民出版社 1999 年版,第 24 页。
② 《毛泽东文集》第 7 卷,人民出版社 1999 年版,第 28 页。
③ 《毛泽东文集》第 7 卷,人民出版社 1999 年版,第 29、30 页。

到中央,把地方卡得死死的,一点机动权也没有。"①

关于汉族和少数民族的关系,他说:"在苏联,俄罗斯民族同少数民族的关系很不正常,我们应当接受这个教训。"②

关于党和非党的关系,他说,"究竟是一个党好,还是几个党好? 现在看来,恐怕是几个党好","在这一点上,我们和苏联不同。我们有意识地留下民主党派,让他们有发表意见的机会","这对党,对人民,对社会主义比较有利"。③

关于中国和外国的关系,他说:"我们提出向外国学习的口号,我想是提得对的。现在有些国家的领导人就不愿意提,甚至不敢提这个口号。这是要有一点勇气的,就是要把戏台上的那个架子放下来。"④

以上对苏联经验教训的分析,涉及的领域相当广泛,包括产业关系、工农关系,国家、集体、个人关系,中央和地方关系,民族关系,政党关系,本国和外国的关系,等等。在 20 世纪 50 年代中期,便如此深刻揭示苏联社会主义建设的经验教训,表现了毛泽东高瞻远瞩的战略眼光和历来强调的独立自主精神。

(资料来源:杨春贵:《独立探索中国式现代化道路的伟大开端——学习毛泽东〈论十大关系〉的战略思维》,《学习时报》2023 年 12 月 27 日第 A1 版。)

2.案例指向

本案例重点指向教材第四章第一节第一目的内容,呈现了以毛泽东同志为核心的党的第一代中央领导集体对社会主义建设早期探索的重要理论成果之一《论十大关系》的主要内容和重要意义。《论十大关系》初步总结了中国社会主义建设的经验,提出了适合中国国情的社会主义建设的基本任务和方针,为中国的社会主义事业发展提供了理论基础和行动指南。

3.案例解析

(1)苏联社会主义模式存在的弊端与改革的必要性

在 1956 年 2 月召开的苏共二十大上,赫鲁晓夫作了《关于个人崇拜及其后果》的"秘密报告",尖锐地揭露了斯大林的个人崇拜和肃反扩大化错误,在国际共产主义运动中产生强烈的"地震",这就促使中国共产党的

---

① 《毛泽东文集》第 7 卷,人民出版社 1999 年版,第 31 页。

② 《毛泽东文集》第 7 卷,人民出版社 1999 年版,第 34 页。

③ 《毛泽东文集》第 7 卷,人民出版社 1999 年版,第 34、35 页。

④ 《毛泽东文集》第 7 卷,人民出版社 1999 年版,第 41 页。

领导人警醒,促使他们借鉴苏联和东欧国家的经验教训,独立探索适合中国国情的社会主义建设道路。苏联社会主义模式的显著特点:①经济上是国家自上而下、高度集中地有计划地管理的经济体制。主要表现为以下方面:其一,在国家与企业的关系上,国家机关既是生产资料的所有者,又是直接的经营管理者。其二,在计划与市场的关系上,整个国民经济的运行都靠国家下达行政命令和指令性计划来指挥,导致经济管理部门和官员高度集权,个人专断现象日趋严重。其三,在经济的管理方法上,通过行政命令、行政干预来实现对国民经济的管理,忽视各种经济杠杆、竞争规律的作用。②高度集权的政治体制。主要表现在以下方面:其一,权力高度集中于中央政治局和委员。其二,实行自上而下的干部委派制和干部终身任职制。其三,缺乏有效的权力监督机制,后期形成党内官僚特权阶层。③高度控制的思想文化体制。文化生活整齐划一,往往将党组织或是党的领导人的意见作为评判标准,采取阶级斗争扩大化的方式来处理党内思想斗争,导致苏共意识形态的僵化和沉闷,阻碍了党的理论创新和与时俱进。

(2)《论十大关系》是毛泽东探索独立自主的中国特色社会主义道路的理论成果

本教学案例深刻地分析了毛泽东写作《论十大关系》的历史背景、原因、主要内容及其在社会主义发展史上的重要意义,它是党在社会主义建设道路的初步探索中所取得的重要理论成果之一,标志着党探索中国社会主义建设道路的良好开端。

1956 年 4 月 25 日,毛泽东在中共中央政治局扩大会议上作了《论十大关系》的报告,提出一系列关于我国国民经济建设的基本方针。《论十大关系》的报告确定了一个基本方针,就是"努力把党内党外、国内国外的一切积极的因素,直接的、间接的积极因素,全部调动起来"[①],为社会主义建设服务。为了贯彻这一方针,报告从十个方面论述了我国社会主义建设需要重点把握的重大关系。毛泽东所分析的十大关系包括:重工业和轻工业、农业的关系;沿海工业和内地工业的关系;经济建设和国防建设的关系;国家、生产单位和生产者个人的关系;中央和地方的关系;汉族和少数民族的关系;党和非党的关系;革命和反革命的关系;是非关系;中国和外国的关系。前五大关系主要讲经济问题,从经济工作的各个方面

① 《毛泽东文集》第 7 卷,人民出版社 1999 年版,第 44 页。

来调动各种积极因素,这里涉及的实际上是开辟一条与苏联不同的中国工业化道路;后五大关系主要讲政治等问题,从政治生活和思想文化生活各方面调动各种积极因素,不仅确认了中国共产党领导的统一战线和多党合作要继续存在、发挥作用,还提出要学习资本主义国家先进的科学技术和企业管理方法来发展社会主义国家的生产力。

(3)调动一切积极因素为社会主义服务

毛泽东在《论十大关系》这篇著作中,以苏联经验为鉴戒,总结了我国的经验,论述了社会主义革命和社会主义建设中的十大关系,基本方针是"我们一定要努力把党内党外、国内国外的一切积极的因素,直接的、间接的积极因素,全部调动起来,把我国建设成为一个强大的社会主义国家"。毛泽东指出,社会主义社会中积极因素和消极因素都包括很多种,在社会主义事业的发展中,一般来说,积极因素是处于主导的、统治的地位的,占有压倒的优势,这是社会主义事业必定胜利的可靠保证。社会主义建设的积极因素和消极因素在一定条件下是可以相互转化的。我们的任务是创造条件,大力促使消极因素向积极因素转化,并同时尽力防止积极因素向消极因素的逆转。调动一切积极因素为社会主义服务,是党关于社会主义建设的一个极为重要的基本方针,对于最大限度地团结全国各族人民建设社会主义现代化国家,推动社会主义前进,具有长远的、重要的指导意义。

(4)《论十大关系》的重要历史意义

毛泽东提出的"十大关系"将社会主义生产力和生产关系、经济基础和上层建筑融为一体,涵盖社会主义经济建设、政治建设、文化建设、国防建设、外交政策和国际战略、党的建设等各个方面,体现了毛泽东对中国社会主义建设道路的全面探索。《论十大关系》的发表,标志着毛泽东对中国社会主义建设道路的探索开始形成一个初步的又比较系统的思路,是中国共产党人独立自主探索中国社会主义建设道路的开始,为开创中国特色社会主义提供了宝贵经验、理论准备、物质基础。

(三)正确处理人民内部矛盾的问题

1.案例呈现

1956 年 2 月,赫鲁晓夫在苏共二十大上,作了全盘否定斯大林的秘密报告,在社会主义阵营引起极大震动和思想混乱。国际共产主义运动出现大的波折。这警示人们如果不能正确认识和处理社会主义社会的各种矛盾特别是人民内部矛盾,社会主义制度将难以巩固,社会主义建设将难以进行。

在国内,由于社会主义改造的迅速完成,加上经济建设中出现的冒进的影响未能完全消除,领导工作中还存在官僚主义等问题,一些地方出现少数群众闹事等不稳定情况。积极面对和解决我国社会主义不断出现的新矛盾,成为全党特别是中央领导关心的重大课题。

在 1956 年 10 月 21 日至 11 月 9 日的 20 天时间里,中央政治局连续召开 10 多次会议,常常通宵达旦。毛泽东明确提出:"好好总结一下社会主义究竟如何搞法。矛盾总是有的,如何处理这些矛盾,就成为我们需要认真研究的问题。"[1]

1956 年 12 月 4 日,毛泽东在给中国民主建国会主任委员黄炎培的一封信中写道:"社会总是充满着矛盾。即使社会主义和共产主义社会也是如此,不过矛盾的性质和阶级社会有所不同罢了。既有矛盾就要求揭露和解决。"[2]

在他看来,对于矛盾,"有两种揭露和解决的方法,一种是对敌我之间的,一种是对人民内部的。前者是用镇压的方法,后者是用说服的方法,即批评的方法。"[3]

1957 年 1 月至 3 月,毛泽东先后多次在规模不等、成员各异的会议上,讲到如何处理人民内部矛盾的问题。最著名的一次,是 2 月 27 日在 1800 多人参加的最高国务会议上。四个多小时关于正确处理人民内部矛盾问题的讲话,气氛始终轻松融洽,不时传出笑声和掌声。

一位参会人员后来回忆说,"当讲到勤俭建国这个内容时,正好服务员给主席换水,主席不让换,就与服务员在台上夺茶杯,夺了几个来回,主席生气了,面对大家说,你们看,他强迫我,茶没喝完就换掉,这是浪费嘛!结果主席夺下茶杯,此时大家都乐了。"

毛泽东指出:"在社会主义社会中,基本的矛盾仍然是生产关系和生产力之间的矛盾,上层建筑和经济基础之间的矛盾。"这些矛盾可以经过社会主义制度本身的自我调整和完善,不断得到解决。毛泽东提出,解决人民内部矛盾,只能用民主的、说服教育的"团结—批评—团结"的方法去

---

[1] 《毛泽东年谱(1949—1976)》第 3 卷,中央文献出版社 2013 年版,第 23 页。

[2] 《毛泽东文集》第 7 卷,人民出版社 1999 年版,第 164 页。

[3] 《毛泽东文集》第 7 卷,人民出版社 1999 年版,第 164 页。

解决,并把正确处理人民内部矛盾提升到国家政治生活主题的高度,他强调:革命时期大规模的疾风暴雨式的群众阶级斗争基本结束,"我们的根本任务已经由解放生产力变为在新的生产关系下面保护和发展生产力"。①

1957年3月17日,毛泽东乘专列离开北京前往杭州。他打算利用这次出行的机会一路演讲过去,题目仍然是如何处理人民内部矛盾。在天津、济南、南京、上海,毛泽东接连做了四场报告,他戏称自己变成了一个"游说先生",一路走,到处讲一点话。

在上海的演讲中,毛泽东说:"采取现在的方针,文学艺术、科学技术会繁荣发达,党会经常保持活力,人民事业会欣欣向荣,中国会变成一个大强国而又使人可亲。"他殷切期望通过正确处理人民内部矛盾,"造成一个又有集中又有民主,又有纪律又有自由,又有统一意志、又有个人心情舒畅、生动活泼,那样一种政治局面"。②

经过毛泽东历时55天的修改完善,1957年6月19日,《关于正确处理人民内部矛盾的问题》一文,终于在《人民日报》上正式发表,很快在国内外引发了巨大反响。这是毛泽东在社会主义革命和建设时期重要的理论著作,在马克思主义发展史上具有开创性意义。

(资料来源:《百炼成钢:正确处理人民内部矛盾》,https://news.jstv.com/a/20210430/161977747 2417.shtml,访问日期:2024年4月22日。)

2.案例指向

本案例重点指向教材第四章第一节第二目的内容,即正确认识和处理社会主义社会矛盾的思想。毛泽东在《关于正确处理人民内部矛盾的问题》这篇著作中,系统论述了社会主义社会矛盾的理论,对社会主义阶段是否存在矛盾、矛盾的性质是什么、如何正确认识和处理这些矛盾等问题作了系统的回答。社会主义矛盾学说不仅是社会主义理论的重要组成部分,而且是我们进行社会主义实践的关键指南。

3.案例解析

(1)社会主义社会是否还存在着矛盾

社会主义制度下存不存在矛盾,这是斯大林长期没有弄清和解决的问题。在领导苏联建设社会主义的实践中,斯大林一直不承认社会主义制度下生产关系和生产力之间、上层建筑和经济基础之间的矛盾。他直

---

① 《毛泽东文集》第7卷,人民出版社1999年版,第214~218页。

② 《毛泽东年谱(1949—1976)》第3卷,中央文献出版社2013年版,第119、192页。

到去世前一年才开始意识到这个问题,但也没有把它当作全局性的问题提出来,没有认识到正是这种矛盾和解决矛盾的过程推动着社会主义社会向前发展。在我国,也有许多人不承认社会主义社会存在矛盾,在面临种种社会矛盾时显得缩手缩脚,无所适从,处于被动地位,乃至作出错误的判断和处置。毛泽东不仅把长期被回避的这个问题鲜明地提了出来,而且把它上升到新的理论高度。在马克思主义经典作家中,毛泽东第一个明确指出:"矛盾不断出现,又不断解决,就是事物发展的辩证规律。"①明确矛盾是普遍存在的,社会主义社会同样充满矛盾,正是这些矛盾推动着社会主义社会不断向前发展。他提倡运用对立统一规律深刻分析社会主义社会的矛盾。

社会主义社会不但普遍存在着矛盾,而且基本矛盾仍然是生产关系和生产力、上层建筑和经济基础之间的矛盾,与资本主义社会不同的是,社会主义社会基本矛盾运动同以往社会的基本矛盾具有根本不同的性质和情况。社会主义基本矛盾运动具有"又相适应又相矛盾"的特点。"要以生产力和生产关系的平衡和不平衡,生产关系和上层建筑的平衡和不平衡,作为纲,来研究社会主义社会的经济问题"②,这就为社会主义的持续不断地发展找到了动力。

在科学社会主义理论的发展史上,毛泽东关于社会主义社会基本矛盾的论断,创立了关于社会主义社会矛盾的学说,第一次科学地揭示了社会主义社会发展的动力,实际上为后来的社会主义改革奠定了理论基础。

(2)社会主义社会存在什么性质的矛盾

党的八大正确分析了社会主义改造完成后我国社会主要矛盾的变化,指出:社会主义制度在我国已经基本上建立起来了。我们国内的主要矛盾已经不再是工人阶级和资产阶级的矛盾,而是人民对于经济文化迅速发展的需要同当前经济文化不能满足人民需要的状况之间的矛盾。

毛泽东指出:"没有矛盾的想法是不符合客观实际的天真的想法。在我们的面前有两类社会矛盾,这就是敌我之间的矛盾和人民内部的矛盾。这是性质完全不同的两类矛盾。"③敌我矛盾是人民同反抗社会主义革命、敌视和破坏社会主义建设的社会势力与社会集团的矛盾,这是根本利

① 《毛泽东文集》第 7 卷,人民出版社 1999 年版,第 216 页。
② 《毛泽东文集》第 8 卷,人民出版社 1999 年版,第 130～131 页。
③ 《毛泽东文集》第 7 卷,人民出版社 1999 年版,第 204、205 页。

益对立基础上的矛盾,因而是对抗性的矛盾。人民内部矛盾,包括工人阶级内部的矛盾,农民阶级内部的矛盾,知识分子内部的矛盾,工农两个阶级之间的矛盾,工人、农民同知识分子之间的矛盾,工人阶级和其他劳动人民同民族资产阶级的矛盾,也包括政府和人民群众之间的矛盾、民主同集中的矛盾、领导同被领导之间的矛盾、国家机关某些工作人员的官僚主义作风同群众之间的矛盾……一般说来,人民内部矛盾是在人民根本利益一致基础上的矛盾,因而是非对抗性的矛盾。敌我矛盾是对抗性的矛盾,人民内部矛盾是非对抗性的,毛泽东提醒人们注意两类不同性质矛盾的转化问题,认为两类不同性质的矛盾的存在是客观的,但不是固定不变的,在一定的条件下,两类不同性质的矛盾可以互相转化。一般情况下,人民内部矛盾不是对抗性的,但如果处理不当,也可能发生对抗。

因此,必须严格区分和正确处理两类不同性质的矛盾,特别是要正确处理已经居于主导地位的人民内部矛盾。这对于发展社会主义事业具有极为重要的意义。

毛泽东第一次系统阐述了社会主义两类矛盾学说,尤其是人民内部矛盾学说,至今对我们解决各种复杂的社会矛盾仍然具有重要的指导意义。

(3)如何正确认识和解决这些矛盾

毛泽东指出:"我们历来就主张,在人民民主专政下面,解决敌我之间的和人民内部的这两类不同性质的矛盾,采用专政和民主这样两种不同的方法。"①

在社会主义条件下,大量存在的是人民内部矛盾,要正确区别与处理敌我矛盾和人民内部矛盾这两类不同性质的矛盾。对人民内部矛盾,要用民主的方法、团结—批评—团结的方法和自我教育的方法解决。他提出,要把正确处理人民内部矛盾作为国家政治生活的主题,要"造成一个又有集中又有民主,又有纪律又有自由,又有统一意志、又有个人心情舒畅、生动活泼,那样一种政治局面"。

毛泽东指出:大规模的群众性的阶级斗争基本结束后,阶级斗争并没有完全结束,主要表现为意识形态的思想斗争,而且大量的属于人民内部的思想问题,如人民内部存在的各种非马克思主义思想、非无产阶级思想等。不同质的矛盾,只有用不同质的方法才能解决。对于精神世界的问

---

① 《毛泽东文集》第7卷,人民出版社1999年版,第211、212页。

题,对于人民内部的错误思想,只有采取民主讨论的方法、细致说理的方法,才能真正解决问题。同时,马克思主义真理也要在同错误思想作斗争中、在各种批评中不断地发展自己、扩大自己的阵地。同时,毛泽东指出,用教条主义和主观主义的批评不能解决问题,而应力求用辩证的方法,要有科学的分析,要有充分的说服力。以上这些理论,都是毛泽东从中国的具体实际出发提出的创见。

正确处理两类不同性质社会矛盾的基本方法,也成为在思想和意识形态领域里正确处理人民内部矛盾的基本理论。

(4)区分两类不同性质矛盾和正确处理人民内部矛盾的目的和意义

毛泽东指出:"我们提出划分敌我和人民内部两类矛盾的界限,提出正确处理人民内部矛盾的问题,以便团结全国各族人民进行一场新的战争——向自然界开战,发展我们的经济,发展我们的文化……巩固我们的新制度,建设我们的新国家……"[①]正确处理人民内部矛盾的问题是社会主义国家政治生活的主题,这一论断的根本着眼点,在于调动一切积极因素,团结一切可以团结的力量,把全党的注意力转到社会主义建设上来。

毛泽东强调,正确处理人民内部矛盾的总的目的,或者说,其出发点和归宿,就是发展我们的经济和文化,巩固社会主义新制度,建设社会主义新国家。这些思想,不仅在当时具有十分紧迫的指导意义,而且对我们今天的建设事业仍然有着不可低估的理论意义和现实意义。

例如,毛泽东在分析社会主义社会艺术界和科学界的人民内部矛盾的性质时,阐明了党的"百花齐放、百家争鸣"的"双百"方针,并进一步提出了在政治生活中判断言论和行动的六条是非标准。"(一)有利于团结全国各族人民,而不是分裂人民;(二)有利于社会主义改造和社会主义建设,而不是不利于社会主义改造和社会主义建设;(三)有利于巩固人民民主专政,而不是破坏或者削弱这个专政;(四)有利于巩固民主集中制,而不是破坏或者削弱这个制度;(五)有利于巩固共产党的领导,而不是摆脱或者削弱这种领导;(六)有利于社会主义的国际团结和全世界爱好和平人民的国际团结,而不是有损于这些团结。"这就是六条政治标准。他还明确提出:"这六条标准中,最重要的是社会主义道路和党的领导两条。"[②]

《关于正确处理人民内部矛盾的问题》是毛泽东关于社会主义社会矛

① 《毛泽东文集》第7卷,人民出版社1999年版,第216页。
② 《毛泽东文集》第7卷,人民出版社1999年版,第234页。

盾的学说,在马克思主义发展史上具有开创性意义。毛泽东深入研究社会主义社会的矛盾问题,形成一套系统的关于社会主义社会矛盾的学说,科学揭示了社会主义社会发展的动力,丰富和发展了科学社会主义理论,为中国共产党正确认识中国基本国情、制定建设社会主义的正确路线奠定了理论基础,对党和社会主义建设事业具有长远的理论指导意义。

(四)中共八大:"从落后的农业国转变为社会主义先进工业国"

1.案例呈现

从1956年2月起,毛泽东陆续听取了工业、农业、运输业、商业、财政等30多个部门的工作汇报。1956年4月25日,根据前一阶段的调查研究并结合苏联社会主义建设的经验教训,毛泽东在中共中央政治局扩大会议上作了《论十大关系》的讲话,从思想上、理论上为八大的召开作了重要的准备。

1956年9月15日下午2时5分,毛泽东致八大开幕词,总结了七大以来党领导新民主主义革命和社会主义革命的成绩,分析了取得胜利的原因,指出了党在今后工作中必须坚持的基本方针,向全党提出了今后社会主义建设的伟大任务,并且告诫全党:即使各项工作取得了极其伟大的成就,但也没有任何值得骄傲自满的地方,一定要牢记"虚心使人进步,骄傲使人落后"这个真理。这句话,后来成为脍炙人口的名言。

当时的中国,经济、科技等很多方面均落后于世界发达国家水平,要实现国家的现代化,首先要通过技术革命,赶上世界经济和科技的先进水平。正是由于全党和全国人民有这种改变国家贫困落后面貌的紧迫感和使命感,八大确定了"把中国从落后的农业国转变为社会主义先进工业国"的宏伟目标。八大还提出了国家工业化大致的两个步骤。这是中国共产党参考世界经济、科技发展大潮,从宏观层面上提出的中国社会主义经济建设的方法与步骤。

以"探索自己的建设道路"这一认识与愿景为出发点,八大以前所未有的政治勇气和改革精神,概述了中国社会主义现代化建设的基本路径——将马克思列宁主义的基本原理与中国建设的具体实际相结合,探索适合中国的社会主义现代化道路,在社会主义经济建设中也必须走这条道路。

(资料来源:訾谦、邱玥:《中共八大:探索社会主义建设道路的开端》,《光明日报》2021年3月1日第6版。)

2.案例指向

本案例重点指向教材第四章第一节第三目的内容,即以毛泽东同志为核心的党的第一代中央领导集体对社会主义建设早期探索的重要理论成果之一"走中国工业化道路思想",它说明1956年前后中国共产党在探索适合中国情况的社会主义建设道路过程中,初步形成了一系列实现中国工业化的基本途径和方法。

3.案例解析

(1)党对中国工业化、现代化的高度重视

中华人民共和国成立以后,我们党团结带领人民奋力扫除旧中国留下来的贫困和愚昧,逐步改善人民的物质生活水平、提高人民的文化生活质量。1954年9月15日,毛泽东同志在第一届全国人民代表大会第一次会议上致开幕词时宣布:"准备在几个五年计划之内",将我国"建设成为一个工业化的具有高度现代文化程度的伟大的国家"。[①] 在这次大会上,周恩来同志在《政府工作报告》中明确指出:"如果我们不建设起强大的现代化的工业、现代化的农业、现代化的交通运输业和现代化的国防,我们就不能摆脱落后和贫困,我们的革命就不能达到目的。"[②]基于以上认识,中国共产党团结带领人民进行社会主义革命,消灭在中国延续几千年的封建制度,确立社会主义基本制度,实现了中华民族有史以来最为广泛而深刻的社会变革,建立起独立的比较完整的工业体系和国民经济体系,社会主义革命和建设取得了独创性的理论成果和巨大成就,为现代化建设奠定根本政治前提并提供了宝贵经验、理论准备、物质基础。在这个过程中,党强调必须"以苏为鉴",把马克思列宁主义基本原理同中国实际进行"第二次结合",找到一条适合中国情况的社会主义工业化道路。

(2)中共八大确定了建设社会主义先进工业国家的目标

1956年9月15—27日,中国共产党第八次全国代表大会在北京举行。毛泽东致开幕词,刘少奇作政治报告,周恩来作关于发展国民经济第二个五年计划的建议的报告,邓小平作关于修改党章的报告。党的八大正确分析了国内形势和国内主要矛盾的变化,明确提出党和全国人民在新形势下的主要任务。大会宣布:我国无产阶级同资产阶级之间的矛盾已经基本上解决,几千年来的阶级剥削制度的历史已经基本上结束,社会

---

① 《毛泽东文集》第6卷,人民出版社1999年版,第350页。
② 《周恩来选集》下,人民出版社1984年版,第132页。

主义的社会制度在我国已经基本上建立起来。国内的主要矛盾,已经是人民对于建立先进的工业国的要求同落后的农业国的现实之间的矛盾,已经是人民对于经济文化迅速发展的需要同当前经济文化不能满足人民需要的状况之间的矛盾。党和全国人民当前的主要任务,就是要集中力量解决这个矛盾,把我国尽快地从落后的农业国变为先进的工业国。这些论述的核心观点是社会主义改造结束后社会主义社会主要矛盾发生转变,不再是以阶级斗争为主,而是全党要在社会主义条件下集中力量发展生产力。正是由于全党和全国人民的这种改变国家贫困落后面貌的紧迫感和使命感,中共八大确定了"把中国从落后的农业国转变为社会主义先进工业国"的宏伟目标。

(3)毛泽东关于处理重工业、轻工业和农业之间关系的看法

新民主主义革命时期,中国共产党提出保护民族工商业的政策,抗日战争时期提出了"中国的民族独立有巩固的保障,就必需工业化"①,还把实现国家的工业化作为过渡时期总路线的主体。在苏联斯大林模式的影响下,党曾过度强调重工业和基础设施的发展,影响了农业和轻工业的发展,造成了一定程度的比例失调。苏共二十大报告和波匈事件的爆发,促使党和毛泽东重新思考如何走独立自主的中国工业化道路的问题。在《关于正确处理人民内部矛盾的问题》一文中,毛泽东明确提出要走一条有别于苏联的中国工业化道路。毛泽东专门论述了要处理好重工业、轻工业和农业的关系,提出"以工业为主导,以农轻重为序发展国民经济"的总方针,"以工业为主导"是维护国家独立、统一和安全,实现国家富强所必需的;"以农轻重为序发展"是因为农业是基础,只有农业发展了,工业才有原料和市场,而更多地发展农业和轻工业,一方面可以更好地供给人民生活需要,另一方面可以增加资金积累和扩大市场,从而更好地促进重工业的发展。毛泽东吸取苏联和东欧国家轻、重工业发展不平衡导致"市场上的货物不够,货币不稳定"的教训,提出要适当地调整重工业和农业、轻工业的投资比例,更多地发展农业、轻工业,为中国工业化道路指明了方向。

(4)提出"两条腿走路"的方针

1958年,毛泽东对处理好重工业、轻工业和农业的关系有进一步补充:在重工业优先发展的前提下,工业和农业同时并举;在集中领导、全面

---

① 《毛泽东文集》第3卷,人民出版社1996年版,第146页。

规划、分工协作的条件下,中央工业和地方工业同时并举,大型企业和中小型企业同时并举,洋法生产和土法生产同时并举,以便更好调动广大人民群众的生产积极性。

(5)中共八大提出走中国工业化道路的重要意义

本教学案例显示出中共八大时党突破了苏联斯大林计划经济体制模式的缺陷和不足,以前所未有的政治勇气和改革精神,将马克思列宁主义基本原理与中国建设的具体实际相结合,探索适合中国的社会主义工业化道路。经过近30年的工业化建设,新中国逐步建立了独立的、比较完整的工业体系和国民经济体系,为改革开放后中国的快速现代化进程奠定了重要的发展基础。

(五)三线建设

1.案例呈现

2022年7月25日上午,"七一勋章"获得者、丽江华坪女子高级中学校长张桂梅带领170余名师生走进攀枝花中国三线建设博物馆参观。师生们通过馆内2万多件藏品,打开三线建设时光卷轴,走进三线建设峥嵘岁月,认真聆听和了解三线建设者们的"火红年华"。三线建设者们"艰苦创业、无私奉献、团结协作、勇于创新"的可贵品质,令师生备受鼓舞。大家纷纷表示,将不忘来时路,沿着前辈们的奋斗足迹,争做新时代的合格建设者和接班人。

参观结束后,备受激励的师生们还深情唱响《没有共产党就没有新中国》《英雄赞歌》《万疆》等歌曲,传承红色基因、赓续红色血脉。

攀枝花中国三线建设博物馆是目前国内面积最大、展陈最全、藏品最多的三线主题博物馆,全面展示和反映了中国三线建设的历史全貌,是全国爱国主义教育示范基地。

(资料来源:《张桂梅带领师生来到攀枝花中国三线建设博物馆参观》,https://www.sohu.com/a/571773850_121124661,访问日期:2024年4月22日。)

1960年代初,国际局势动荡,战争因素急剧增长。我国的国际环境严重恶化,遇到的威胁:一是美国在朝鲜战争后,与我国周边不少国家和地区签订条约,结成了反华同盟,建立了数十个军事基地,对我国形成了"半月形"包围圈,而1964年8月美国扩大了越南战争,把战火烧到了我国南大门。二是中苏两党两国矛盾加剧,边界争端不断发生,1964年勃列日涅夫当政后,在中国边境陈兵百万,声称要对我国正在搞的核设施实行"外科手术"式打击。三是台海局势紧张,国民党在美国支持下叫嚣要"反攻大陆",妄图在东南地区建立大规模进攻大陆的"游击战走廊"。四是在中印边境,印度军队蚕食我国领土,在东西两端发动武装进攻。五是日本、韩国与美国结盟,采取敌视中国政策。这样迫在眉睫的形势,让国防安全上升为头等大事。但当时的情况是:我国东北重工业和军事工业基地,全部在苏联核武器、导弹和战略轰炸机的打击范围内,沿海工业城市处在美蒋空中兵力打击范围内,北京这样的大城市也在苏美核武器打击之下。如果战争爆发,即使敌方不使用核武器,我国大部分工业基础也将毁于一旦。与此相反,西部地区则在苏联和美蒋军事火力打击之外。

1964年4月,军委总参谋部向党中央提交了一份关于我国经济布局不适应未来战争需要的报告。该报告印证了毛泽东多年来的担忧,他高度重视,把原来发展西部的思路进一步强化,形成了沿海一线、中部二线、西部和西北部三线并存建设的新思路。根据毛泽东的指示,1964年5月15日到6月17日,中央工作会议上作出了三线建设的战略决策。同时,将原子弹项目也合并到三线建设大框架中,是在三线搞原子弹。毛泽东提出,必须把三线重工业特别是钢铁工业搞起来,这样军事工业才有基础。他甚至说:"攀枝花钢铁厂要搞,不搞我总是不放心,打起仗来怎么办? 我们的工业建设要有纵深配置,把攀枝花建起来,建不起来,我睡不好觉。"三线建设决策后,有关部门迅速作出具体部署。

(资料来源:上官酒瑞:《三线地区是哪儿? 为何要搞三线建设?》,https://www.the-paper.cn/newsDetail_forward_9217057? ivk_sa=1023197a,访问日期:2024年4月22日。)

1964年五六月间,毛泽东从经济建设和国防建设的战略布局考虑,将全国划为一、二、三线,提出三线建设问题,随后三线建设开始启动。1970年7月至1973年10月,在极端恶劣的条件下,铁道兵指战员和铁路工程建设人员在人迹罕至的崇山峻岭克服重重困难,相继建成成昆铁路、湘黔铁路、襄渝铁路,改变了西南地区长期交通梗阻的闭塞落后状况。此外,在建和建成的大型企业还有贵州六盘水、四川宝鼎山等大型煤矿,甘肃刘家峡,湖北丹江口、葛洲坝等大中型水电站,等等。在金沙江边,建设者"三块石头支口锅,帐篷搭在山窝窝",依靠人力搬运成千上万吨的大型机械,终于建起"象牙微雕"式的现代化大型企业——四川攀枝花钢铁基地。三线建设在很大程度上改变了旧中国工业布局不平衡的状况,使一大批当时属于顶尖的军工企业、国有企业、科研院所来到西部,为西部地区提供了难得的发展机遇。

（资料来源:《中国共产党简史》,人民出版社、中共党史出版社 2021 年版,第 208 页。）

2.案例指向

本案例重点指向教材第四章第一节第四目的内容,即党对社会主义建设道路初步探索的其他理论成果,主要是关于国防建设的理论成果。20 世纪 60 年代前期,国际形势出现新的动荡,我国周边形势日趋紧张,备战问题摆到了党的重要议程上来。我国经济建设的战略重点发生了向备战倾斜的重大转变,全国被划分为一、二、三线,三线建设开始布局。三线建设中,既有经验,又有教训,为我们在改革开放新时期和开辟中国特色社会主义道路提供了重要借鉴。

3.案例解析

（1）三线建设及其成就

三线地区,指西南的四川（含重庆）、贵州、云南,西北的陕西、甘肃、宁夏、青海,还有湘西、鄂西、豫西、晋西、粤北、桂北等,共涉及 13 个省区。一线地区指沿海和边疆,一、三线之间称为二线地区,一、二线地区的腹地称“小三线”。中央作出三线建设决策,是基于两个原因:其一,当时中国大陆周边形势日益严峻,中国的工业重心集中在东部大城市,没有可靠的国家战略后方。其二,缩小东西部地区经济发展的差距,也是重要战略任务。1964 年 5 月,毛泽东提出,要考虑解决全国工业布局不平衡的问题,加强三线建设,防备敌人的入侵。8 月,中央作出了在三线地区开展以战备为中心大规模建设工业、交通、国防、科技设施的重大战略决策。[①]

三线建设从 1964 年开始,到 1980 年,全国三线地区共投入 2052.68 亿元,相当于 1953—1964 年投资的 3 倍。根据 1984 年普查,在中西部建成了 1945 个大中型企业、科研设计院所。

三线建设无论规模还是时间跨度,都是前所未有的。由于涉及国防安全,三线建设当时不见诸报端。几百万工人、干部、科技人员、解放军官兵,从全国四面八方来到人迹罕至的深山峡谷、大漠荒原,发扬“艰苦创业,无私奉献,团结协作,勇于创新”的三线精神,人拉肩扛,风餐露宿,建设起现代化企业和交通设施。如成昆铁路,沿线地形险要地质复杂,被外国专家断定为“筑路禁区”。三线建设者们开凿隧道 427 座,架设桥梁约

---

① 《中华人民共和国简史》,人民出版社、当代中国出版社 2021 年版,第 95 页。

1000座,桥梁隧道占了全线总长的40%,有些车站只能建造在桥梁上、隧道中。如攀枝花钢铁基地,选址在金沙江边的狭隘空地,建设者"三块石头支口锅,帐篷搭在山窝窝",靠人力把成千上万吨的大型器材设备和生活物资运过来,又经科学安排,在深山峡谷建起了被誉为"象牙微雕"的现代化大型钢铁企业,首创当时世界最高水平的钒钛冶炼技术。三线人扎根三线,一干就是几十年、几代人,献了青春献终身,献了终身献子孙,彰显出崇高的报国情怀。

(2)三线建设的经验

首先,三线建设初步改变了我国工业布局不合理状况。攀枝花、酒泉、重庆等钢铁基地,六盘水、渭北等煤炭基地,成昆、襄渝、湘黔、阳安、青藏(西格段)等铁路干线,第二汽车厂、陕西汽车厂、四川汽车厂、德阳东方汽轮机厂等大型制造企业,刘家峡、八盘峡、葛洲坝、乌江渡等水电站,四川、长庆等油气田,都成为中西部发展的产业支柱。到1978年,中西部工业固定资产原值已经占全国的56%,超过了东部沿海地区。与1964年相比,职工人数由325.65万增加到1129.5万,工业总产值增长3.92倍。这为改革开放初期国家实施优先发展东部外向型经济的战略提供了能源、原料和交通运输等方面的支持。

其次,三线建设成功地建设起一个比较完整的国防战略后方,极大地增强了我国的国防实力。三线地区先后建成400多个军工企业、80多个国防科研院所,包括常规兵器工业基地、电子工业基地、核工业基地、航空航天工业基地、船舶工业基地等。我国自行研制的第一颗原子弹、氢弹,第一个军用核反应堆,第一颗人造地球卫星,第一枚地对地导弹,第一艘核潜艇,第一批喷气式歼击机,第一门远程火箭炮等,绝大部分研制、试验基地都布局在三线地区。

最后,三线建设推动了中西部地区经济、社会、科技、文化发展进步,促进了偏远山区和少数民族地区文化繁荣。通过新建和扩建,攀枝花、绵阳、六盘水、十堰、广元、乐山、德阳、金昌、都匀、凯里、汉中、天水等60多个新型工业科技城市拔地而起,闻名全国。如攀枝花号称"钒钛之都",绵阳号称"科技城",德阳号称"重装城",六盘水号称"江南煤都",金昌号称"中国镍都"。成昆、湘黔等铁路和沿线工业群使过去不通公路不通电的凉山、乌蒙山、川陇少数民族落后山区有了"飞跃五十年"的进步,使长期不发达的内地和少数民族地区涌现了几十个中小工业城市,社会经济、文化水平得到提高,缩小了内地与沿海地区的各种差距。

(3)三线建设的教训

由于对国际形势估计过于严重和受"文化大革命"的冲击,三线建设也出现了铺开过急过大、选址过于强调战备、注重经济效益不够等弊病,留下了一些后患。这些都在 1983—2006 年实施三线企业调整改造时基本得到了解决。①

首先,建设规模铺得过大,战线拉得过长,超过了国家的承受能力。1969—1971 年新建和内迁的大中项目达 1000 多个,资金、设备、原料难以到位,一部分工程只好中途下马,还有些则长期不能投产,带来了经济损失。

其次,进程过快、过急,有些项目未进行资源环境的调查和论证,就匆忙动工,造成了严重后果。

最后,过分强调战备需要,忽视经济效益以及社会生产和再生产的规律。一些现代化工业企业远离城市,按"靠山、分散、隐蔽、进洞"的原则建设在山沟里,造成生产管理、协作十分不便,企业的经济效益不高。各个企业为了解决生活需要,建设"小而全"的医院、学校等封闭社会设施,造成重复浪费。

(六)正确理解改革开放前和改革开放后两个历史时期的关系

1.案例呈现

正确认识改革开放前和改革开放后两个历史时期
(二〇一三年一月五日)

我们党领导人民进行社会主义建设,有改革开放前和改革开放后两个历史时期,这是两个相互联系又有重大区别的时期,但本质上都是我们党领导人民进行社会主义建设的实践探索。中国特色社会主义是在改革开放历史新时期开创的,但也是在新中国已经建立起社会主义基本制度并进行了二十多年建设的基础上开创的。正确认识这个问题,要把握三个方面。一是,如果没有一九七八年我们党果断决定实行改革开放,并坚定不移推进改革开放,坚定不移把握改革开放的正确方向,社会主义中国就不可能有今天这样的大好局面,就可能面临严重危机,就可能遇到像苏联、东欧国家那样的亡党亡国危机。同时,如果没有一九四九年建立新中国并进行社会主义革命和建设,积累了重要的思想、物质、制度条件,积累

---

① 《中华人民共和国简史》,人民出版社、当代中国出版社 2021 年版,第 97 页。

了正反两方面经验,改革开放也很难顺利推进。二是,虽然这两个历史时期在进行社会主义建设的思想指导、方针政策、实际工作上有很大差别,但两者决不是彼此割裂的,更不是根本对立的。我们党在社会主义建设实践中提出了许多正确主张,当时没有真正落实,改革开放后得到了真正贯彻,将来也还是要坚持和发展的。马克思早就说过:"人们自己创造自己的历史,但是他们并不是随心所欲地创造,并不是在他们自己选定的条件下创造,而是在直接碰到的、既定的、从过去承继下来的条件下创造。"三是,对改革开放前的历史时期要正确评价,不能用改革开放后的历史时期否定改革开放前的历史时期,也不能用改革开放前的历史时期否定改革开放后的历史时期。改革开放前的社会主义实践探索为改革开放后的社会主义实践探索积累了条件,改革开放后的社会主义实践探索是对前一个时期的坚持、改革、发展。对改革开放前的社会主义实践探索,要坚持实事求是的思想路线,分清主流和支流,坚持真理,修正错误,发扬经验,吸取教训,在这个基础上把党和人民事业继续推向前进。

我之所以强调这个问题,是因为这个重大政治问题处理不好,就会产生严重政治后果。古人说:"灭人之国,必先去其史。"国内外敌对势力往往就是拿中国革命史、新中国历史来做文章,竭尽攻击、丑化、污蔑之能事,根本目的就是要搞乱人心,煽动推翻中国共产党的领导和我国社会主义制度。苏联为什么解体?苏共为什么垮台?一个重要原因就是意识形态领域的斗争十分激烈,全面否定苏联历史、苏共历史,否定列宁,否定斯大林,搞历史虚无主义,思想搞乱了,各级党组织几乎没任何作用了,军队都不在党的领导之下了。最后,苏联共产党偌大一个党就作鸟兽散了,苏联偌大一个社会主义国家就分崩离析了。这是前车之鉴啊!邓小平同志指出:"毛泽东思想这个旗帜丢不得。丢掉了这个旗帜,实际上就否定了我们党的光辉历史。总的来说,我们党的历史还是光辉的历史。虽然我们党在历史上,包括建国以后的三十年中,犯过一些大错误,甚至犯过搞'文化大革命'这样的大错误,但是我们党终究把革命搞成功了。中国在世界上的地位,是在中华人民共和国成立以后才大大提高的。只有中华人民共和国的成立,才使我们这个人口占世界总人口近四分之一的大国,在世界上站起来,而且站住了。"他还强调:"对毛泽东同志的评价,对毛泽东思想的阐述,不是仅仅涉及毛泽东同志个人的问题,这同我们党、我们国家的整个历史是分不开的。要看到这个全局。""这不只是个理论问题,尤其是个政治问题,是国际国内的很大的政治问题。"这就是一个伟大马克思主义政治家的眼界和胸怀。试想一下，如果当时全盘否定了毛泽东同志，那我们党还能站得住吗？我们国家的社会主义制度还能站得住吗？那就站不住了，站不住就会天下大乱。所以，正确处理改革开放前后的社会主义实践探索的关系，不只是一个历史问题，更主要的是一个政治问题。建议大家把《关于建国以来党的若干历史问题的决议》找出来再看看。

（资料来源：习近平：《正确认识改革开放前和改革开放后两个历史时期》，《论中国共产党历史》，中央文献出版社 2021 年版，第 3～6 页。）

2.案例指向

本案例重点指向教材第四章第二节第二目的内容，即党在社会主义建设道路初步探索中的经验和教训，为我们在改革开放新时期探索和开辟中国特色社会主义道路提供了重要借鉴，这要求我们正确认识改革开放前后两个历史时期及其关系，在这个基础上把党和人民事业继续推向前进。

3.案例解析

（1）正确认识改革开放前后这两个历史时期

首先，改革开放前的历史，是党领导全国各族人民进行社会主义革命和建设并取得巨大成就的历史。

中华人民共和国成立后，党领导人民恢复国民经济并开展有计划的经济建设，实施并提前完成第一个五年计划。社会主义基本制度建立后，党领导人民开展全面的社会主义建设，尽管经历严重曲折，但各方面建设仍取得了巨大成就。其中最重要的成就是在"一穷二白"基础上建立了独立的比较完整的工业体系和国民经济体系，使古老的中国以崭新的姿态巍然屹立于世界东方。总的来看，改革开放后的历史时期所赖以进行社会主义现代化建设的物质技术基础，是在这个时期建设起来的；经济文化建设等方面的骨干力量和他们的工作经验也是在这个时期培养和积累起来的。

1956 年党的八大前后，以毛泽东同志发表《论十大关系》《关于正确处理人民内部矛盾的问题》等为主要标志，党对适合中国国情的社会主义建设道路的探索有了一个良好开端。经过实践探索特别是总结经验教训，党就探索这条道路逐步形成了一些十分重要而又具有长远指导意义的思想观点。

中国特色社会主义是在改革开放历史新时期开创的，但也是在新中国已经建立起社会主义基本制度并进行 20 多年建设的基础上开创的。党的十八大高度评价以毛泽东同志为核心的党的第一代中央领导集体对探索适合中国国情的社会主义建设道路作出的重要贡献,强调党在社会主义建设中取得的独创性理论成果和巨大成就,为新的历史时期开创中国特色社会主义提供了宝贵经验、理论准备、物质基础。这是完全符合历史事实的正确结论。

历史已经证明,如果没有 1949 年建立新中国并进行社会主义革命和建设,积累了重要的思想、物质、制度条件,积累了正反两方面经验,改革开放就很难顺利推进,中国特色社会主义也很难成功开创。

其次,改革开放后社会主义的实践探索是对改革开放前社会主义实践探索的坚持、改革、发展。

早在改革开放初期,邓小平同志就指出:"现在我们还是把毛泽东同志已经提出、但是没有做的事情做起来,把他反对错了的改正过来,把他没有做好的事情做好。今后相当长的时期,还是做这件事。"①事实正是如此,党在改革开放前的社会主义实践探索中提出的许多正确主张,在改革开放后得到了真正贯彻,改革开放后的社会主义实践探索,是对改革开放前社会主义实践探索的坚持、改革、发展。历史就是这样在矛盾运动中发展进步的。

党强调改革开放要坚持中国共产党的领导和社会主义制度。邓小平同志指出:"我们实行改革开放,这是怎样搞社会主义的问题。作为制度来说,没有社会主义这个前提,改革开放就会走向资本主义。"②他强调:"一个公有制占主体,一个共同富裕,这是我们所必须坚持的社会主义的根本原则。"③面对社会上有人鼓吹照抄照搬西方制度的思潮,党及时地、旗帜鲜明地提出必须在思想政治上坚持四项基本原则,即必须坚持社会主义道路,必须坚持人民民主专政,必须坚持中国共产党的领导,必须坚持马列主义、毛泽东思想,强调这是立国之本,从而保证了改革开放从一起步就具有坚定明确的社会主义方向。

党强调改革是新的时代条件下进行的新的伟大革命,是社会主义制度的自我完善和发展。改革开放使我国成功实现了从高度集中的计划经

---

① 《邓小平文选》第 2 卷,人民出版社 1994 年版,第 300 页。
② 《邓小平思想年谱(1975—1997)》,中央文献出版社 1998 年版,第 450 页。
③ 《邓小平文选》第 3 卷,人民出版社 1993 年版,第 111 页。

济体制到充满活力的社会主义市场经济体制、从封闭半封闭到全方位开放的伟大历史转折。如果没有1978年党果断决定实行改革开放,并坚定不移推进改革开放,坚定不移把握改革开放的正确方向,社会主义中国就不可能有今天这样的大好局面。历史证明,改革开放是决定当代中国命运的关键抉择,是发展中国特色社会主义、实现中华民族伟大复兴的必由之路。

(2)"两个历史时期"血脉相连:如何正确认识改革开放前后两个30年之间的关系

我们党领导人民建设社会主义,形成了改革开放前和改革开放后两个历史时期。在总结改革开放的历史经验时,社会上存在将两个历史时期割裂甚至互相否定的现象。对于这个问题,习近平于2019年发表在《求是》杂志上的《关于坚持和发展中国特色社会主义的几个问题》一文中作了透彻的回答。"我们党领导人民进行社会主义建设,有改革开放前和改革开放后两个历史时期,这是两个相互联系又有重大区别的时期,但本质上都是我们党领导人民进行社会主义建设的实践探索。中国特色社会主义是在改革开放历史新时期开创的,但也是在新中国已经建立起社会主义基本制度并进行了20多年建设的基础上开创的。"正确认识这个问题,要把握三个方面。①

一是,如果没有1978年我们党果断决定实行改革开放,并坚定不移推进改革开放,坚定不移把握改革开放的正确方向,社会主义中国就不可能有今天这样的大好局面,就可能面临严重危机,就可能遇到像苏联、东欧国家那样的亡党亡国危机。同时,如果没有1949年建立新中国并进行社会主义革命和建设,积累了重要的思想、物质、制度条件,积累了正反两方面经验,改革开放也很难顺利推进。

二是,虽然这两个历史时期在进行社会主义建设的思想指导、方针政策、实际工作上有很大差别,但两者决不是彼此割裂的,更不是根本对立的。我们党在社会主义建设实践中提出了许多正确主张,当时没有真正落实,改革开放后得到了真正贯彻,将来也还是要坚持和发展的。

三是,对改革开放前的历史时期要正确评价,不能用改革开放后的历史时期否定改革开放前的历史时期,也不能用改革开放前的历史时期否定改革开放后的历史时期。改革开放前的社会主义实践探索为改革开放

---

① 习近平:《关于坚持和发展中国特色社会主义的几个问题》,《求是》2019年第7期。

后的社会主义实践探索积累了条件,改革开放后的社会主义实践探索是对前一个时期的坚持、改革、发展。对改革开放前的社会主义实践探索,要坚持实事求是的思想路线,分清主流和支流,坚持真理,修正错误,发扬经验,吸取教训,在这个基础上把党和人民事业继续推向前进。

(3)为什么要突出强调改革开放前后两个历史时期的关系

道路问题是关系党的事业兴衰成败第一位的问题,道路就是党的生命。习近平总书记强调:"正确处理改革开放前后的社会主义实践探索的关系,不只是一个历史问题,更主要的是一个政治问题。"这个重大政治问题处理不好,就会产生严重政治后果。

古人云:"灭人之国,必先去其史。"苏联为什么解体?苏共为什么垮台?一个重要原因就是全面否定苏联历史、苏共历史,否定列宁,否定斯大林,搞历史虚无主义,导致严重的思想混乱、政治混乱。最终,苏共偌大一个党就作鸟兽散了,苏联偌大一个社会主义国家就分崩离析了。一段时期内,国内外敌对势力拿中国革命史、新中国历史来做文章,竭尽攻击、丑化、污蔑之能事,根本目的就是要搞乱人心,煽动推翻中国共产党的领导和我国社会主义制度。对于这些错误思想和错误观点,一定要认清其历史虚无主义的本质,认清其险恶的政治用心,坚决抵制和反对。

回看走过的路,改革开放前后两个历史时期都是我国进行社会主义建设的重要的探索时期,将二者贯通起来,才能回答好"我们从哪儿来"的问题。远眺前行的路,必须从历史中汲取智慧,不走封闭僵化的老路和改旗易帜的邪路,回答好"我们往哪儿去"的问题,更加坚定地沿着中国特色社会主义道路走下去。

四、延伸阅读

1.毛泽东:《论十大关系》,《毛泽东文集》第 7 卷,人民出版社 1999 年版。

2.毛泽东:《关于正确处理人民内部矛盾的问题》,《毛泽东文集》第 7 卷,人民出版社 1999 年版。

3.毛泽东:《读苏联〈政治经济学教科书〉的谈话(节选)》,《毛泽东文集》第 8 卷,人民出版社 1999 年版。

4.毛泽东:《人的正确思想是从哪里来的?》,《毛泽东文集》第 8 卷,人民出版社 1999 年版。

五、拓展研学

1.组织学生提前阅读毛泽东、邓小平等党和国家领导人的经典著作，如《论十大关系》《关于正确处理人民内部矛盾的问题》等，帮助学生深入理解社会主义建设道路初步探索时期的理论基础。

2.观看相关的纪录片或影视资料，如《大国崛起》《我们走在大路上》等，让学生直观感受那一时期的历史氛围和社会主义建设的艰辛与成就。

3.指导学生以小组为单位，围绕社会主义建设某一具体领域（如农业合作化、工业化进程等）进行调研。在搜集文献资料、访谈相关人员、整理分析数据等基础上，撰写调研报告，并进行分享与交流。

4.设计一条以"社会主义建设道路初步探索"为主题的暑期社会实践线路。

第五章　中国特色社会主义理论体系的形成发展

一、教学主要目标

本章教学主要围绕中国特色社会主义理论体系的形成发展,主要教学目标有两个:(一)了解中国特色社会主义理论体系形成发展的国际背景、社会历史条件和实践基础。(二)认识中国特色社会主义理论体系的形成、跨世纪发展、新世纪新阶段的新发展和新时代的新篇章的形成发展过程。

二、教学重难点

本章教学重点:(一)讲清楚中国特色社会主义理论体系是在怎样的国际背景和历史条件下形成的。(二)使同学明白中国特色社会主义理论体系是如何发展起来的。具体讲清楚:经济文化比较落后的国家如何建设社会主义、发展社会主义;在实行改革开放和发展社会主义市场经济的条件下,建设什么样的党、怎样建设党;在加快转变经济发展方式背景下,实现什么样的发展、怎样发展;新时代坚持和发展什么样的中国特色社会主义、怎样坚持和发展中国特色社会主义。

本章教学难点:怎样认识毛泽东思想与中国特色社会主义理论体系的关系、中国特色社会主义理论体系形成发展的历史必然性及重大意义。

三、教学案例

(一)波罗行动

1.案例呈现

尼克松总统仔细地研究了周恩来总理委托叶海亚·汗总统转来的1971 年 4 月 21 日信件。尼克松总统同意,为了解决把美利坚合众国和中华人民共和国分隔开的问题,有必要举行直接高级谈判。……为了给尼克松总统的访问作准备,为了和中华人民共和国的领导人建立可靠的联系,尼克松总统建议他的国家安全事务助理基辛格博士和周恩来总理或另一位适当的中国高级官员举行初步的秘密会谈。基辛格博士准备在中国国土上参加这样的会谈,地点最好是在巴基斯坦方便的飞行距离内,由中华人民共和国提出。……我们建议,基辛格博士此行的具体细节,包括地点、停留的时间多长、通信联络以及类似的问题通过叶海亚·汗总统作为居间人进行讨论。为保密起见,务必不用其他渠道。同时,不言而喻,基辛格博士和中华人民共和国高级官员的第一次会谈要绝对保密。

(资料来源:亨利·基辛格:《白宫岁月:基辛格回忆录》第 2 册,吴继淦、张维、李朝增译,世界知识出版社 1980 年版,第 385～386 页。)

我们一行人取道西贡、曼谷、新德里和拉瓦尔品第前往北京,对外宣称是代表总统出外调查。我们这一行人中,有一个去北京的核心小组,其余都是外围人士。核心小组成员除了我以外,还有我的助手温斯顿·洛德、约翰·霍尔德里奇和迪克·斯迈泽,以及特工人员杰克·雷迪和加里·麦克劳德。为了保证最后的辉煌盛举不受影响,我们故意把在沿途每个城市的逗留都安排得极其枯燥乏味,以免媒体紧追不舍。我们到了拉瓦尔品第后,我以生病为由假称需要休息,到喜马拉雅山脚下一个巴基斯坦的避暑山庄躲了 48 个小时。在华盛顿,只有总统和我的高级助理亚历山大·黑格上校(后来他晋升为上将)知道我们真正的目的地。

(资料来源:亨利·基辛格:《论中国》,胡利平等译,中信出版社 2012 年版,第 230～231 页。)

7 月 9 日上午 8 时,我离北京已经不远,开始执行掩护计划。一队没有我本人在内的伪装车队,花了 3 个小时,行驶 50 英里开到纳蒂亚加利。这个车队的乘客有法兰大使,我的助手戴维·霍尔珀林,两个特工人员,还有一位巴基斯坦副官 M.M.艾哈迈德。哈尔·桑德斯(他了解这个计划)留在伊斯兰堡与巴基斯坦官员们讨论双边问题,并处理紧急事件。第二天上午 9 时(那时我在北京差不多已有 24 小时了),我的助手戴维·霍尔珀林从纳蒂亚加利打电话到伊斯兰堡,说我要多休息一天,取消一切约会。霍尔珀林还打电话给我乘坐的那架飞机的驾驶员,要求他发电通知飞行计划作必要的改动。他还命令大使馆发电报到其余各站——德黑兰(短时间停留加油)、巴黎、圣克利门蒂,还有华盛顿——告诉他们我修改的日程表。

7月9日凌晨,我登上查克拉拉机场上巴基斯坦航空公司那架波音飞机。我第一个看到的是章文晋,他是中国外交部西欧美大司司长,周恩来派他来护送我到北京,表示他对这次访问的重视。……章文晋看起来像艾尔·格雷科油画中的西班牙红衣主教——当然他穿的是毛式制服——他严肃而大方、聪明而不外露。他运用英语的能力令人敬佩。他很少讲英语,但这对于他起草会议文件大有用处。他跟我们打招呼,对他来说,一个高级中国外交官陪同一个资本主义国家的官员飞行2500英里到一个他们自称为世界革命发源地的政府所在地,这似乎是世界上最自然的事。和他一起的有翻译唐闻生——那个难对付的南西·唐。她生于布鲁克林,因而讲一口十分漂亮的美国英语。我常跟她开玩笑说,因为她是在美国出生的,她不会像我一样受到宪法的限制不能当总统。这个前途对她似乎没有什么吸引力;她既聪明又活泼,很长一段时间掩盖了她的狂热的意识形态信仰。她认为自己不仅是一个翻译;有好几次她当着我们的面毫不犹豫地与周恩来争论。章文晋一行的第三位成员是王海蓉,她也是外交部的一位官员。据说她是毛泽东的侄女或侄孙女;她是一个腼腆文雅的人,看起来像一只很容易受惊的鹿一样(在我同毛泽东以及周恩来会晤时,这两位妇女总是在场)。第四个人是礼宾司的唐龙彬。

…………

7月9日星期五,北京时间12:15,我们在北京郊外的军用机场降落。前来欢迎我们的有叶剑英元帅,政治局中最年长的委员之一,兼军事委员会副主席;黄华,新近被任命为驻加拿大大使(后来是中国驻联合国首任大使,后任外交部长);韩叙,礼宾司代司长(后来是中国驻华盛顿联络处副主任);此外还有一位译员冀朝铸,他曾在哈佛大学读化学,后来改了行。在检阅的时候,他曾经同毛泽东及埃德加·斯诺站在一起。

(资料来源:亨利·基辛格:《白宫岁月:基辛格回忆录》第3册,杨静予、吴继淦、刘觉俦译,世界知识出版社1980年版,第941页。)

2.案例指向

本案例指向的教学内容是第五章第一节中国特色社会主义理论体系形成发展的国际背景,主要呈现中美关系变化,介绍中国特色社会主义理论体系形成发展的国际背景。

3.案例解析

本案例摘自基辛格的《白宫岁月:基辛格回忆录》和《论中国》。国际大局与国内大局紧密联系,面对20世纪70年代的世界格局与国际局势的变化,党的第一代领导集体高瞻远瞩,准确把握美苏冷战新变化新趋势,瞅准时机积极主动打开国际外交新格局,赢得了有利的外部国际环境,中国特色社会主义理论体系也正是在这一国际背景下形成的。

（1）在把握中国与世界的互动中,认识中国特色社会主义理论体系形成发展的国际背景

在中国外交史上,70 年代是中国外交突破性发展时期。1971 年 4 月毛泽东同意邀请美国乒乓球队访华。1971 年 7 月基辛格秘密访华。1971 年 10 月,第二十六届联合国大会通过 2758 号决议,恢复中华人民共和国在联合国的合法权利。1972 年 2 月,美国总统尼克松访华。1972 年 9 月,日本首相田中角荣访华。到 1976 年,同中国建交的国家已经有 110 多个。迄今与中国建立外交关系的共有 183 个国家。中国外交取得的成就极大地改善了中国的安全和发展环境。要学会"从中国与世界的紧密联系和互动出发把握理论创新的国际背景,充分认识中国特色社会主义理论体系是我们党在顺应世界发展潮流、认真研究其他国家兴衰成败经验教训、广泛吸收借鉴人类文明一切优秀成果的基础上形成和发展的"①。

（2）准确认识国际形势与世界格局的演进和变化

二战结束之后,美苏两强相互对峙的两极世界格局逐渐形成,美苏矛盾的实质是资本主义与社会主义两大阵营、两种社会制度、两条现代化道路的对抗。20 世纪 70 年代,国际形势发生了重大变化,其中一个关键环节就是中美关系的缓和。美国要应对苏联的挑战,需要改善与中国的关系。中国要应对苏联在当时对我国安全构成的威胁,要解决台湾问题,要恢复在联合国的合法席位,要积极参与国际事务,也需要与美国缓和紧张关系。毛泽东审时度势把握国际形势的新变化,果断开启中美关系正常化进程,将外交战略从"两面出击"调整为"一条线""一大片",并提出"三个世界"划分的战略思想,积极改善同欧洲、日本等发达国家的关系,团结广大亚非拉新兴国家共同反霸,并成功恢复了中华人民共和国在联合国的合法席位。

（3）中美两国关系走向对世界和平与发展具有重要影响

冷战期间,中美处于紧张和对立状态,特别是抗美援朝之后,两国几

---

① 王衡:《以大历史观把握中国特色社会主义理论体系的形成发展——〈毛泽东思想和中国特色社会主义理论体系概论（2023 年版）〉第五章重点难点问题解析》,《思想理论教育导刊》2023 年第 5 期。

乎没有任何外交接触。美国寻求与中国合作以平衡苏联势力，中国也需要发展与外部世界的联系。基辛格秘密访华的内部代号是"波罗行动"，是一次足以震动世界的外交行动。基辛格于 7 月 9 日 12 时来华，11 日 12 时离京，在北京待了 48 小时，先后同周恩来会谈 17 个多小时。基辛格秘密访华标志着中美两国结束了长达 20 多年的相互隔绝和敌对状态，为尼克松访华和中美关系正常化奠定了基础。中美关系的缓和对于世界走向和平和发展具有重要影响。总之，和平与发展成为时代主题是 20 世纪 70 年代以来整个世界大变动大调整中最显著的变化，也是中国特色社会主义理论体系形成发展最关键的国际背景。

（二）苏共二十大

1.案例呈现

1956 年 2 月，苏联共产党召开第二十次代表大会。会议闭幕前一天深夜，根据苏共中央主席团的决定，在不邀请外国共产党代表团参加的情况下，苏共中央第一书记赫鲁晓夫作题为《关于个人崇拜及其后果》的报告。这份报告尖锐地揭露和批判了斯大林在领导苏联社会主义建设中所犯的一些重大错误，以及对他的个人崇拜所造成的严重后果，触及了当时苏联党和国家政治生活中一些已经难以回避的矛盾。不久，秘密报告的有关内容就被西方披露出来，在社会主义阵营和国际共产主义运动内部引起极大震动，在人民群众中造成不同程度的思想混乱。帝国主义国家乘机掀起世界性的反共反社会主义浪潮，给国际共产主义运动带来极大困难。

中共中央对苏共二十大采取了十分慎重的态度。3 月中旬，中共中央政治局、书记处多次召开会议，研究苏共二十大及其影响。邓小平报告了中共代表团参加苏共二十大期间了解到的赫鲁晓夫秘密报告的一些情况。毛泽东要求大家认真研究这份报告以及它在全世界造成的影响。他说：现在全世界都在议论，我们也要议论。至少可以指出两点：一是揭了盖子，二是捅了篓子。一方面，秘密报告表明，苏联、苏共、斯大林并不是一切都正确，这就破除了迷信，不要再硬搬苏联的一切了，有利于反对教条主义。另一方面，秘密报告无论在内容上或方法上都有严重错误，主要是不恰当地全盘否定斯大林。对这一错误，应当通过对斯大林问题的正面阐述加以补救。方式可以考虑发表文章，表明我们党的原则立场。毛泽东认为，斯大林犯错误是难免的。因为实现共产主义，是空前伟大而又空前艰巨的事业。在这个艰巨斗争的过程中,不犯错误是不可能的,因为我们走的是前无古人的道路。苏联要犯错误,我们也要犯错误。问题在于共产党能够通过批评和自我批评克服自己的错误。

1956 年 4 月 5 日,《人民日报》发表经毛泽东审阅和修改并由中央政治局扩大会议讨论通过的编辑部文章《关于无产阶级专政的历史经验》。这篇文章对斯大林的功绩作了充分肯定,对苏共二十大反对个人崇拜给予积极评价,又对斯大林后期的错误进行了分析。文章指出,斯大林错误地把自己的作用夸大到不适当的地位,把他个人的权力放在和集体领导相对立的地位,结果也就使自己的某些行动和自己原来所宣传的某些马克思列宁主义的基本观点处于相对立的地位,"愈陷愈深地欣赏个人崇拜,违反党的民主集中制,违反集体领导和个人负责相结合的制度","陷入了主观性和片面性,脱离了客观实际状况,脱离了群众"。

(资料来源:中共中央党史研究室:《中国共产党历史·第 2 卷(1949—1978)》上册,中共党史出版社 2011 年版,第 377、378 页。)

2.案例指向

本案例指向教材第五章第一节第二目中国特色社会主义理论体系形成发展的社会历史条件,主要呈现中国共产党人对苏共二十大报告的分析和反思,在把握历史与现实的交汇中,认识中国特色社会主义理论体系形成发展的历史条件。

3.案例解析

如何在中国这样一个经济文化比较落后的东方大国建设社会主义,成为我们党面临的一个崭新课题。解决这个重大课题,既要认真吸取其他国家社会主义建设的经验与教训,又要时刻警惕西方资本主义的压力与渗透。既要坚决抵制抛弃社会主义的错误主张,又要自觉纠正僵化的错误观念。这涉及党对历史方位、时代主题、基本国情、国际形势等一系列重大问题的认识和判断,如果把握不好,就容易犯错误、走弯路。

(1)中国特色社会主义理论体系是中国共产党人深刻总结历史经验的成果

虽然中国特色社会主义理论体系是改革开放之后形成的,但它是中国共产党人对建设社会主义正反两方面历史经验进行认真总结的成果。毛泽东从 1956 年 2 月 14 日至 4 月 24 日,共听取中央和国务院 34 个部门的汇报,对经济建设中出现的一系列重要问题进行分析和研判。在此期间,1956 年 2 月,苏联共产党第二十次代表大会闭幕前,赫鲁晓夫突然做了《关于个人崇拜及其后果》的秘密报告,揭露了斯大林大搞个人崇拜给苏联社会主义建设造成的严重后果。如何以苏联为戒,找出适合中国国情的建设道路,成为当时面临的重大问题。随着苏共二十大和波匈事件的发生,苏联模式的弊端暴露了出来,同时我们党在第一个五年计划的具体实践中也觉察到了苏联模式的弊端。1956 年 3—4 月,中共中央政治局召开了一系列会议,讨论苏共二十大及其影响。毛泽东认为,苏共二十大有个好处,就是揭开盖子,解放思想,使人们不再认为苏联所做的一切都是绝对真理,不可改变,一定要照办。毛泽东强调:"最近苏联方面暴露了他们在建设社会主义过程中的一些缺点和错误,他们走过的弯路,你还想走?过去我们就是鉴于他们的经验教训,少走了一些弯路,现在当然更要引以为戒。"①充分调动党内外、国内外一切积极因素,把我国建设成为一个强大的社会主义国家,就是以苏为鉴,认真地总结自己的经验,探索出自己的社会主义建设道路。在这个探索过程中,我们党逐步形成了一系列正确的理论观点、方针政策和经验,这些理论成果的产生,是我们党和国家的一份珍贵的思想财富。

(2)中国特色社会主义理论体系是中国共产党人科学判断历史方位的成果

准确把握我国社会主义所处的历史方位和发展阶段,是我们党推进理论创新,制定正确的路线方针政策的根本出发点。中国共产党的基本方针是在新民主主义革命胜利后,实现由新民主主义社会向社会主义社会的转变。对于转变的时间,曾设想在工业发展和国营经济规模壮大之后,再来实施资本主义经济的所有制改造,因此新民主主义社会将会是一个相当长的历史时期。然而,1956 年社会主义改造完成标志着我们要比预期更早地进入社会主义社会。1956 年 9 月,党的八大明确地提出了当前阶段的主要矛盾,并作出既反保守又反冒进,在综合平衡中稳步前进的经济建设方针。1957 年 5 月之后,接连发生了整风运动、反右派斗争、"大跃进"和人民公社化运动。1958 年 11 月起,毛泽东多次提议领导干部认真阅读苏联《政治经济学教科书》,研究社会主义经济建设的规律。1987 年党的十三大在总结历史经验和改革开放实践经验基础上,正式提出了社会主义初级阶段的理论。中国特色社会主义理论体系是中国共产党人在科学把握历史阶段和阶段性特点的基础上逐步形成的。

① 《毛泽东文集》第 7 卷,人民出版社 1999 年版,第 23 页。

（3）中国特色社会主义理论体系是中国共产党人准确把握历史任务的成果

近代以来，中国人民面临着争取民族独立、人民解放和实现国家繁荣富强、人民共同富裕这两大历史任务。新民主主义革命胜利标志着争取民族独立、人民解放这一历史任务的完成，而社会主义建设和改革开放就是为了完成国家繁荣富强和人民共同富裕这第二个历史任务。历史任务与社会发展阶段和社会主要矛盾相互联系着，在社会主义革命、建设、改革和新时代不同历史阶段，有不同的阶段性特征和社会主要矛盾，由此决定了历史任务的阶段性和具体性。1956年党的八大指出我们国内的主要矛盾，已经是人民对于先进工业国的要求同落后的农业国的现实之间的矛盾。"党和全国人民的当前的主要任务，就是要集中力量来解决这个矛盾，把我国尽快地从落后的农业国变为先进的工业国。这个任务是很艰巨的，我们必须在经济、政治、文化等方面采取正确的政策，团结国内外一切可能团结的力量，利用一切有利的条件，来完成这个伟大的任务。"[①] 1997年党的十五大明确提出了党的两大历史任务："鸦片战争后，中国成为半殖民地半封建国家。中华民族面对着两大历史任务：一个是求得民族独立和人民解放；一个是实现国家繁荣富强和人民共同富裕。"[②]中国特色社会主义理论体系，是中国共产党人深刻总结历史经验、科学判断历史方位、准确把握历史任务的成果。

（三）温州模式

1.案例呈现

温州及其所辖九县二区，共有620万人，近年来商品经济发展迅猛，前往参观访问、调查考察的络绎不绝。有说"好得很"的，也有说"糟得很"的；有的誉之为"温州模式"，有的却疑之为"资本主义"。为什么温州的吸引力如此强烈？反映又如此相异？它究竟有些什么特色？对我国农村经济发展有什么启示？

温州经济的特色和格局。家庭工业在农村商品经济发展中扮演了主角，这是温州不同于苏南或珠江三角洲的一大特色。1985年全市共有家庭工业13.3万户，从业人员40多万人，产值达11.36亿元，在整个经济中

---

① 《建国以来重要文献选编》第9册，中央文献出版社1994年版，第341～342页。
② 《改革开放三十年重要文献选编》下，中央文献出版社2008年版，第890页。

占有举足轻重的地位。家庭工业生产规模小,设备简陋,技术水平低,产品大多是产值低又"不显眼"的小商品,但不可因此就小看它。正因为家庭工业具有这些特点,才能:(1)补城市大工业之不足,满足人民生活多方面的需要,使它得以站稳脚跟;(2)容易学,容易做,容易在农民中普及,使它得以不断扩大;(3)投资少,成本低,竞争力强,使它得以薄利广销,占领市场;(4)变"小而全"为"小而专",使产品专业化、系列化,而且很快形成"拳头产品""王牌产品"。

温州商品经济发展的另一特色是专业市场特别活跃。全市城乡共有市场近 400 处,其中专业性市场 113 处,最突出的是闻名遐迩的十大全国性专业市场,作为市场联络的轴心是 10 万农民购销专业户。他们的足迹遍及全国大中城市和穷乡僻壤,采购原料,推销产品,签订合同,传递信息。温州的十大专业市场,各有一两个拳头产品,每个产品又分若干道工序,分别由各自独立经营的商户担任,因此能做到花色繁多,规格齐全,机件配套,凝聚力和辐射力强。例如,桥头出售的纽扣,竟达全国服装业所需的一半。

与家庭工业、专业市场紧密相连的是小城镇的勃兴,这是温州农村商品经济发展的又一特色。近年来,温州地区的建制镇,由 24 个发展到 87 个,农民逐渐成为城镇人口的主体,除自理口粮入镇定居的农民外,还有一种就业在镇,歇息在村,早出晚归,其经济利益也与城镇有直接、稳定的联系,客观上已成为城镇人口的一个重要的组成部分。入镇的农民把众多的小城镇发展为有特色的专业市场,带动商业、运输、加工、邮电、建筑、服务以及文教卫生事业同步发展,建成多形式的经济结构,多渠道的流通网络,多功能的服务体系。

综上所述,温州经济的基本特色,可以说是农民依靠自己力量形成的多层次、多渠道、多形式的商品经济的新格局。其基础是农民经营的家庭工业,其纽带是以农民购销员为骨干的专业市场,其依托是主要由农民集资兴建或发展起来的小城镇。三者相互依存,相互促进,联为一体,协作配套,自成网络,没有任何统一规划安排,不按任何指令行事,初看似乎比较乱,其实是价值规律和供求规律在起作用,它体现着商品经济本身合乎规律的运行次序,显示着农民从自然经济向商品经济转化过程中的奋斗和开拓、痛苦和欢乐。

温州这种独特的农村商品经济格局的形成,并不是偶然的,而是"逼"出来的,"放"出来的。"逼"着农民去外出谋生,求生存的适应力,养成了温州人"做生意""耍手艺"的本领,磨炼出温州人大胆敢闯、吃苦耐劳、坚韧顽强的传统性格。但是,多年来在"左"的指导思想影响下,把"做生意""耍手艺"一概视为"不务正业",甚至是"走资本主义道路",一次又一次地批判、斗争,终于把路堵死了。联产承包制给农民带来了自主权,"放"开了他们的手脚,使他们可以在更广阔的天地去施展才能。

尽管温州不像苏南或珠江三角洲,没有集体经济较强的资金积累,没有大城市工业的辐射,没有多少国外的资金可以引进,他们却闯出了一条适合自己特点的致富道路,就是通过大力经营家庭工业,就地消化剩余劳力,发展商品经济,积累资金,造就人才,为农村经济的起飞创造必要的条件。

(资料来源:吴象:《论发展中的温州农村商品经济》,《人民日报》1986 年 8 月 4 日第 5 版。)

2.案例指向

本案例指向教材第五章第二节第一目中国特色社会主义理论体系的形成。在把握理论与实际的结合中,认识中国特色社会主义理论体系形成发展的实践基础。旨在说明中国特色社会主义理论体系的形成是在中国改革开放和现代化建设的实践过程中形成和发展起来的。

3.案例解析

1978 年 12 月 13 日,邓小平同志在中央工作会议闭幕会上作的题为《解放思想,实事求是,团结一致向前看》的讲话,是一篇开辟新时期新道路、开创建设有中国特色社会主义新理论的宣言书。以邓小平同志为主要代表的中国共产党人作出了改革开放的伟大决策,在立足本国实际的基础上,积极推动经济体制改革尤其是农村改革。在改革开放的伟大实践中,乡镇企业如异军突起,不仅成为推动中国经济发展的重要力量,而且是党的理论创新在基层的生动实践。

(1)解放思想是改革开放的历史起点

1978 年 12 月 18—22 日,党的十一届三中全会召开,出席会议的中央委员、候补中央委员、中央有关部门负责同志共 290 人,会议作出了一系列重大决策:彻底否定"两个凡是",重新确立解放思想、实事求是的指导思想,停止使用"以阶级斗争为纲"的口号,把工作重点转移到社会主义现代化建设上来,强调要加强民主,民主制度化、法律化,审查和解决了一些重要领导人的功过是非问题,特别是作出了实行改革开放的重大决策,拉开了中国改革开放的大幕。① 关于解放思想需要把握几个方面：首先，解放思想要摆脱习惯力量和教条主义的束缚，坚持毛泽东的实事求是路线，旗帜鲜明地反对"两个凡是"的错误观点。邓小平指出："不打破思想僵化，不大大解放干部和群众的思想，四个现代化就没有希望。"②为此，邓小平提出不抓辫子、不扣帽子、不打棍子的"三不主义"。其次，解放思想要处理历史遗留问题，完整准确地理解和继承毛泽东思想。毛泽东思想是全党、全军、全国各族人民的宝贵精神财富，要完整准确地理解和掌握毛泽东思想，并在新的历史条件下加以发展。"毛泽东思想这个旗帜丢不得。丢掉了这个旗帜，实际上就否定了我们党的光辉历史。"③科学地看待历史遗留问题，是为了总结经验教训，团结全党同志，实现安定团结和向前看的需要。"对建国三十年来历史上的大事，哪些是正确的，哪些是错误的，要进行实事求是的分析，包括一些负责同志的功过是非，要做出公正的评价。"④最后，解放思想要实现党的工作重心的转移，研究新情况，解决新问题。党和国家的工作重心要从阶级斗争转移到经济中心和现代化建设上来，要实行经济改革，允许一部分地区、一部分人先富起来。温州模式的崛起，温州人小商品经济的发展，都是解放思想的社会结果。

（2）生产力革命是中国的第二次革命，是更加根本的革命

改革开放之初，人们对于什么是社会主义，如何建设社会主义，社会主义的本质是什么等重大问题还认识不清，姓资姓社的争议，否定以经济建设为中心的声音一度存在。一种观点认为以经济建设为中心、实行改革开放就是走资本主义道路，改革就是改掉社会主义。另一种观点认为中国应当放弃社会主义道路。在总结社会主义建设的经验教训和改革开放的实践基础上，邓小平提出社会主义的本质和根本任务就是解放和发展生产力。"革命不只是搞阶级斗争。生产力方面的革命也是革命，而且是很重要的革命，从历史的发展来讲是最根本的革命。"⑤改革开放之初，农村经济发展面临着许多困难和挑战。一方面，传统的农业生产方式已经无法满足人民日益增长的物质文化需求，另一方面，城市工业的发展也无法完全吸纳农村剩余劳动力。因此，需要寻找一种适合农村实际情况

---

① 李忠杰：《中国共产党历史通识课》，中共中央党校出版社 2021 年版，第 210 页。

② 《邓小平文选》第 2 卷，人民出版社 1994 年版，第 143 页。

③ 《邓小平文选》第 2 卷，人民出版社 1994 年版，第 298 页。

④ 《邓小平文选》第 2 卷，人民出版社 1994 年版，第 292 页。

⑤ 《邓小平文选》第 2 卷，人民出版社 1994 年版，第 311 页。

的发展模式,以促进农村经济的持续发展。通过发展乡镇企业,将农村剩余劳动力转化为生产力,实现了农村经济的非农化发展。同时,它还通过社会闲散资本的集中使用,实现了资本的快速积累和企业规模的扩大。温州模式的成功,不仅促进了当地农村经济的发展,也为其他地区提供了可借鉴的经验。

（3）改革是发展生产力的必由之路

"如果现在再不实行改革,我们的现代化事业和社会主义事业就会被葬送。"①党的十一届三中全会作出了把党和国家的工作重点转移到社会主义现代化建设上来,实行改革开放的伟大战略决策。为了发展生产力,必须对我国的经济体制进行改革,实行对外开放的政策。"过去,只讲在社会主义条件下发展生产力,没有讲还要通过改革解放生产力,不完全。应该把解放生产力和发展生产力两个讲全了。"②中国经济体制改革首先在农村拉开帷幕,1985年之后才转移到城市。党的十一届三中全会前,我国农村存在经营管理过于集中和分配中的严重平均主义等弊端,严重挫伤了农民的生产积极性,农业发展和农民生活改善比较迟缓。1977年11月,安徽省委通过《关于当前农村经济政策几个问题的规定》,提出允许生产队根据农活建立不同的生产责任制、尊重生产队的自主权、减轻社队和社员的负担、允许和鼓励社员经营自留地和家庭副业、开放集市贸易等。这是首个允许生产队建立生产责任制的文件。③ 1978年11月,安徽凤阳县梨园公社小岗生产队18户农民自发约定"包产到户",交够国家的,留足集体的,剩下全是自己的。四川省也出现了包产到组和家庭副业的做法。这些基层大胆的自发尝试,揭开了农村改革的序幕。1979年1月,中央将《中共中央关于加快农业发展若干问题的决定(草案)》和《农村人民公社工作条例(试行草案)》印发各省、市、自治区讨论和试行。《中共中央关于加快农业发展若干问题的决定(草案)》制定了包括建立生产责任制在内的发展农业的25条政策措施,仍规定不许包产到户。1982年中共中央批转《全国农村工作会议纪要》,第一次正式肯定了包产到户等都是社会主义集体经济的生产责任制。④ 以包产到户、包干到户为主要形式的农村家庭

① 《邓小平文选》第2卷,人民出版社1994年版,第150页。
② 《邓小平文选》第3卷,人民出版社1993年版,第370页。
③ 《改革开放简史》,人民出版社2021年版,第21页。
④ 李忠杰:《中国共产党历史通识课》,中共中央党校出版社2021年版,第215～216页。

联产承包责任制实行之后,农业生产变为分户经营、自负盈亏,这种生产责任制使农民获得生产和分配的自主权,责权利相结合,克服了平均主义分配、吃大锅饭的弊病,弥补了管理过分集中、经营方式过分单一的缺陷。总之,改革是发展农村生产力的必由之路。

(4)农村改革率先取得突破,乡镇企业异军突起

农村改革中一个意料之外的收获就是乡镇企业的崛起。乡镇企业的前身是人民公社时期的社队企业。随着新的农村经营体制的推行,农民群众有了更大的生产和经营自主权,就可以将剩余劳动力和资金用于发展多种经营形式,部分地区的农村快速涌现出一大批乡镇企业和经营专业户。到1987年,全国乡镇企业从业人数达8805万人,产值达到4764亿元,占当年农村社会总产值的50.51%。① 针对部分人对姓资姓社的顾虑,邓小平提出"三个有利于"标准。"改革开放迈不开步子,不敢闯,说来说去就是怕资本主义的东西多了,走了资本主义道路。要害是姓'资'还是姓'社'的问题。判断的标准,应该主要看是否有利于发展社会主义社会的生产力,是否有利于增强社会主义国家的综合国力,是否有利于提高人民的生活水平。"②在1992年南方谈话中,邓小平提出了"社会主义的本质,是解放生产力,发展生产力,消灭剥削,消除两极分化,最终达到共同富裕"。③

(5)温州模式比苏南模式更能体现乡镇企业异军突起的基层自发创造性

最早引起中央注意的是"苏南模式"。苏南是指江苏南部包括苏州、无锡和常州在内的苏锡常经济区。苏南地区是中国近代工业的发祥地,明清时期历时300余年的江南早期工业化就发生在此。20世纪80年代中期,苏南地区通过发展乡镇企业启动了农村工业化和城镇化的进程。其主要特征是利用集体资本办企业,乡镇政府积极参与办企业,允许先富并追求集体富裕。对此,著名社会学家费孝通先生在1983年首次提出"苏南模式"的概念,即"以发展工业为主,集体经济为主,参与市场调节为主,由县、乡政府直接领导为主的农村经济发展道路"。苏南模式就是政府主导的市场化、工业化和农村城镇化。与苏南模式强调地方政府直接

---

① 中共中央党史和文献研究院:《中国共产党的一百年:改革开放和社会主义现代化建设新时期》,中共党史出版社2022年版,第701页。

② 《邓小平文选》第3卷,人民出版社1993年版,第372页。

③ 《邓小平文选》第3卷,人民出版社1993年版,第373页。

介入乡镇企业改革和经济发展不同,温州模式的特色在于民间自发、内生性的动力模式。温州模式的特点可以从以下几个方面来认识。一是民间推动力大、市场意识强。温州经济主要发源于个体和家庭商贩经济,以资本家庭化和本土化为特征。二是经济自发性、内生性特色明显。温州人凭借当地的资源环境,依靠自我积累、自我创业,走出一条内生型个人创业的发展道路。三是企业中小集群优势明显、生命力强。大多是以血缘、地缘为纽带的中小企业,并形成分工合作。四是富有竞争、开拓、自强的人文特色。温州地处东南山区,生活环境艰苦,产业基础薄弱,山地文化和重商文化培育了温州人"走遍千山万水、说尽千言万语、历经千辛万苦、想尽千方百计"的艰苦创业品质,形成"敢为人先,特别能创业"的竞争意识。

(四)1998 年抗洪救灾

1.案例呈现

1998 年夏秋,长江流域和松花江、嫩江流域爆发了百年不遇的特大洪水,受灾面积达 1.3 亿亩,灾情十分严重。在党中央、国务院的领导下,全国上下紧急动员起来,全力以赴投入这场抗洪救灾斗争。

党中央、国务院对抗洪救灾工作高度重视。1998 年 7 月 27 日,中共中央、国务院发出《关于切实加强抗洪救灾工作的通知》,要求各级党委和政府从最坏处着想,向最好处努力,夺取抗洪救灾斗争的最后胜利。8 月 15 日,中央政治局常委会召开紧急会议,对抗洪救灾工作进行再动员、再部署。江泽民总书记发表重要讲话,号召全党、全军和全国人民团结奋斗,夺取抗洪救灾斗争的胜利。随后,中央又发出《关于长江抗洪抢险工作的紧急通知》和《关于继续搞好抗洪抢险工作的通知》。

"一个干部一段堤,一个党员一面旗,一个支部一排桩。"各级党组织发挥领导核心和战斗堡垒作用,广大共产党员立"生死牌",入"敢死队",成为抗灾军民的主心骨。从坚守荆江大堤到抢堵九江决口,从会战武汉三镇到防守洞庭湖区,从保卫大庆油田到决战哈尔滨,30 余万人民解放军和武警部队官兵用血肉之躯筑起了冲不垮的坚强大堤。受灾地区群众舍小家保大家、舍局部保全局,科技工作者夜以继日地工作,医疗卫生工作者深入抗洪前线防疫治病,全国人民心系灾区、情系灾区……中国大地上涌动起全民族同心同德、团结战斗的澎湃热潮,展现出全民族万众一心战胜洪涝灾害的壮丽画卷。

在这场南北两线同时进行的抗洪大战中,全军和武警部队通力协作,并肩作战,谱写了一曲诸军兵种大会战的抗天歌:空军航空兵出动飞机上千架次,源源不断地将抗洪大军和物资器材投送到抗洪一线;海军潜水兵在长江和松花江冒着生命危险,进行水下探摸和摄像,海军航空兵配合地方水利部门进行航空遥测,为抗洪指挥部提供准确的资料;陆航出动几十架直升机,及时进行空中侦察指挥,投送抢险救灾物资,解救被困人员;舟桥部队出动近千艘舟艇,救群众,运物资;通信兵部队先后为抗洪部队调用长途电路251部,架设程控电话2588部,配发移动电话1358部,做到抗洪部队战斗到哪里,通信就开通到哪里。解放军还根据受灾地区地势低洼、交通中断等实际情况,派出医疗队、巡逻组等深入一线开展救治工作。此外,解放军在抗洪救灾中还展现出了高度的纪律性和组织性。他们服从命令,听从指挥,团结协作,密切配合,形成了强大的战斗力。在抗洪抢险的过程中,解放军官兵们克服了种种困难,战胜了种种险情,展现出了高超的军事素质和过硬的战斗作风。

在党中央坚强领导下,全党全军全国人民团结奋战,同历史上罕见的大洪水展开了一场波澜壮阔的斗争,展现出气吞山河的英雄气概,取得了抗洪抢险斗争的全面胜利,作为人类战胜自然灾害的一个壮举载入史册。洪水滔滔,南北同患;人水相搏,气壮山河。面对这场历史上罕见的特大洪涝灾害,全党全军全国人民紧急行动起来,特别是受灾省份的广大干部群众同前来支援的解放军指战员、武警官兵一起,团结奋战,力挽狂澜,同洪水进行了惊心动魄的殊死搏斗,确保了大江大河大湖干堤的安全,确保了重要城市和主要交通干线的安全,确保了人民生命财产的安全,使这场特大自然灾害造成的损失减少到最小的程度。习近平总书记强调:"精神是一个民族赖以长久生存的灵魂,唯有精神上达到一定的高度,这个民族才能在历史的洪流中屹立不倒、奋勇向前。"在同洪水搏斗中铸就的万众一心、众志成城,不怕困难、顽强拼搏,坚韧不拔、敢于胜利的抗洪精神,成为我们党的宝贵精神财富。

（资料来源:《历程:与全国人民一起战胜百年未遇特大洪灾》,https://news.12371.cn/2014/09/29/ARTI1411959398914891.shtml,访问日期:2024年4月22日。《弘扬抗洪精神,凝聚中国力量》,《人民日报》2021年9月6日第1版。）

2.案例指向

本案例指向教材第五章第二节第二目中国特色社会主义理论体系的跨世纪发展。在把握中国特色社会主义理论体系的脉络演进中,认识中国特色社会主义理论体系的形成发展过程,旨在说明在新的历史条件下建设一个什么样的党、怎样建设党。

3.案例解析

从党的十三届四中全会到党的十六大的 13 年中,在国际国内十分复杂的形势下,以江泽民同志为主要代表的中国共产党人,坚持党的基本理论、基本路线、基本纲领,妥善应对冷战结束后错综复杂的国际局势,在严峻的国际压力下和异常尖锐、复杂的国际斗争中,对社会主义前途命运、党执政兴国的第一要务等重大方向性问题作出正确判断,确立了社会主义市场经济体制的改革目标和基本框架,开创全面改革开放新局面,加深了对建设什么样的党、怎样建设党的认识,形成了"三个代表"重要思想,丰富和发展了中国特色社会主义理论,推进了党的建设新的伟大工程,成功把中国特色社会主义推向了 21 世纪。

(1)在新的历史条件下推进党的建设伟大工程

1989 年下半年,东欧各国长期执政的共产党先后失去执政地位。11月,作为冷战象征的柏林墙被推倒。1991 年 8 月,海湾战争爆发。1991年 12 月,苏联解体。二战后东西方冷战格局宣告结束。面对复杂的国际局势,邓小平强调要冷静观察、稳住阵脚、沉着应对、韬光养晦。办好中国的事情,关键在党。在国际和国内形势急剧变化的形势下,如何加强和改进党的建设,提高应对复杂国际和国内局势的能力,是党面临的重大课题。"这个党该抓了,不抓不行了。"[1]中国共产党已经从一个领导人民为夺取全国政权而奋斗的党,成为领导人民掌握全国政权并长期执政的党。如何全面加强和改进党的建设,不断提高党的领导和执政水平,不断增强党拒腐防变和抵御风险的能力,是新的时代条件下的新考验。在发展社会主义市场经济条件下,需要明确党的建设的目标、任务和途径,科学回答建设一个什么样的党、怎么建设党的基本问题。1989 年 12 月,江泽民在中央有关部门举办的党建理论研究班上讲话,提出要在新形势下更好地坚持党的工人阶级先锋队性质。"一定要坚持把我们党建设成为马列主义、毛泽东思想武装的更加坚强的中国工人阶级的先锋队。这样的先锋队,必须在理论上更加成熟,思想上更加统一,政治上更加坚强,内部更加团结,同群众的关系更加亲密,是领导全国各族人民建设有中国特色的

---

① 《邓小平文选》第 3 卷,人民出版社 1993 年版,第 314 页。

社会主义的坚强核心。"①1994 年 9 月,党的十四届四中全会做出《中共中央关于加强党的建设几个重大问题的决定》,把党的建设提高到新的伟大工程高度,明确了党的建设的目标和任务。"在当代世界风云变幻的条件下,在当代中国改革开放和现代化建设的伟大变革中,把党建设成为用建设有中国特色社会主义理论武装起来、全心全意为人民服务、思想上政治上组织上完全巩固、能够经受住各种风险、始终走在时代前列的马克思主义政党。"②按照目标和任务要求,提出在思想、组织、作风上加强党的建设,要不断提高领导水平和执政水平,提高拒腐防变和抵御风险的能力。

(2)加强干部教育要讲学习、讲政治、讲正气

1998 年 11 月 21 日,中共中央印发《关于在县级以上党政领导班子、领导干部中深入开展以"讲学习、讲政治、讲正气"为主要内容的党性党风教育的意见》。深入开展"三讲"教育,是我们面临新形势、新任务对领导班子、领导干部提出的迫切要求,是从领导班子和领导干部队伍现状出发提出的重要任务,也是新时期加强领导班子思想政治建设、提高领导干部队伍素质的中心环节。讲学习就是要求党员干部自觉地学习马克思列宁主义、毛泽东思想和邓小平理论,自觉地学习党的基本路线和方针政策。只有掌握强大的理论武器,才能紧跟时代步伐,不会落伍于时代。讲政治就是要坚持政治方向、政治立场、政治观点,遵守政治纪律,提高政治鉴别力和政治敏锐性,学会从政治上观察问题、分析和解决问题。讲正气就是要发扬中国共产党长期奋斗中形成的优良传统和作风,严以修身、严以用权、严以律己,坚持同一切歪风邪气做斗争,坚持全心全意为人民服务的宗旨。贯彻"三讲"教育,要找准抓住并努力解决好领导班子和领导干部在党性党风方面存在的突出问题,要充分发扬党内民主,坚持走群众路线,要勇于开展认真负责的批评和自我批评,要紧紧围绕全面贯彻党的基本路线,抓住经济建设这个中心,着力提高领导干部运用马克思主义理论正确判断形势、驾驭复杂局面、解决现实问题的能力。通过"三讲"教育,广大干部普遍受到深刻的马克思主义教育,经受了党内政治生活的锻炼,贯彻党的基本路线和民主集中制的自觉性得到提高。

(3)抓好党风廉政建设,坚持为人民服务的宗旨

在改革开放和发展社会主义市场经济条件下,党中央坚持把党风廉

---

① 《江泽民文选》第 1 卷,人民出版社 2006 年版,第 89 页。
② 《十四大以来重要文献选编》中,中央文献出版社 2011 年版,第 4 页。

政建设和反腐败斗争作为关系党和国家生死存亡的大事来抓。1990年3月,党的十三届六中全会通过《中共中央关于加强党同人民群众联系的决定》。1995年1月,十四届中央纪委第五次会议提出建立党政机关县处级以上领导干部收入申报制度。1995年11月,最高人民检察院反贪污贿赂总局成立。1997年2月,中央印发《中国共产党纪律处分条例(试行)》。1998年7月,中央做出决定,军队、武警部队、政法机关一律不再从事经商活动、与所办经营性企业脱钩。这些法律法规对规范党政机关和党员领导干部行为、增强领导干部的纪律观念起到了重要作用。

(4)按照"三个代表"要求加强和改进党的建设

世界局势的深刻变化、改革开放和现代化建设中的巨大变化、党的建设面临的新形势新任务,一道构成了"三个代表"重要思想形成的立论依据。2000年2月20日,江泽民在广东省高州市领导干部"三讲"教育会议上,提出了"五个始终"的要求。"我们要使党始终保持工人阶级先锋队性质,始终代表最广大人民群众的利益,始终成为社会先进生产力的代表,始终领导全国各族人民促进社会生产力的发展,始终坚强有力地发挥好领导核心作用,也必须结合新的历史条件进一步从思想上、组织上和作风上把党建设好。"[①]2000年2月,江泽民在广东考察期间,完整地提出了"三个代表"重要思想。"总结我们党七十多年的历史,可以得出一个重要结论,这就是:我们党所以赢得人民的拥护,是因为我们党在革命、建设、改革的各个历史时期,总是代表着中国先进生产力的发展要求,代表着中国先进文化的前进方向,代表着中国最广大人民的根本利益,并通过制定正确的路线方针政策,为实现国家和人民的根本利益而不懈奋斗。"[②]落实"三个代表"要求,就是党的理论、路线、纲领、方针、政策和各项工作,都必须体现不断推进社会生产力解放和发展的要求,必须体现面向现代化、面向世界、面向未来的,民族的科学的大众的社会主义文化的要求,必须坚持把人民的根本利益作为出发点和归宿,使人民群众不断获得经济、政治和文化利益。1998年抗洪期间,30万人民子弟兵、800万干部群众参加抗洪抢险,同洪水进行了惊心动魄的殊死搏斗,确保了人民生命财产安全,赢得了抗洪斗争的伟大胜利,形成了"万众一心、众志成城、不怕困难、顽强拼搏、坚韧不拔、敢于胜利"的伟大抗洪精神,这是落实"三个代表"要

---

① 《论党的建设》,中央文献出版社2001年版,第381页。
② 《江泽民文选》第3卷,人民出版社2006年版,第2页。

求的生动体现。

(五)福建三钢的绿色转型之路

1.案例呈现

新中国成立初期,作为东南沿海的福建,工业基础薄弱,呈现"一张白纸,手无寸铁"的尴尬现状,无法符合当时的战略要求。20世纪50年代中后期,福建省根据中共中央关于"为了发展地方工业,各省都要建立自己的化肥厂和钢铁厂"的指示,全力以赴进行"小三线"建设,并最终确定在三元梅列盆地建成一座像布达佩斯一样的工业城市——三明市。

1958年6月15日,三明钢铁厂破土动工,次年1月,这个坐落在僻静深山小镇的新兴钢铁企业生产出了第一炉钢。

1979年,三明市被国家列为"75个全国重点污染城市"。

1995年,三明市区降尘污染与鞍山、包头并列全国第一。

三明市民也曾戏称三钢厂区空气质量,好比"一年吃进一块砖"。

"那时大家都没环保意识,每天同样面对浓烟滚滚,没怎么觉得环境差。"福建三钢集团公司炼钢厂厂长汪灿荣1993年从东北大学钢铁冶炼专业分配到三钢上班。他对澎湃新闻称,大学实习时到过很多钢铁企业,对烟尘和雾霾已司空见惯,因此见到三钢早年的污染状况也没觉得有什么不妥。

1995年10月,三钢内部进行了一场以"如何深化三钢改革"为主题的大讨论,让全体职工就三钢如何加速企业转型和突破,包括如何从粗放型向集约型转变,建言献策。

1997年,三钢领导班子提出了在20世纪末实现"年产100万吨钢、创省级文明单位、建立现代企业制度"的三大目标。上述目标很快实现。1998年12月10日,三钢对外宣布实现年产钢100万吨。

2000年3月30日,三明钢铁厂正式改名为福建省三钢(集团)有限责任公司,由此迈入大集团运作之路,并通过并购、上市等动作,让企业发展进入快车道,钢铁产量不断攀升,2019年底超过1200万吨。

习近平同志在福建任职期间,曾两次莅临三钢集团调研,对公司发展起到关键指导作用。2000年1月3日,习近平同志在调研时提出:"要坚持建立现代企业制度和改革方向,把改革、改组、改造和加强管理结合起来,转换企业经营机制,加大扭亏增盈力度,最终实现脱困目标。"同年8月10日,习近平同志再次深入三钢,在当天召开的座谈会上,习近平同志肯定"三钢改革发展积累了很好的经验,具有典型示范意义,可以在全省推广",同时对三钢科技创新、人才引进、产业结构调整以及可持续发展、生态环境建设、党建和思想政治建设等工作提出具体要求。

公开资料显示,1997—2019 年,三明本部钢产量由 82.44 万吨增长到 742 万吨,厂区面积由 2.72 平方公里增至 4.03 平方公里(增加三化公司),降尘量由 1997 年每月的 43.37 吨/平方公里,降至 2019 年每月 10.65 吨/平方公里。

三钢在环保上的持续努力效果明显。三明生态环境局最新数据显示,2020 年 1—11 月,三钢 PM_{10}、$PM_{2.5}$ 浓度均值分别为:37 ug/m^3、24 ug/m^3,而三明市区 PM_{10}、$PM_{2.5}$ 浓度均值分别为:38 ug/m^3、22 ug/m^3。

2021 年 7 月 27 日,财富中文网发布了 2020 年的《财富》中国 500 强排行榜,23 家钢铁企业上榜,而三钢集团的上市主体——福建三钢闽光股份有限公司,以 455.11 亿元的营收位列 227 位。

如今三明居民早已告别了烟尘弥漫的环境,三钢也成为优美舒适的工业景区。

作为福建首个工业旅游区,当前三钢正力争将厂区升级为 4A 级国家级旅游景区,建成一个"研学+旅游"的工业旅游样板。

(资料来源:《三钢破题:从城市"黑名片"到绿色可持续》,https://baijiahao.baidu.com/s? id=16864211142336849404&wfr=spider&for=pc,访问日期:2024 年 4 月 22 日。)

2.案例指向

本案例指向教材第五章第二节第三目中国特色社会主义理论体系在新阶段的新发展。在把握中国特色社会主义理论体系的脉络演进中,认识中国特色社会主义理论体系的形成发展过程,旨在通过福建三钢的绿色转型发展说明科学发展的必要性和重要性。

3.案例解析

党的十六大以后,党中央根据社会主义初级阶段基本国情和新的阶段性特征,科学分析世界各主要国家发展方式、发展战略的成败利弊并从中汲取经验教训,深刻把握我国发展面临的新矛盾新问题,促使我国全面建成小康社会、构建社会主义和谐社会,为我国牢牢把握战略机遇期和发展的主动权指明了科学发展道路。

(1)科学发展观的提出

新世纪,和平发展是时代潮流,世界多极化和经济全球化趋势深入发展,科技进步日新月异。伴随我国进入改革发展关键期,经济体制深刻变革,社会结构深刻变动,利益格局深刻调整,思想观念深刻变化,给我们带来一些突出矛盾和问题。例如,经济结构不合理,粗放型增长方式没有根本改变,城乡、区域、经济社会发展不协调,人口资源环境压力日趋加大,就业、社会保障、教育、医疗等民生问题较为突出等。2003 年 8 月,胡锦涛在江西考察时提出"科学发展观"概念,要求牢固树立协调发展、全面发展、可持续发展。2003 年 10 月,党的十六届三中全会通过《中共中央关于完善社会主义市场经济体制若干问题的决定》,第一次正式提出了坚持以人为本,树立全面、协调、可持续的发展观,促进经济社会和人的全面发展。

（2）科学发展观的内涵

胡锦涛指出:"坚持以人为本,就是要以实现人的全面发展为目标,从人民群众根本利益出发谋发展、促发展,不断满足人民群众日益增长的物质文化需要,切实保障人民群众经济、政治、文化权益,让发展成果惠及全体人民。全面发展,就是要以经济建设为中心,全面推进经济、政治、文化建设,实现经济发展和社会全面进步。协调发展,就是要统筹城乡发展、统筹区域发展、统筹经济社会发展、统筹人与自然和谐发展、统筹国内发展和对外开放,推进生产力和生产关系、经济基础和上层建筑相协调,推进经济、政治、文化建设各个环节各个方面相协调。可持续发展,就是要促进人与自然的和谐,实现经济发展和人口、资源、环境相协调,坚持走生产发展、生活富裕、生态良好的文明发展道路,保证一代接一代永续发展。"[1]

（3）三明钢铁的建立和发展是中国经济发展与社会发展的缩影

在三明流传着这么一句话:"先有三钢,后有三明。"三明与三钢"血肉相连"的关系成为一代又一代三明人深刻的时代印记。三明钢厂,曾经是中国钢铁行业的一颗璀璨明珠。它的兴衰历程不仅映射了中国工业的发展历程,而且为我们提供了一个关于企业如何适应时代变革、实现可持续发展的深刻案例。从 20 世纪 50 年代开始,中国进入大规模的工业化建设阶段,钢铁产业作为工业的基础,得到了迅速的发展。三明钢厂作为其中的一员,经历了从建设初期的艰苦创业到后来的规模扩张和产业升级,反映了中国工业从小到大、从弱到强的发展历程。1958 年,作为第一批三钢创业者,3 万多军学民组成的建设大军,怀着改写福建"手无寸铁"历史的雄心壮志,在一年零六个月的时间里,让一座年产 20 万吨铁、12 万

---

[1] 《胡锦涛文选》第 2 卷,人民出版社 2016 年版,第 166～167 页。

吨钢、15 万吨钢材的新兴钢城拔地而起,开创出全国工业建设史上的奇迹。

(4)从"三明钢铁"到"福建三钢"的转型体现了科学发展的道路

科学发展观是十六大以来党的理论创新成果的集中体现,是发展中国特色社会主义必须坚持和贯彻的重大战略思想。科学发展观之所以成为我国经济社会发展的重要指导方针,就在于它站在历史和时代的高度,围绕中国特色社会主义这一主题,以一系列新思想、新观点、新论断,深刻回答了新形势下实现什么样的发展、怎样发展的重大问题,为实现社会主义现代化不断指明前进方向。面对要经济效益还是要美丽人居环境的困境,三明钢厂进行了股份制改造,加大了技术研发投入,精简机构,推行绩效考核,加强市场营销和品牌建设,投入巨资进行环保设施的建设和改造,降低污染物排放,提高资源利用效率。经过一系列的改革和创新,三明钢厂逐渐走出了困境,如今的三明钢厂已经成为一个集炼铁、炼钢、轧钢于一体的大型现代化钢铁企业。它不仅在产品质量、技术创新、环保节能等方面走在了行业前列,而且在企业文化建设、社会责任履行等方面树立了良好形象。

(六)"大耳朵"听宇宙

1.案例呈现

2016 年 9 月 25 日,世界最大单口径射电望远镜——500 米口径球面射电望远镜(FAST)在贵州省黔南布依族苗族自治州平塘县宣布落成启用。

FAST 给人的第一感觉就是大:直径 500 米,高差 173 米,从空中俯瞰,它就像一口由群山环抱的"超级大锅"。

"锅面"——巨大的球冠形反射面;"锅"正中央悬空的"盒子"——馈源舱;支撑"锅"的无数道线——索网等支撑结构。一点一面多线,看似纤细简单,却牢牢撑起了这个庞然大物,并保障了其高超的灵敏度和综合性能。

洼坑内铺设的 500 米球冠状主动反射面是 FAST 望远镜的关键组成部分,共有 4450 块反射面板单元,有近 30 个足球场大。每块反射面单元边长为 10.4 米至 12.4 米,重 427.0 千克至 482.5 千克,厚度约 1.3 毫米。

与号称"地面最大的机器"的德国波恩 100 米望远镜相比,FAST 望远镜灵敏度提高约 10 倍;与美国阿雷西博 305 米望远镜相比,其综合性能提高约 10 倍,并将在未来 10 年到 20 年保持国际一流设备的地位。

"从选址开始,FAST 的建造就充满艰辛不易。"作为我国自主知识产权的大科学装置,FAST 由中国科学家创新设计、研发制造、组织施工。

FAST 选址工程始自 1994 年。"这是件异常复杂的事情,既要考虑电磁波环境、地质条件,还要考虑造价问题。"朱博勤回忆,"在排除了火山口、矿坑和陨石坑等低洼地形后,锁定了喀斯特地貌。"科学家们总共考察了 400 多个洼地,经过反复比较论证,最终选定贵州省平塘县克度镇金科村的大窝凼洼地。"我们确认,这里是建造 FAST 最完美的地点。"

FAST 的灵敏度非常高,极易受到电磁干扰。"除了对望远镜进行电磁屏蔽专项设计,还要保护台址周边宁静的电波环境。"FAST 工程副总经理、办公室主任张蜀新说。为保护 FAST 免受电磁干扰,2010 年 12 月电磁兼容工作组成立,负责电磁环境的保护和无线电干扰的协调。贵州省也制定了《贵州省 500 米口径球面射电望远镜电磁波宁静区保护办法》,已于 2013 年起实施。"未来人们想要进入 FAST 区域,是绝对不允许携带手机和照相机等电子设备的。"

"建设射电望远镜,越大越好。"王启明说。FAST 望远镜的灵敏度,也就是观测暗弱天体的能力,和其口径的二次方成正比。其可观测宇宙空间的体积,即大约可观测的天体数目,和其口径的三次方成正比。"FAST 投入使用后,可观测的天体数目将大幅度增加,可为科学家提供更多更好的观测统计样本。"

身形庞大的 FAST 背负重大科学任务。据 FAST 工程副总工艺师孙才红介绍,FAST 将观测宇宙中的中性氢,"这有助于研究宇宙大尺度物理学,以探索宇宙起源和演化"。脉冲星观测也是 FAST 的重点,"脉冲星是恒星演化的最后阶段,通过对它的观测可以研究极端状态下的物质结构与物理规律"。此外,还要研究主导国际低频甚长基线干涉测量网,获得天体超精细结构。"FAST 也担负着寻找地外文明的任务,探测星际分子,搜索可能的星际通讯信号,包括大家最感兴趣的外星人。"孙才红说。

(资料来源:余建斌:《"大耳朵"听宇宙》,《人民日报》2015 年 8 月 10 日第 20 版。)

2.案例指向

本案例指向教材第五章第二节第四目中国特色社会主义理论体系在新时代的新篇章。在把握中国特色社会主义理论体系的脉络演进中,认识中国特色社会主义理论体系的形成发展过程,旨在进一步说明中国特色社会主义进入新时代,强国建设和民族复兴必须要强化国家战略科技力量,推动核心技术自主创新。

3.案例解析

党的十八大以来,面对不确定因素明显增多的世界之变,以习近平同志为核心的党中央,统筹把握中华民族伟大复兴的战略全局和世界百年未有之大变局,全面审视国际国内新的形势,通过总结实践、展望未来,深刻回答了新时代坚持和发展什么样的中国特色社会主义、怎样坚持和发展中国特色社会主义,建设什么样的社会主义现代化强国、怎样建设社会主义现代化强国等重大时代课题,极大推进了 21 世纪马克思主义中国化时代化,为解决人类面临的共同问题、推动建设更加美好的世界作出了原创性贡献,创立了习近平新时代中国特色社会主义思想。

(1)中国特色社会主义进入新时代

2017 年 10 月,党的十九大宣告,经过长期努力,中国特色社会主义进入了新时代,这是我国发展的新的历史方位。大会对我国社会主要矛盾作出重大调整,我国社会主要矛盾已经转化为人民日益增长的美好生活需要和不平衡不充分的发展之间的矛盾。虽然社会主要矛盾发生了历史性转变,但并没有改变我国仍处于社会主义初级阶段的基本国情。习近平指出:"新时代是中国特色社会主义新时代,而不是别的什么新时代。"①中国特色社会主义新时代具有丰富的内涵,是承前启后、继往开来,在新的历史条件下继续夺取中国特色社会主义伟大胜利的时代,是决胜全面建成小康社会,进而全面建设社会主义现代化强国的时代,是全国各族人民团结奋斗,不断创造美好生活,逐步实现全体人民共同富裕的时代,是全体中华儿女勠力同心,奋力实现中华民族伟大复兴中国梦的时代,是中国日益走近世界舞台中央,不断为人类作出更大贡献的时代。中国特色社会主义进入新时代,标志着中华民族从站起来、富起来到强起来的伟大飞跃,意味着中华民族伟大复兴进入了不可逆转的历史进程,意味着科学社会主义在 21 世纪的中国焕发出强大生机活力,意味着中国特色社会主义拓展了发展中国家走向现代化的途径。在中国特色社会主义新时代,党面临的主要任务是实现第一个百年奋斗目标,开启实现第二个百年奋斗目标新征程,朝着实现中华民族伟大复兴的宏伟目标前进。

----

① 《习近平谈治国理政》第 3 卷,外文出版社 2020 年版,第 70 页。

（2）社会主义现代化的总体布局和战略布局

1986 年党的十二届六中全会通过《关于社会主义精神文明建设指导方针的决议》，第一次提出了我国社会主义现代化建设的总体布局。1987 年党的十三大确立了"一个中心、两个基本点"的战略布局。党的十六大之后，中央提出构建社会主义和谐社会，将原有的"三位一体"发展为"四位一体"。党的十八大将生态文明纳入，正式确立了"五位一体"建设中国特色社会主义的总体布局。在经济建设上，就是坚持新发展理念，加快建设现代化经济体系，建设创新型国家，实现经济高质量发展；在政治建设上，就是牢牢掌握意识形态工作领导权，培育社会主义核心价值观，建设社会主义文化强国；在社会建设上，就是保障和改善民生，加强和创新社会治理，打造共建共治共享的社会治理格局；在文化建设上，就是要坚持"两个结合"，确立文化自信、文化主体性，推动文化繁荣、建设文化强国，以中国式现代化推动实现人类文明新形态；在生态文明建设上，就是推进绿色发展，加大生态系统保护力度，建设美丽中国。统筹推进"五位一体"总体布局，必须抓住战略重点，突出矛盾和问题，例如，实践遇到的新问题、改革发展稳定存在的深层次问题、人民群众急难愁盼的问题、国际变局中的重大问题、党的建设面临的突出问题。[①] 2013 年 11 月，党的十八届三中全会作出了全面深化改革的顶层设计。2014 年 10 月，党的十八届四中全会绘制了全面依法治国的总蓝图。2014 年 12 月，习近平总书记首次提出全面从严治党。党的十八大以来，以习近平同志为核心的党中央从坚持和发展中国特色社会主义全局出发，坚持问题导向，提出了全面建成小康社会、全面深化改革、全面依法治国、全面从严治党的"四个全面"战略布局。统筹推进"五位一体"总体布局、协调推进"四个全面"战略布局，标志着党对中国特色社会主义建设规律的认识达到了一个新高度。

（3）开启建设现代化强国新征程

党的十九大明确规划了到本世纪中叶的战略目标和步骤：从 2020 年到 2035 年，在全面建成小康社会基础上，基本实现社会主义现代化；到本世纪中叶，在基本实现现代化基础上，把我国建成富强民主文明和谐美丽的社会主义现代化强国。现代化强国包括制造强国、科技强国、质量强国、航天强国、网络强国、交通强国、海洋强国、贸易强国、文化强国、体育

---

① 《习近平新时代中国特色社会主义思想专题摘编》，中央文献出版社 2023 年版，第 26 页。

强国、教育强国、人才强国,一共 12 个强国。[①] 建设现代化强国,要把科技创新摆在国家发展全局的核心位置,坚持创新驱动发展战略。2016 年 1 月,国务院印发《国家创新驱动发展战略纲要》。实施创新驱动发展战略,最根本的是增强自主创新能力。要打破关键核心技术受制于人的被动局面,必须要强化国家战略科技力量,推动核心技术自主创新。在当今世界,是否拥有先进的"大国重器"已成为衡量一个国家是否真正强大的重要标志。习近平总书记在相关考察工作中两提"大国重器",强调重大科技创新成果是国之重器、国之利器,真正的大国重器,一定要掌握在自己手里。核心技术、关键技术,化缘是化不来的,要靠自己拼搏。"大国重器"作为国家繁荣与安全的基石,是指那些在国家经济、国防和社会发展中占据重要地位、具有战略意义的大型装备、设施和工程。这些重器不仅代表着国家的科技和工业实力,更是我国国家安全的重要保障。

四、延伸阅读

1.《邓小平文选》第 1 卷,人民出版社 1994 年版。

2.《邓小平文选》第 2 卷,人民出版社 1994 年版。

3.《邓小平文选》第 3 卷,人民出版社 1993 年版。

4.《江泽民文选》第 1 卷,人民出版社 2006 年版。

5.《江泽民文选》第 2 卷,人民出版社 2006 年版。

6.《江泽民文选》第 3 卷,人民出版社 2006 年版。

7.《胡锦涛文选》第 1 卷,人民出版社 2016 年版。

8.《胡锦涛文选》第 2 卷,人民出版社 2016 年版。

9.《胡锦涛文选》第 3 卷,人民出版社 2016 年版。

10.《习近平谈治国理政》第 1 卷,外文出版社 2018 年版。

11.《习近平谈治国理政》第 2 卷,外文出版社 2017 年版。

12.《习近平谈治国理政》第 3 卷,外文出版社 2020 年版。

13.《习近平谈治国理政》第 4 卷,外文出版社 2022 年版。

14.中共中央党史研究室:《中国共产党的九十年》,中共党史出版社 2016 年版。

15.中共中央党史和文献研究院:《中国共产党的一百年》,中共党史

---

① 李忠杰:《中国共产党历史通识课》,中共中央党校出版社 2021 年版,第 348 页。

出版社 2022 年版。

16.习近平:《高举中国特色社会主义伟大旗帜 为全面建设社会主义现代化国家而团结奋斗——在中国共产党第二十次全国代表大会上的报告》,《人民日报》2022 年 10 月 26 日。

17.傅高义:《邓小平时代》,冯克利译,生活·读书·新知三联书店 2013 年版。

18.罗伯特·库恩:《他改变了中国:江泽民传》,谈峥、于海江等译,上海译文出版社 2005 年版。

五、拓展研学

1.结合案例,组织学生观看影片《历史转折中的邓小平》《敢教日月换新天》,感受中国改革开放的伟大历程,认识中国特色社会主义道路的开辟和形成,撰写心得体会。

2.结合本章相关内容,以实践小组形式实地考察厦门经济特区纪念馆,了解厦门特区的改革发展历程,加深对中国特色社会主义在厦门落地的具体认识,形成调研报告。

3.追随领袖足迹,实地调研习近平同志在闽 17 年半对福建省经济社会发展的谋划布局,深刻感悟习近平新时代中国特色社会主义思想在福建的孕育形成。

第六章　邓小平理论

一、教学主要目标

邓小平理论是中国特色社会主义理论体系的开篇之作,对改革开放和社会主义现代化建设具有深远的指导意义。通过学习本章内容,学生能够深刻理解邓小平理论的主题、精髓和社会主义的基本路线、根本任务、发展动力等重大问题,进一步明确"科学技术是第一生产力"的观点,明白邓小平理论是在社会主义发展道路建设过程中形成的科学理论体系,具有重要的历史地位。

二、教学重难点

本章教学重点:讲好邓小平理论的主要内容,引导学生理解邓小平理论首要的基本的理论问题,使学生准确掌握"解放思想,实事求是"的精髓,认识好"一个中心、两个基本点"的基本路线,把握好"解放生产力、发展生产力"的根本任务,理解好"发展是硬道理"和"科学技术是第一生产力",从而进一步体会建设中国特色社会主义道路的历史必然性,深刻理解邓小平理论的历史地位和时代价值。

本章教学难点:一是帮助学生理解邓小平理论关于社会主义本质的科学概括,二是讲清楚以经济建设为中心和坚持四项基本原则、坚持改革开放之间的关系,三是讲好社会主义市场经济理论的提出背景和形成、发展历程,尤其是社会主义改革开放实践和社会主义市场经济理论形成和发展间的关系。

三、教学案例

(一)"逃港潮":中国改革开放的催生剂

1.案例呈现

试办特区前,珠海和澳门一水之隔,却差别很大。虽然我们的舆论整天宣传社会主义是"天堂",资本主义是"地狱",港澳同胞生活在水深火热之中,但是存在决定意识,老百姓看到在困难时期港澳同胞回来探亲穿得漂漂亮亮,还把一筐一筐的东西带回来,我们当时吃也没得吃,穿得也很寒酸,所以老百姓就不信。很多人趁刮风下雨的晚上,就往香港、澳门外逃,冒着生命危险冲过去,非要往"地狱"里闯一闯,非去"水深火热"中泡一泡。因此,有不少人外流到香港、澳门。据统计,从 1954 年至 1978 年,全省共发生偷渡外逃 56.5 万多人(指人次),逃出 14.68 万多人。

大批群众偷渡外逃,给收容遣送工作带来很大的困难。当时深圳收容站容量只有 600 人,樟木头收容中转站容量只有 400 人,但当年经常收容人数在 1000 人以上,最多达到 3000 多人,使收容站人满为患,生活设施无法适应,收容间过于拥挤,时值夏天,卫生条件太差,臭烘烘的,有时部分收容人员没有饭吃,开水供应不足,有时饮生水也困难,受伤的收容人员不能及时医治等等。在遣送途中,经常发生偷渡人员跳车逃跑、群众围观和抢走偷渡人员,以及多次发生偷渡人员殴打押运人员,抢夺押送人员武器的恶性事件。

很长一段时间内,偷渡外逃问题被当作是敌我矛盾看待,偷渡的人被叫做偷渡犯。1979 年夏,国家民政部副部长刘景范来深圳视察,回到广州后,向习仲勋反映了收容站的恶劣条件,认为这样处理收容人员不当。习仲勋听了刘景范的情况反映后,立即召集省委有关领导和相关部门负责人开会,他认真分析了反偷渡外逃问题的实际情况,提出不能把偷渡外逃当成敌我矛盾看待,大部分还是人民内部矛盾。偷渡的人总归还是自己人,不能把他们当成敌人。他严肃地批评说:"我们自己的生活条件差,问题解决不了,怎么能把他们叫偷渡犯呢? 这些人是外流不是外逃,是人民内部矛盾,不是敌我矛盾,怎么能把他们当作敌人,你们要把他们统统放走。不能只是抓人,要把我们内地建设好,让他们跑来我们这边才好。"习仲勋提出不能把外逃的人当作敌人,要统统放走的做法,当时由于很多人仍然受"以阶级斗争为纲"这一"左"的思想束缚,认识水平有一定的局限性,在思想上都接受不了。在习仲勋的反复教育和引导下,省委常委最后统一了思想认识,实现了"偷渡问题不是敌我矛盾而是人民内部矛盾这一观念的转变,这对省委认清解决偷渡问题的正确途径,进行改革开放,繁荣边境经济,起到了很大的帮助作用"。

1979 年 6 月 10 日至 13 日,国务院、中央军委在北京召集广东省革命委员会、广东省军区和国务院、中央军委有关部门的负责人开会,在听取广东汇报之后,研究了制止偷渡外逃的紧急措施。李先念等国务院领导人指示,规定到 7 月 5 日,即华国锋访问英前,要求广东基本刹住偷渡外逃风。1979 年 6 月 20 日,习仲勋和寇庆延参加惠阳地委反偷渡外逃会议。在寇庆延传达中央领导人的重要指示之后,习仲勋作了重要讲话。他明确地指出:坚决制止偷渡外逃,是当前我省的一件大事,特别是靠近港澳的地区和市、县,更是一件重要工作。要把反偷渡外逃作为一个紧急的政治任务来抓。

习仲勋指出,只要有港澳这种特殊地区存在,我国"四化"又未实现,就会有外逃问题。他认为,这次大量外逃的出现,主要原因一是林彪、"四人帮"的干扰破坏,使我国国民经济濒于崩溃的边缘,这在沿海的渔、盐地区,情况更为严重。人民生活得不到改善,对社会主义的优越性失去信心。二是宣传上的片面性。思想政治工作削弱了;党、团、治保、民兵等基层工作削弱了,个别基层单位瘫痪了。三是在林彪、"四人帮"所谓"政治边防"的干扰破坏下,边防工作也削弱了,兵力减少了许多。此外还有国内外阶级敌人的煽动和造谣破坏,以及对煽动、组织外逃和引渡的为首分子打击不力,等等。

在分析大量外逃原因之后,习仲勋提出:解决偷渡外逃问题的方针,要治标治本并举。治本,就是要从物质基础上、精神上和组织上,为巩固社会主义阵地和制止外逃创造牢固的条件。这就是:(一)发展生产,改善人民生活,只要生产上去了,收入增加了,就是与香港那边还有相当差距,也可以稳定人心,大大减少外逃。(二)思想上牢固树立"只有社会主义能够救中国"的坚强信念,热爱党,热爱社会主义,热爱新中国。(三)要使我们的基层成为坚不可摧的社会主义阵地。

古语道,国以民为本,民以食为天。广东毗邻港澳、两地人民生活差距大的现实,使习仲勋深刻地认识到,发展生产,改善人民生活,尽快缩短与香港的差距,才能稳定人心,有效地刹住这股偷渡外逃之风。在习仲勋的亲自领导下,广东省委提出设立特区的设想,并经中央批准同意。1980年8月26日,中国经济特区正式诞生,广大人民看到了希望。当年曾参与特区筹建工作的原省委书记吴南生后来回忆说:"最令人感到高兴和意外的是,在特区条例公布后的几天,最困扰着深圳——其实也是最困扰着社会主义中国的偷渡外逃现象,突然消失了!确确实实那成千上万藏在梧桐山的大石后、树林中准备外逃的人群是完全消失了!"没过多久,有些偷渡到港澳去的人见家乡经济发展了,又成批成批地回来了。历史证明,习仲勋提出的反偷渡外逃,要治标治本并举,以治本为主的方针是正确和行之有效的。

(资料来源:《习仲勋主政广东》,中共党史出版社2007年版,第68~104页。)

2.案例指向

本案例重点指向教材第六章第一节第一目的内容,即邓小平理论的首要的基本的理论问题是"什么是社会主义,怎样建设社会主义"。这是以邓小平同志为主要代表的中国共产党人在总结新中国成立以来正反两方面的经验的基础上,探索出一条符合国情的发展道路所要回答的首要问题。关于这一问题的回答,既是对"文革"当中"四人帮"一伙"宁要贫穷的社会主义和共产主义,不要富裕的资本主义。"的谬论的批判,又是后来关于社会主义的本质"是解放生产力,发展生产力,消灭剥削,消除两极分化,最终达到共同富裕"这一论断的直观、简洁而又深刻的概括表述。

3.案例解析

(1)加快发展经济,推进改革开放是社会主义理论和实践发展的必然要求

共产主义,曾经描绘了人类有史以来最为宏伟壮丽的图景,它曾承诺不仅将给社会带来平等、公正,而且将创造出高度发达的社会生产力,为人民群众带来比资本主义更为丰富的物质财富。然而,无论是西方的柏林墙还是东方的三八线,抑或是中国南方的深圳河,人民群众宁可用鲜血和生命作为代价,也要从社会主义往资本主义跑,而不是从资本主义往社会主义跑。用深圳宝安县老百姓最朴素的话说就是:"是资本主义还是社会主义,我们用脚投了一票!"为什么会这样?社会主义好,社会主义国家的人就是跑,怎么回事?这深刻地揭示出,在当时,关于社会主义的理论与实践问题正急需进一步地探索和解答。

习仲勋在面对"大逃港"的人时,没有再从意识形态上进行批评,而是深入地分析这些人为什么会逃到实行资本主义制度的地区去,从而从政策、经济的视角重新审视社会主义国家建设的问题,最后通过建设经济特

区、加快发展经济从根本上解决了"大逃港"的局面。这很好地印证了邓小平关于"贫穷不是社会主义"的重要判断,是邓小平社会主义本质理论的重要实践依据,也凸显了在社会主义国家解放和发展生产力、推动实现共同富裕的极端重要性。

一方面,人民群众的"逃港潮"使以习仲勋为代表的共产党人早一步清醒和觉悟,意识到了体制机制存在的严重弊端,坚定了他们改革开放、发展经济的决心,最终在实践的引导下,他们成为 20 世纪中国最早的一批改革者。另一方面,正是为了"遏止偷渡外逃、留住老百姓",习仲勋等共产党人去到北京,在中央工作会议上向党中央提出了给广东划出一块地方来,实行特殊经济政策,以稳定人心、发展经济的要求。这种要求促使邓小平有了先在深圳等地办特区,搞一块地方作为对外开放的"试验田",然后"摸着石头过河",最终一步步扩大改革开放的伟大构想。

(2)社会主义本质论科学地回答了什么是社会主义、怎样建设社会主义这个社会主义首要的基本的理论问题

"逃港潮"的出现引起了改革开放初期中国共产党人对社会主义本质的再认识,其治理始末体现了中国共产党人坚持实事求是,在实践中检验和发展真理的优良品质。正如邓小平指出的:"我们建设社会主义的方向是完全正确的,但什么叫社会主义,怎样建设社会主义,还在摸索之中。"①邓小平提出社会主义本质论有其历史必然性。一种科学理论的诞生,是有其历史背景和时代条件的。在中国这样经济文化比较落后的国家建设什么样的社会主义、怎样建设社会主义是一个首要的基本的理论问题,而搞清楚这个问题的关键就是要认清社会主义的本质。对社会主义本质的研究与探讨,中国共产党人从未停止。三大改造完成,我国开始探索社会主义建设道路。由于史无前例,没有现成样板参考,摸索过程中也走了不少弯路。例如,从生产关系上讲,一开始提出"可以消灭了资本主义,又搞资本主义",到认为社会主义就是公有制,认为这是第一位标准。并且,到后来,认为公有化程度越高,就越符合社会主义,忽视了经济建设的作用,这种不正确的认知在改革开放之初遭受了重大挫折。"逃港潮"的爆发再一次激起了人们对于社会主义本质问题的热议,对于这一问题的回答也成为新时期社会主义建设的首要问题。1980 年,邓小平第一次使用了社会主义本质概念,同时指出"什么是社会主义"这个根本问题,

---

① 《邓小平文选》第 3 卷,人民出版社 1993 年版,第 227 页。

必须考虑清楚。自此,邓小平开始了关于社会主义本质问题的漫长探索历程。1992年,邓小平明确阐述社会主义本质内涵,从根本上解决了困扰中国几十年的问题,最终使中国快速发展起来。

"逃港潮"可以看作是对邓小平社会主义本质论的印证,即"贫穷不是社会主义"。"社会主义的本质,是解放生产力,发展生产力,消灭剥削,消除两极分化,最终达到共同富裕。"①邓小平对社会主义本质的新概括,是他长期思索的思想结晶和理论升华。这一概括既坚持了科学社会主义,同时又赋予了社会主义以新的时代内涵。一是突出强调解放和发展生产力在社会主义发展中的重要地位。这是社会主义制度得以巩固和发展的物质前提和根本途径,也是社会主义的根本要求和优越性的体现。二是突出强调消灭剥削、消除两极分化,最终达到共同富裕,从生产关系和发展目标角度认识并把握社会主义本质。邓小平从中国的具体国情出发,把实现共同富裕作为社会主义的根本目标,体现了马克思主义同当代中国实际的结合。实现共同富裕,是走向人的自由而全面的发展所必经的阶段。要实现共同富裕,除了要解决如何解放和发展生产力,不断增加社会物质财富的问题外,从生产关系方面来说,还有一个消灭剥削,消除两极分化,使社会生产力发展的成果为全体人民共享的问题。

由此可见,邓小平对社会主义本质的科学概括,虽然短短五句话,内涵却十分丰富,是一段完整的论述,有它内在的逻辑,形成了一个严密的体系。"解放生产力,发展生产力"是逻辑起点。搞社会主义,首先要解放生产力和发展生产力,在解放和发展生产力的过程中,通过改革开放,不断推进社会主义制度的自我完善和发展,最终达到共同富裕。"解放生产力,发展生产力"是基础,是前提和根本。它是实现消灭剥削,消除两极分化,最终达到共同富裕的物质基础。"消灭剥削,消除两极分化"是条件,是途径。只有消灭剥削,消除两极分化,才能达到共同富裕。"最终达到共同富裕"是目标,是结果。解放和发展生产力,消灭剥削和消除两极分化的目标都是实现共同富裕。这三个基本方面是不可分割的有机体,离开哪一方面都不可能完整地体现社会主义的本质。

(3)邓小平社会主义本质理论具有重要的政治意义、理论意义和实践意义

邓小平的社会主义本质论,坚持了科学社会主义的基本原则,反映了

---

① 《邓小平文选》第3卷,人民出版社1993年版,第373页。

人民利益和时代要求,廓清了不合乎时代进步和社会发展规律的模糊观念,摆脱了长期以来拘泥于具体模式而忽视社会主义本质的错误倾向,深化了对科学社会主义的认识。这对于我们在坚持社会主义基本制度的基础上推进改革,指导改革沿着合乎社会主义本质要求的方向发展,对于建设中国特色社会主义,具有重大的政治意义、理论意义和实践意义。同时,邓小平对于社会主义本质的探索历程提醒我们,社会主义本质的体现是一个动态的过程,中国共产党对社会主义本质的认识随着实践的推进逐步深化。我们必须在生产力与生产关系的相互作用中,在根本任务与发展目标的辩证统一中,全面准确地把握社会主义的本质,更好地推进中国特色社会主义建设。

现如今,从邓小平关于社会主义本质的原创性贡献,到习近平新时代中国特色社会主义思想关于社会主义本质的创新性发展,是科学社会主义强大生命力和思想引领力的时代彰显。在新时代新征程上,我们要坚定不移坚持和发展中国特色社会主义,不断拓展中国式现代化新道路,创造人类文明新形态,科学把握社会主义本质与基本规律,把新时代中国特色社会主义全面推向前进。

(二)"三只鸭子和四只鸭子"的故事:"解放思想,实事求是"的理论精髓

1.案例呈现

70年代末,复出不久的邓小平来到广东宝安视察,走进一位施姓大娘家里,看到施大娘正在喂鸭子,就上前简单地问了几句:"施大嫂,你家这院坝这么宽敞,为什么只养3只鸭子啊?"施大娘惊恐且谨慎地回答道:"养3只是社会主义,养4只是资本主义,不能多养。"据当地官员称:上面没有规定具体数量,但下面各级都规定了一些量化标准,因为有了标准才好掌握,原因很简单,就是要谨防资本主义思潮复辟,及时地割资本主义尾巴。当地另一名官员又称:这是省里定的精神,县里出的指标。接着,邓小平又问施大娘:"施大嫂,你想不想养第4只鸭子啊?"施大娘紧张又斩钉截铁地说:"不想,不敢想,上级规定我们养3只,我们就养3只,如果养4只是不行的,养4只是资本主义。"

但是邓小平看出施大娘为鸭子准备的鸭食应该不止3只鸭子的量,接着发现了前面有一间小房子,随行人员看出邓小平的意思,上去打开门,见到了十几只鸭子,这十几只鸭子都被捆绑住了嘴和脚。邓小平怒

道:"赶快将这些鸭子松绑。"众人一看原来施大娘偷偷地多养了 12 只鸭子,此时村委会主任上前说道:"施大嫂,你这是怎么回事,资本主义的尾巴怎么这么粗啊?"施大娘立刻下跪苦苦哀求:"首长我错了,鸭子我杀,我杀,我马上割资本主义尾巴,我有罪。"邓小平将施大娘挽扶起来,对其说道:"施大嫂,你养这 12 只鸭子没有错,哪怕是再养 24 只鸭子、240 只鸭子还要多,都是对的,都是社会主义的!你养的鸭子越多越好。你刚才说要割尾巴,那是割我们这些人的尾巴。我们这些人的头脑里有不正确的东西,必须割这个尾巴。"

邓小平紧接着又问:"你们广东省委认为这 12 只鸭子是社会主义吧?"当地官员惭愧地说道:"邓副主席说是什么主义就是什么主义。"邓小平又问施大娘:"施大嫂,如果放开,你最多能养多少只鸭子啊?"施大娘回复说:"在 1965 年以前,我最多养过 120 只。"邓小平说:"'文化大革命'前,我看得出来哟,你老人家是养家禽的高手,以后啊我希望你多养一些家禽,多养家禽你就可以致富了嘛,然后把全村的社员都带动起来,大家都来养鸭子,养家禽,那不就共同富裕了吗,你看好不好啊?"

(资料来源:电视剧《历史转折中的邓小平》中的片段。)

2.案例指向

本案例重点指向教材第六章第一节第二目的内容,即邓小平理论的精髓是解放思想、实事求是。"解放思想,实事求是"有着十分重要的意义和科学内涵。改革开放的辉煌成就证明了"解放思想,实事求是"的思想路线是邓小平理论的精髓。"解放思想,实事求是"重新确立,对当代中国经济社会的发展产生了极为深刻的影响,从而使中国的现代化建设步入了一个崭新的阶段。

3.案例解析

(1)解放思想是在新的历史条件下中国共产党的实事求是思想路线创新的要求

在社会发展进程中,抽象谈论姓"资"姓"社"的思维定式在实践中受到质疑和挑战。"养 3 只鸭子是社会主义,养 4 只鸭子是资本主义"的观点认为,在社会主义社会中,人们应该集中精力发展公有制经济,其他非公有制经济都是资本主义性质的。其本质是,在当时的中国社会,所有经济活动都应当以社会主义公有制为基础,任何私人拥有的经济实体都被认为是资本主义的体现。这一观念在当时的政治环境下得到了大力推行。政府通过宣传和政策实施来强调社会主义公有制的重要性,鼓励人们将私有财产转化为公有财产,并在全国范围内进行了推广。然而,随着时间的推移,这种观念逐渐被人们质疑和批判。

首先,这种观念忽视了社会主义和资本主义之间的本质区别。社会主义和资本主义的根本区别在于生产资料的所有制形式不同。在社会主义社会中,生产资料归全体人民所有,而在资本主义社会中,生产资料归私人所有。因此,社会主义和资本主义的区分并不是简单地由养鸭的数量来决定的。其次,这种观念忽视了社会主义和资本主义之间的联系。社会主义和资本主义并不是完全独立的,它们之间存在着一定的联系。在社会主义社会中,公有制经济和非公有制经济都是必要的,它们之间存在着相互依存、相互作用的关系。因此,我们应该摒弃这种简单的、机械的观念,以更加开放、包容的态度来看待社会主义和资本主义之间的关系。"3只鸭子是社会主义,4只鸭子是资本主义"的故事,凸显了"解放思想、实事求是"作为邓小平理论精髓的重要价值体现。所谓精髓,对于理论而言,指的是能使这一理论得以形成和发展并贯穿始终,同时又体现在这一理论中最本质的东西。解放思想、实事求是,是邓小平理论的精髓。党的十一届三中全会后,邓小平在探索有中国特色的社会主义道路中,从没有丢弃中国共产党实事求是的工作作风,并在实事求是的基础上,针对当时改革开放的现实需要,提出了解放思想。他把实事求是与解放思想统一起来,突出强调了解放思想对实事求是思想路线的极端重要性。邓小平将解放思想引入党的思想路线,体现了在新的历史条件下,中国共产党的实事求是思想路线创新的要求。

(2)解放思想、实事求是的思想路线重新确立解决了一系列重大的理论和实践问题

在中国共产党的历史上,毛泽东在新民主主义革命时期领导党克服了党内曾经盛行的把马克思主义教条化、把共产国际决议和苏联经验神圣化的错误倾向,在全党确立了实事求是的思想路线,由此保证了新民主主义革命和社会主义改造的胜利。然而,党没能始终如一坚持这条思想路线,在社会主义建设道路的探索中出现了曲折。党的十一届三中全会以后,以邓小平同志为主要代表的中国共产党人重新确立并丰富发展了这一思想路线,提出了一系列有利于增强党的团结和调动一切积极因素的方针政策。党的思想路线的重新确立,解决了一系列重大理论和实践问题。

一是坚持解放思想、实事求是,有力推动和保证了拨乱反正的进行。

党的十一届三中全会批评了"两个凡是"的错误方针,果断地作出了把党和国家工作重点转移到社会主义现代化建设上来的战略决策。然而,在极左的"文革"年代,人们总认为,左比右好,左才是革命的,所以,"宁左勿右"盛行,造成生产力低下,人民生活困难。"3只鸭子是社会主义,4只鸭子是资本主义"的故事,凸显了改革开放初期解放思想、实事求是的紧迫性。实践证明,只有解放了思想,才能真正破除束缚人民思想的"紧箍咒",才能真正在全社会范围内保证拨乱反正。

二是坚持解放思想、实事求是,破除了固化的社会主义模式观念,坚持走自己的路。"文革"结束后,贫困问题成为各级领导和全社会关注的焦点之一,而"姓资姓社"的区分造成了最严重的思想束缚。"3只鸭子是社会主义,4只鸭子是资本主义"正是说明了当时社会由于受"宁左勿右"、严格区分"姓资姓社"等固有思想观念的束缚,谁也不敢放开集体生产的农村经营管理模式。而要真正推动生产力的发展和改善人们的生活,就必须坚持解放思想、实事求是,从思想上彻底破除固化的社会主义模式观念,促进生产力发展。邓小平主导下的改革开放特别是中国农村改革的经过,完全说明了这个道理。

三是坚持解放思想、实事求是,提出了社会主义初级阶段理论。邓小平强调,我国处于并将长期处于社会主义初级阶段,"一切都要从这个实际出发,根据这个实际来制订规划"①。"3只鸭子是社会主义,4只鸭子是资本主义"生动地说明了在社会主义初级阶段什么样的形式、体制适合并能促进生产力发展,就该用什么形式、体制。后来,邓小平在改革开放实践中创造性地把"三个有利于"作为检验一切工作是非得失的根本标准,把我国的改革开放和现代化建设推进到一个新的阶段。

(3)解放思想和实事求是是辩证统一的关系

解放思想、实事求是贯穿邓小平理论形成发展的全过程。邓小平深刻阐明了解放思想和实事求是的辩证统一关系,只有解放思想才能达到实事求是,只有实事求是才是真正的解放思想。"3只鸭子是社会主义,4只鸭子是资本主义"的故事恰恰说明了解放思想和实事求是之间的辩证关系。

解放思想必须坚持以马克思主义为指导,而不是背离马克思主义的胡思乱想,同时必须敢于面对新情况新问题,把实践当作最高权威,不做

---

① 《邓小平文选》第3卷,人民出版社1993年版,第252页。

习惯势力和主观偏见的奴隶。事实上，辩证唯物主义"存在决定思维"这一面大旗，在马列主义革命家手中不断地发展，在这个发展过程中不断地进行着教条主义和反教条主义、本本主义和反本本主义的斗争。"3 只鸭子是社会主义，4 只鸭子是资本主义"充分说明对原先的认识进行再认识的必要性，其中既有对原先认识中那些正确部分的坚持，也有对原先认识中那些错误部分的纠正。在拨乱反正和改革开放中，以邓小平同志为主要代表的中国共产党人始终坚持解放思想和实事求是相统一。在这条思想路线的指引下，我们正确地评价了毛泽东同志的功过是非，实现了指导思想和各条战线的拨乱反正，把党和国家的工作重心转移到经济建设上来，作出了实行改革开放的重大决策，成功地找到了在中国建设社会主义的正确道路，开创了中国特色社会主义，开辟了马克思主义新境界。

（4）解放思想、实事求是思想路线的时代价值

今天，中国已经进入了一个新的发展阶段，经济形态和所有制结构都发生了很大的变化。私有经济已经成为中国经济的重要组成部分，非公有制经济在国家经济中的作用越来越重要。在这种情况下，"养 3 只鸭子是社会主义，养 4 只鸭子是资本主义"的观念已经不再适用，我们需要以更加开放和包容的态度来看待不同所有制经济之间的关系，充分发挥各种所有制经济的作用，推动国家经济的发展。"3 只鸭子和 4 只鸭子"的故事在一定程度上反映了邓小平对党的实事求是思想路线的重新确立和发展，这一思想丰富了马克思主义的理论精髓，拨正了中国未来建设和发展的正确航向，开辟了理论创新和实践创新的广阔空间。同时，为推进新时期建设中国特色社会主义事业提供了重大理论价值和实践价值。

（三）"五老火锅宴"：拉开了发展中国经济大戏的序幕

1.案例呈现

1979 年 1 月 17 日上午，同工商界领导人胡厥文、胡子昂、荣毅仁、周叔弢、古耕虞谈话。指出：党的十一届三中全会决定把工作重点转移到社会主义现代化建设上来。过去耽误的时间太久了，不搞快点不行。但是怎样做到既要搞得快点，又要不重犯一九五八年的错误，这是个必须解决的问题。现在搞建设，门路要多一点，可以利用外国的资金和技术，华侨、华裔也可以回来办工厂。吸收外资可以采取补偿贸易的办法，也可以搞合营，先选择资金周转快的行业做起。当然，利用外资一定要考虑偿还能力。要发挥原工商业者的作用，有真才实学的人应该使用起来，能干的人

就当干部,要落实对他们的政策。总之,钱要用起来,人要用起来。又说:现在国家计划想掉个头。过去工业是以钢为纲,钢的屁股太大,它一上就要挤掉别的项目,而且资金周转很慢。要先搞资金周转快的,如轻工业、手工业、补偿贸易、旅游业等,能多换取外汇,而且可以很快提高人民生活水平。在谈到发展旅游事业问题时指出:我们国家地方大,名胜古迹多。如果一年接待五百万人,每人花费一千美元,就是五十亿美元,要大力发展旅游业,可以多搞几个旅游公司。名胜旅游区要整修一番,像四川的峨眉山,长江三峡,甘肃的敦煌、嘉峪关,西安的半坡村、秦始皇陵等等。云南的石林,整修好了就是世界第一。要搞好旅游景区的建设,要有电、有路、有旅馆,还要搞好城市建设,搞好服务业,千方百计赚取外汇。还在谈话中对荣毅仁说:你主持的单位,要规定一条:给你的任务,你认为合理的就接受,不合理的就拒绝,由你全权负责处理,处理错了也不怪你。要用经济方法管理经济,从商业角度来考虑签订合同,有利润、能创汇的就签,否则就不签,应该排除行政干扰。所谓全权负责,包括用人权。只要是把社会主义事业搞好,就不要犹豫。中午,招待大家吃饭。

（资料来源:中共中央文献研究室:《邓小平年谱》第 4 卷,中央文献出版社 2020 年版,第 471～472 页。）

听说你们对如何搞好经济建设有很好的意见和建议,我们很高兴。今天就谈谈这个问题。

现在经济建设的摊子铺得大了,感到知识不够,资金也不足。党的十一届三中全会决定把工作重点转移到社会主义现代化建设上来。过去耽误的时间太久了,不搞快点不行。但是怎样做到既要搞得快点,又要不重犯一九五八年的错误,这是个必须解决的问题。现在搞建设,门路要多一点,可以用外国的资金和技术,华侨、华裔也可以回来办工厂。吸收外资可以采取补偿贸易的方法,也可以搞合营,先选择资金周转快的行业做起。当然,利用外资一定要考虑偿还能力。

要发挥原工商业者的作用,有真才实学的人应该使用起来,能干的人就当干部。对这方面的情况,你们比较熟悉,可多做工作。比如说旅游业,你们可以推荐有本领的人当公司经理,有的可以先当顾问。还要请你们推荐有技术专长,有管理经验的人管理企业,特别是新行业的企业。不仅是国内的人,还有在国外的人,都可以用,条件起码是爱国的,事业心强的,有能力的。

要落实对原工商业者的政策,这也包括他们的子孙后辈,他们早已不拿定息了,只要没有继续剥削,资本家的帽子为什么不摘掉?落实政策以后,工商界还有钱,有的人可以搞一两个工厂,也可以投资到旅游业赚取外汇,手里的钱闲起来不好。你们可以有选择地搞。总之,钱要用起来,人要用起来。

荣毅仁同志,希望你减少一些其他工作,多搞些对外开放和经济工作。形式你自己考虑。你主持的单位,要规定一条:给你的任务,你认为合理的就接受,不合理的就拒绝,由你全权负责处理。处理错了也不怪你。要用经济方法管理经济,从商业角度考虑签订合同,有利润、能创汇的就签,否则就不签。应该排除行政干扰。所谓全权负责,包括用人权。只要是把社会主义建设事业搞好,就不要犹豫。

(资料来源:《邓小平文选》第2卷,人民出版社1994年版,第156~157页。)

2.案例指向

本案例重点指向教材第六章第二节第一目的内容,即社会主义初级阶段理论和党的基本路线。邓小平同志宴请胡厥文等五老的火锅宴,不仅在当时生动地消融了"大跃进"和"文革"以来对个人资本和市场经济的冰封,也使助推非公经济发展的伟大战略决策初露端倪,为新时期中国共产党的基本路线正式形成做了准备。

3.案例解析

(1)"一个中心、两个基本点"基本路线提出的时代背景

改革开放前夕,邓小平当机立断:"如果现在再不实行改革,我们的现代化事业和社会主义事业就会被葬送。"[①]1978年,十一届三中全会拉开了改革开放的序幕,决定要把我国发展的重心转移到经济建设上来。搞经济,首先就要解决一个钱的问题。邓小平之所以这么强调"赚钱"这件事,是因为过去我们多重视重工业的投资,这些投资周期长、见效慢,可现在要快速推进现代化建设,就必须"先累积资金"。

钱从哪里来呢?这时,邓小平首先关注到了旅游产业。1979年1月6日,他把余秋里、谷牧等同志找来谈话,讨论经济建设方针的问题。其间,他说:"旅游赚钱多,来得快。"在《邓小平年谱》中,从1978年10月到1979年7月,邓小平有五次较大篇幅地谈旅游,指出"全国要搞若干个旅游公司,搞得好的年底要拿双薪……要多搞赚钱的东西,可以开饭店、小卖部、酒吧间,搞纪念画册、风景图片……"邓小平认为,要搞旅游首先就

---

① 《邓小平文选》第2卷,人民出版社1994年版,第150页。

需要有旅馆，盖旅馆需要资金，第一批资金可以找侨资、外资。同时，实行改革开放和推进社会主义现代化建设，需要调动起社会中更多的积极性、团结更多的人。以邓小平同志为主要代表的党的第二代中央领导集体认识到，一直靠边站的原工商业者海内外联系广泛，有丰富的经商办实业的经验，是未来经济建设不可忽视的力量。

1979 年 1 月，人民大会堂福建厅内，火锅热气腾腾。时任全国政协主席的邓小平同志与胡厥文、胡子昂、荣毅仁、古耕虞、周叔弢等五位工商界人士围坐一桌，就工商业者在现代化建设中应该如何发挥作用、如何调动中国社会经济发展建设的活力展开了讨论。

党的十一届三中全会冲破了长期"左"的错误的严重束缚，批评了"两个凡是"的错误方针，充分肯定了必须完整、准确地掌握毛泽东思想的科学体系，高度评价了关于真理标准问题的讨论，果断结束了"以阶级斗争为纲"，作出了把全党工作重点和全国人民注意力转移到社会主义现代化建设上来、实行改革开放的历史性决策。"五老火锅宴"就是在这样的时代背景下探讨中国经济建设的重大问题。我们不仅可以领略到时代转折中邓小平的思想伟力，而且可以感受到"一个中心，两个基本点"基本路线提出的历史背景。

（2）"以经济建设为中心"回答了社会主义的根本任务问题

改革开放之所以能够成为改变当代中国以及中国共产党历史命运的关键抉择，根本上是因为以邓小平同志为代表的中国共产党人能够始终坚持和发展马克思主义。而能否坚持以经济建设为中心，是关系到我国社会主义现代化的成败、关系到社会主义的前途和命运的大问题。邓小平指出："离开了经济建设这个中心，就有丧失物质基础的危险。其他一切任务都要服从这个中心，围绕这个中心，决不能干扰它，冲击它。"①十一届三中全会以后，中国共产党破除所有制问题上的传统观念束缚，为以民营经济为主体的非公有制经济发展打开了大门，为"以经济建设为中心"的提出做了重要准备。

"五老火锅宴"上，邓小平第一次提出要吸引外资，第一次提出希望原工商业者利用落实政策以后的资金办私人企业，打开了非公有制经济发展的禁区，众多的工商业者和民族企业家逐渐摘掉了帽子、卸掉了包袱，开始在经济建设中扮演起重要的角色。

---

① 《邓小平文选》第 2 卷，人民出版社 1994 年版，第 250 页。

1979—1992年，邓小平先后十多次论述了计划与市场问题。1992年，邓小平视察南方时讲道："计划多一点还是市场多一点，不是社会主义与资本主义的本质区别。计划经济不等于社会主义，资本主义也有计划；市场经济不等于资本主义，社会主义也有市场。计划和市场都是经济手段。"①同年召开的中共十四大作出决议，宣布中国经济体制改革的目标是建立社会主义市场经济体制。中共十五大报告明确提出了建设"以公有制为主体、多种所有制经济共同发展"的社会主义市场经济制度。

(3)"坚持四项基本原则"回答了解放和发展生产力的政治保证问题

"钱要用起来，人要用起来。"邓小平的这句话对工商界人士起到了巨大的鼓舞作用，点燃了他们的热情和希望，个体、私营经济如久旱逢甘霖一般，逐渐成长起来，遍地开花。改革开放初期，全国城市待业人员已达2000多万。面对如此沉重的就业压力，从1979年起，党和政府采取了解放思想、放宽政策、广开就业门路的措施。不久，全国各地的街头巷尾陆续出现了不少个体的小吃摊、补鞋摊和自行车修理铺，个体、私营经济借此机会逐渐发展壮大起来。个体经济的初步发展为安排城镇待业人员和农村富余劳动力、扩大就业等作出了很大贡献。

1979年全国政协五届二次会议开幕式上，邓小平代表党中央正式宣布给资本家"摘帽"，并深刻地分析了中国社会阶级状况的根本变化。得知昔日的资本家已变为社会主义劳动者，成为新时期爱国统一战线的重要组成部分，广大原工商业者受到了极大的鼓舞，表示要为实现四个现代化贡献力量。

从私营经济写入党的代表大会报告、写入宪法，到社会主义市场经济体制改革目标和社会主义初级阶段基本经济制度的确立，再到"两个毫不动摇"、非公经济36条等的提出，在稳定的制度保障和有力的政策支持下，我国的生产力得到了进一步的解放和发展，民营经济飞速发展，为改革开放和社会主义现代化建设作出了重要贡献。

(4)"坚持改革开放"回答了社会主义的发展动力和外部条件问题

邓小平在会见五老时，第一次明确提出了"利用外国的资金和技术"，这体现了他对对外开放的深邃思考。中国较长时期处于停滞和落后状态的一个重要原因是闭关自守，关起门来搞建设是不能成功的。在自力更生的基础上实行对外开放，吸收外国资金和技术来帮助中国发展，不仅是

---

① 《邓小平文选》第3卷，人民出版社1993年版，第373页。

小平同志的高瞻远瞩,而且是促进经济发展的应有之义。从"引进来"到"走出去",从南海边圈起深圳等经济特区、开发开放浦东、推动沿海沿边沿江和内陆中心城市逐步开放,到加入世界贸易组织,国内国际两个市场、两种资源得到了充分利用,全方位、多层次、宽领域的对外开放新格局日渐形成,中国实现了由封闭半封闭到全方位开放的历史性转变。

一场看似寻常实则非同寻常的火锅宴,在中国波澜壮阔的改革开放历程中写下了浓墨重彩的一笔。邓小平同志的一席话,如火锅宴上的炭火,点燃了五老报效祖国的雄心,更点亮了改革开放旗帜下发展非公有制经济的指路明灯,为中国共产党从"以阶级斗争为纲"到"以经济建设为中心"的政治路线上的大转变做了必要准备。"一个中心、两个基本点"的党的基本路线也成为邓小平理论的逻辑必然和根本支撑。

在改革开放的历史进程中,在中国共产党的正确方针政策指引下,非公有制经济蓬勃发展,与公有制经济相辅相成,开辟出了一条具有鲜明中国特色的经济发展道路。新时代,在党的坚强领导下,中国将进一步深化改革、总结经验、乘势而上,以经济高质量发展全面推进中国式现代化。

(四)"邓小平考察日本新干线"和"863计划"出台:"发展生产力"是社会主义的根本任务

1.案例呈现

1978年10月26日上午,乘坐高速气垫船从东京出发,前往千叶县沿海地区的君津钢铁厂参观。在船上,听取新日本钢铁公司董事长稻山嘉宽介绍这家日本最大钢铁公司的情况。在君津钢铁厂参观热轧车间,观看车间控制中心利用电子计算机控制轧制钢板,对这家工厂给予中国的帮助表示感谢,要求日本朋友一定要把先进的生产管理经验介绍给正在这里或即将来这里实习的中国工人。还应日本朋友要求,为工厂题词:"中日友好合作的道路,越走越宽广,我们共同努力吧!"

下午,离开东京,乘新干线"光—81号"超特快列车前往日本的文化古城京都进行访问。在火车上应日本记者之请谈对新干线的观感时说:就感觉到快,有催人跑的意思,我们现在正合适坐这样的车。

(资料来源:中共中央文献研究室:《邓小平年谱》第4卷,中央文献出版社2020年版,第412~413页。)

从载人航天的神舟飞船,到深潜入海的"蛟龙号";从解决粮食自给的超级杂交水稻,到便捷出行的高速列车、新能源汽车;从北京奥运会上获得商业应用的高亮度激光投影产品,到具有自主知识产权的创新药物……这些在当下足以代表中国最高科技水平、提振国人民族自豪感的科技成就,有一个共同的起点——"863 计划"。

对于年轻人来说,"863 计划"可能不是一个耳熟能详的名词,但对于广大科学家和科技工作者来说,它无疑是中国高技术奋起发展的重要标志。……1983 年 3 月 23 日,美国总统里根发表了"星球大战"演说,提出实施"战略防御倡议"计划。此举表面上是针对苏联进行战略威胁,实际上是以发展高技术为核心,实施新一轮科技革命。此后两三年间,各国符合或针对"星球大战"计划的对策计划纷纷登上历史舞台。这种形势下,中国怎么办?在有关部门组织召开的专家座谈会上,与会专家展开了激烈讨论。一部分观点认为,我们也应该采取相应的措施,迎接新技术革命;另一部分观点则认为我们还不具备全面发展高科技的经济实力,可以先搞一些短期见效的项目,等人家搞出来,再为我所用。

"我心里着急啊!这是一次世界性的高科技发展机会,我认为中国应该把握这个机会。"生前接受本报记者采访时,"两弹一星功勋奖章"获得者、"863 计划"倡导者之一杨嘉墀院士介绍,在各种讨论会上,他与王大珩、王淦昌、陈芳允等科学家观点相近,认为"尽管当时我们的经济实力还不允许全面发展高科技,但争取在一些优势领域首先实现突破是完全有可能的"。1986 年年初的一个夜晚,陈芳允敲响了王大珩的家门。经过一番长谈,二人决定,由王大珩起草一份关于发展我国高技术项目的建议书。后经与王淦昌、杨嘉墀商议定稿后,送给中央领导。3 月 3 日,由这四位科学家撰写的"关于跟踪研究外国战略高技术发展的建议"呈送到邓小平同志面前。两天后,邓小平同志对此作了重要批示:此事宜速作决断,不可拖延。

此后几个月内,相关部门组织专家作了极为严格的论证。同年 11 月,编制形成"国家高技术研究发展计划",并于次年 3 月正式实施。由于该计划提出时间是 1986 年 3 月,因此又称为"863 计划"。这是首个由科学家倡议、政治家决策、中央政治局讨论的科技计划,是中国科技发展史上划时代的大事。对于这段历史,中国工程院原副院长、原"863 计划"激光技术领域专家委员会主任杜祥琬院士评价为"科学家的战略眼光与政治家的高瞻远瞩相结合的产物,凝练了我国发展高科技的战略需求"。

(资料来源:徐畅:《"863",中国高技术奋起发展的标志》,《光明日报》2021 年 3 月 29 日第 5 版。)

2.案例指向

这是一个组合式案例,重点指向教材第六章第二节第二目的内容,即社会主义根本任务是发展生产力。这个知识点是针对 1957 年后我国国家发展越来越偏离 1956 年党的八大关于社会主要矛盾和发展生产力的根本任务的正确判断,导致社会主义建设一度出现挫折的背景下,进入社会主义建设和改革开放新时期,如何科学分析社会主要矛盾,认识社会主义根本任务的问题。邓小平考察日本新干线和"863 计划"两个案例都是中国改革开放史上的重要历史事件,放在一起可以很好地理解发展生产力是社会主义的根本任务以及科学技术对于提升生产力水平的巨大作用。

3.案例解析

(1)社会主义的根本任务是发展生产力

新干线作为日本的科技成就,不仅是一种交通工具,而且是生产力水平的标识。邓小平选择乘坐新干线列车,亲身体验高科技交通工具,既传递了对生产力发展、对新技术、新生产方式的认可,也体现了中国对于先进科技的重视和学习态度。同时,邓小平在 1978 年访问日本期间乘坐新干线的行为,也被认为是对中国发展道路的一种探索,即通过学习借鉴日本等国家的先进技术和发展经验,中国可以加速自身的现代化进程,推动经济发展,提高国民生活水平。

"863 计划"是我国在 1986 年启动的一项重要科技发展计划,旨在加强国家科技实力,推动科技创新,提高生产力水平。该计划的重大意义在于通过改革科技体制,打破了原有的行业壁垒和科技研发的束缚,极大地鼓励了科研人员探索和创新的积极性,激发了科技创新的活力,推动了科技成果向生产力转化,有效提升了我国的科研实力和综合国力。同时,"863 计划"充分肯定了科技作为第一生产力的重要性,通过科技成果的应用和转化,为各行业提供了新的发展机遇,促进了经济结构的优化和升级,推动了我国经济的快速发展。

生产力是社会发展的最终决定力量。马克思、恩格斯在《共产党宣言》中就指出,无产阶级夺取政权以后,要大力发展生产力,"并且尽可能快地增加生产力的总量"[①]。邓小平指出,贫穷不是社会主义,社会主义要消灭贫穷。社会主义的根本任务是发展生产力,这是党对我国社会主

[①] 《马克思恩格斯选集》第 1 卷,人民出版社 2012 年版,第 421 页。

义建设经验教训和社会主要矛盾进行科学分析得出的最重要的结论。社会主义改造完成后,我国建立了社会主义制度,取得了伟大的成就,党的八大也正确分析了我国社会的主要矛盾是人民对于经济文化迅速发展的需要同当前经济文化不能满足人民需要的状况之间的矛盾,但是后来社会主义发展遇到了曲折,社会的主要矛盾逐步地转向阶级矛盾。十一届三中全会后,我们党深刻地认识到,在我国这样一个经济文化比较落后的条件下建设社会主义,发展生产力尤为迫切。把工作的重点转移到经济建设上来,强调社会主义的根本任务是发展生产力。1981 年 6 月,《中国共产党中央委员会关于建国以来党的若干历史问题的决议》明确指出,社会主要矛盾是人民日益增长的物质文化需要同落后的社会生产之间的矛盾。为此,我们必须发展生产力,满足人民日益增长的物质文化需要。"我们革命的目的就是解放生产力,发展生产力。离开了生产力的发展、国家的富强、人民生活的改善,革命就是空的。"[1]社会主义优越性的根本表现,就是允许社会生产力以旧社会所没有的速度迅速发展,使人民不断增长的物质文化生活需要能够逐步得到满足。我们要建设的中国特色社会主义是不断发展生产力的社会主义。我们确立的基本路线是以经济建设为中心实现社会主义现代化的发展路线。中国共产党的初心和使命就是为中国人民谋幸福、为中华民族谋复兴。满足人民日益增长的物质文化需要,就要解放生产力、发展生产力。社会主义的根本任务是发展生产力。我们可以通过改革创新,消除生产力发展中的各种制约因素,激发和释放生产力的潜能,可以通过创新、投资、科技进步等手段,不断提高社会总体的生产水平,促进社会经济的稳步发展。

（2）发展是硬道理,是解决一切问题的关键

在访问日本时,新干线列车的速度、效率给邓小平留下了深刻的印象,进而启发了他对于中国自身发展的认知。"感觉到快,有催人跑的意思",在邓小平这样的回答中,不难看出他对于中国现代化的渴望和对发展速度的追求。而"863 计划"也是邓小平在面对国际科技革命时敏锐地意识到中国不能被新一轮科技浪潮抛下,决心让中国积极参与国际科技竞争与合作时采取的一项重要举措。邓小平强调,发展是硬道理,发展是解决中国所有问题的关键。从考察日本新干线再到实行"863 计划",这正是邓小平"发展是硬道理"这一理念从提出再到实践的具体过程,它展

---

① 《邓小平文选》第 2 卷,人民出版社 1994 年版,第 231 页。

现了邓小平在中国改革开放过程中对发展的高度重视和实践中的坚定决心。邓小平"发展是硬道理"的理念,强调以经济建设为中心,把解放生产力、推动经济发展放在首位。他认为只有通过经济发展,才能解决人民的温饱问题,提高人民的生活水平,实现国家的繁荣富强。他坚持改革开放政策,引入市场经济要素,吸引外资技术,推动中国经济实现了巨大的发展和变革。邓小平的发展理念被证明是成功的,是推动中国走向现代化的关键因素之一。当然,邓小平也从不同的角度阐明了发展的重要性。如维护世界和平、振兴中华民族、坚持和完善社会主义制度、解决国内各种问题从而保持稳定局面、发展社会主义民主法制、加强社会主义精神文明以及坚持"一国两制"统一祖国等方面,都离不开发展。

(3)中国要发展,离不开科学,科学技术是第一生产力

日本新干线作为高速铁路的典范,突破了传统的交通限制,大幅缩短了城市间的时间距离,提高了交通效率。邓小平乘坐新干线列车向世界传递了中国对于先进生产力水平、先进科技、新生产方式的认可,这种认可意味着中国愿意采纳新技术、新方法,打破传统的生产和管理模式,从而解放生产力。同时,邓小平对于新干线的肯定体现了他对于科技创新的高度重视,激发了人们的创新意识和创新动力,激励了无数科研人才打破固有思维,努力学习和掌握新思想、新技术和新工具以实现科技创新。

"863计划"实现了科技创新的推动和技术应用的推广,是发展生产力的具体实践。一方面,"863计划"通过投入大量资源进行科技研发和创新,使得中国在短时间内取得了显著的科技成就,推动了生产力的快速提升。另一方面,"863计划"不仅注重基础研究和技术创新,而且重视将科技成果应用于生产实践中。通过技术的推广和应用,不断提高生产效率和产品质量,促进了经济的发展和社会的进步。

新干线和"863计划"两个案例有一个共同的关键词,那就是科技。新干线不仅是基础设施建设水平的体现,而且是日本科技力量的展现。邓小平对于新干线的充分认可,强调了科技进步对于经济发展的关键性。科学技术的进步可以极大地提高生产力水平,推动经济的发展。正是在此理念下,邓小平给予了"863计划"高度的重视和支持,力求通过加大科技研发投入和创新激励,进一步提升国家的科技水平。这个计划的实施使得中国在许多领域取得了突破性进展,极大地增强了我国科技水平和自主创新能力,也推动了国家经济的快速发展和现代化进程。两个案例充分证明了发展生产力离不开科学技术的支持和推动,科学技术是第一

生产力,它对于生产方式的革新和生产力的提升具有决定性作用。只有不断提高科技水平,才能真正实现经济的快速发展和国家的现代化。其实,现代科学技术的发展不只是在个别的科学理论和技术上的突破,也不是一般意义上的进步和改革,而是几乎各个科学技术领域都发生了深刻的变化,出现了新的飞跃,在当今人类社会产生一系列的新兴科学技术。"科学技术是第一生产力"的重大判断,反映了科学技术在当代发展的新形势和我国现代化建设的新要求,为加快我国科技发展、推动经济社会大踏步赶上时代指明了方向。

通过对这组合式案例的分析,我们可以进一步深刻认识到发展生产力的迫切性和必要性,并深刻地意识到"科学技术是第一生产力",科技创新和技术应用是推动生产力发展的重要动力,也是实现国家现代化的关键路径之一。

(五)"粮票的前世今生":社会主义市场经济理论

1.案例呈现

新中国成立初期,国家一穷二白,物资极度匮乏,国家实行计划经济。计划经济是生产由国家统一安排、产品由国家统一分配的经济方式。在计划经济体制下,生产什么、生产多少均由国家根据社会和人民的需求来统一安排,产品也进行统一分配。为了满足人们生活的基本需求,当时最为有效的方法就是印发各种商品票证,有计划地分配到单位或城镇居民手中。

1955年8月25日,国务院全体会议第17次会议通过《市政粮食定量供应凭证印制使用暂行办法》,随后,国家粮食部向全国发布这一暂行办法,各种粮食票证开始铺天盖地地进入人们的生活,拉开了中国"票证经济"的帷幕。

粮票、食用油票、布票等是我国最早实行的票证种类,这些极具我国计划经济时代特色的票证,使用长达40多年。我国的票证种类数量堪称世界之最,全国2500多个市县,还有一些乡镇都分别发放和使用了各种商品票证,对商品进行计划供应。此外,一些大企业、厂矿、农场、学校、部队、公社等也印发了各种票证,种类繁多,票面题材广泛,印制精细,具有时间性和地域性的特点。

我国各地的商品票证通常分为"吃、穿、用"三大类。吃的除了各种粮油票外,还有猪肉票、牛肉票、羊肉票、鸡肉票、鸭肉票、鱼肉票、鸡鸭蛋票,以及各种糖类票、豆制品票、蔬菜票等。穿的除了各种布票外,还有棉花票、棉胎票、汗衫票、背心票、布鞋票等。用的有火柴票、肥皂票、洗衣粉票、煤油票、煤票、商品购买证、电器票、自行车票,还有临时票、机动票等,五花八门,涉及各个领域的方方面面。

十一届三中全会以后,国家经济的发展,使市场商品供应有了根本性好转。随着改革开放的不断深入,城乡居民生活物资日益充足,票证逐步退出历史舞台。

1993年,我国决定在全国范围内取消粮票和油票,标志着票证时代的彻底终结。与人们生产、生活息息相关40多年的票证终于寿终正寝,中国也从此摆脱和告别了票证所代表的物资匮乏时代。

习近平总书记在庆祝改革开放40周年大会上的讲话中指出:粮票、布票、肉票、鱼票、油票、豆腐票、副食本、工业券等百姓生活曾经离不开的票证已经进入了历史博物馆,忍饥挨饿、缺吃少穿、生活困顿这些几千年来困扰我国人民的问题总体上一去不复返了!

这些票证的历史,是一部中华民族创业史,是中国农业、商业、工业、服务业的发展史,是中国计划经济的写照和证明。

(资料来源:李三台编著:《票证里的中国》,广西师范大学出版社2019年版,第1~5页。)

1993年11月,党的十四届三中全会审议通过《中共中央关于建立社会主义市场经济体制若干问题的决定》,把党的十四大提出的经济体制改革目标和基本原则进一步具体化,制定了建立社会主义市场经济体制的总体规划,其基本框架为:在坚持以公有制为主体、多种经济成分共同发展的基础上,建立现代企业制度、全国统一开放的市场体系、完善的宏观调控体系、合理的收入分配制度和多层次的社会保障制度。我国经济体制改革开始向着建立社会主义市场经济体制的目标整体性推进。

市场在资源配置中的基础性作用得到增强。改革带来了供给能力的提升和物质的丰富。1992年之后,我国全面放开粮食购销价格和经营。不仅是粮食,交由市场定价的范围几乎涵盖所有的生活资料。1993年,我国取消粮票,实行了40年的粮食统购统销制度宣告终结。百姓生活曾经离不开的粮票、油票等各种票证进入了历史博物馆。

放开粮价、放开经营,是粮食和农产品购销和价格体制改革的重要一步,标志着农产品市场购销制度的基本框架的形成。在领导中国人民进行这场复杂而艰巨的改革事业中,中国共产党坚持改革开放的决心、追求国强民富的信心及冷静处理改革中出现的新问题的能力,得到了集中展现。

上述改革和调整,从实际步骤上加快了由计划经济体制向社会主义市场经济体制转轨的步伐,市场在资源配置中的基础性作用得到明显增强,全国呈现出改革开放全面推进、经济建设迅猛发展的景象。

(资料来源:《粮票取消,市场经济大潮扑面而来》,《中国合作经济》2021年第S1期。)

2.案例指向

本案例重点指向教材第六章第二节第三目的内容,即社会主义市场经济理论。众所周知,在经济活动中资源配置是一个核心问题。计划配置资源和市场配置资源是两种不同的资源配置方式。对于现在已经熟悉市场配置资源方式的学生,教师需要讲清楚计划经济中计划配置资源的状况,让学生进一步了解市场经济作为资源配置手段是在社会主义改革实践发展过程中逐步形成的,进而深刻理解计划和市场都是手段,它们不具有制度属性,社会主义也有市场。

3.案例解析

(1)取消票证是社会主义经济体制改革的必然结果

粮票是计划经济时代的产物。在计划经济时代,政府定量发放各种物资票证,涵盖了生活中最基本的物品,如粮食、棉布、油、家具、自行车、蔬菜副食、煤炭、肥皂、火柴等。这些票证在购买任何商品时都是必需的,形成了一种买卖必须凭票的制度。其中,粮票尤为重要,成为日常生活中不可或缺的凭证。人们外出时必须携带粮票,根据不同情况携带不同级别的票证,而全国粮票更是备受追捧。在这个时期,粮票的重要性超过了货币,没有粮票就难以购买食物。每人月定量的粮食配额约为30斤米和半斤油。改革开放后,市场经济开始不断推进,经济生活欣欣向荣,物资供应大幅增加,人民生活水平不断提高。1992年以后,不仅是粮食,交由市场定价的范围几乎涵盖所有的生活资料。粮票逐步退出历史舞台。社会主义计划经济体制转向社会主义市场经济体制,市场在资源配置中的作用不断加强。改革开放开始后的一个很长时期内,我国经济体制改革的核心问题是如何正确认识和处理计划与市场的关系。应该说取消票证,经济体制由社会主义计划经济转向社会主义市场经济是社会主义改革实践发展的必然产物。改革开放后,在认真分析现实国情后,邓小平做出了中国处于并将长期处于社会主义初级阶段的判断。社会主义社会生产力还不够发达,非公有制经济还有存在的土壤和条件,商品经济的充分发展是社会主义经济发展不可逾越的阶段,不能把计划经济和商品经济对立起来,应该在中国国情的基础上,重视计划和市场两种手段,把两者的优势结合起来,推动经济向前发展。

（2）市场经济与社会主义不是对立的

新中国成立以来,我们对于商品、市场的认识不够深入,在实践中往往把它们看作资本主义的东西,谈资色变。通过对"票证经济"起源和结束历程的思考,我们深刻领悟到计划不是万能的。在计划经济时期,粮票作为一种行政手段,通过对粮食的配给实现了社会主义分配的公平和平等。然而,粮票也带来了一系列问题,如资源配置的僵化、浪费以及人们对资源的滥用。随着改革开放的推进,中国逐步意识到市场手段的可行性和必要性,经济体制不断向社会主义市场经济转型,市场机制的引入使得资源配置更为灵活,市场供需关系逐步取代了计划经济的强制性。粮票的淡出反映了市场经济体制下资源配置方式的变革,也是对社会主义市场经济理论的实践运用。

1992 年邓小平在南方谈话中明确指出:"计划多一点还是市场多一点,不是社会主义与资本主义的本质区别。计划经济不等于社会主义,资本主义也有计划;市场经济不等于资本主义,社会主义也有市场。"①邓小平的这一系列重要论断,从根本上解除了把计划经济和市场经济看作属于社会基本制度范畴问题的思想束缚。这也为党的十四大明确把建立社会主义市场经济体制作为我国经济体制改革的目标奠定了理论基础。

（3）计划和市场都是手段

一是计划经济和市场经济不是划分社会制度的标志,计划经济不等于社会主义,市场经济也不等于资本主义。这一点突破了过去公认的计划经济和市场经济是代表社会主义和资本主义两种经济制度本质属性的观念,为社会主义市场经济理论的创立奠定了理论前提。二是计划和市场都是经济手段,对经济活动的调节各有优劣,社会主义实行市场经济是要把两者优势结合起来,克服两者不足,如计划经济不能有效解决效率和激励问题,市场经济的自发性、盲目性会引发恶性竞争、短期行为、道德缺失等。三是市场经济作为资源配置手段本身不具有制度属性,可以和不同的社会制度结合,从而表现出不同的性质。坚持社会主义制度与市场经济的结合,是社会主义市场经济的特色所在、优势所在,既可以充分发

---

① 《邓小平文选》第 3 卷,人民出版社 1993 年版,第 373 页。

挥社会主义制度的优越性，又可以充分利用市场经济对发展生产力的作用。

邓小平提出的社会主义市场经济理论强调，计划经济和市场经济都是经济手段，而非社会制度的标志，关键在于如何将两者结合起来。正确对待资本主义社会创造的现代文明成果，结合新的实践进行创造，赢得优势，才能加快发展。在经济体制改革中，要正确处理计划和市场的关系，坚持社会主义制度与市场经济的结合，发展社会主义市场经济，推动中国经济的蓬勃发展和社会的进步。

（六）厦门"一国两制统一中国"标语牌设立："一国两制"实现祖国完全统一

1.案例呈现

"一国两制统一中国"是邓小平同志为完成祖国统一大业的创造性构想。在按这个构想香港即将回归祖国的欢庆时刻，在祖国大陆的厦门，刚刚竖起的这八个红色大字，表达了海峡两岸人民热切盼望统一的心愿。

位于黄厝广播山的宣传牌，总宽度108米，单字高18.5米，每个字的规格为130平方米，铁架和钢字共费钢材200吨。位于青屿岛的宣传牌总宽度40米，单字高5米，每个字规格为20平方米，共用钢材20吨。两幅宣传牌的铁架均漆上象征和平的绿色。

负责施工的厦门造船厂副厂长吴义安告诉记者，这两幅宣传牌是厦门造船厂的上百名工人花费两个多月时间建造的。在建造的过程中，经常可以从望远镜中看到对面的小金门岛与大担、二担岛上的百姓和驻军对着这边指指点点。临近竣工，有时还可以看到成批的人在对岸长时间观看。

据测算，位于黄厝广播山的宣传牌，距大担、二担岛仅有两三千米的距离，青屿岛上的宣传牌也仅离小金门四千米左右。在天气晴朗、能见度高的日子，双方用普通望远镜即可看到对方岛上的人物活动情况。

据了解，所有进出厦门港的船舶，均可以在经过厦门港东侧水道时，在船上看到这两幅大型宣传牌。据统计，厦门港每年进出的100总吨以上的各种船舶在2000艘左右，其中近600艘来自世界各地的上百个国家。海峡两岸直航试点后，每星期进出厦门港的台湾船舶有6艘。

据悉，由于黄厝广播山"一国两制统一中国"的大型宣传牌正好位于环岛路内侧绿化带上方，有关部门正拟议将此处辟为我市的又一个风景旅游点。

（资料来源：卢天骄：《庆香港回归 盼祖国统一 我市建成"一国两制统一中国"大型宣传牌》，《厦门日报》1997 年 6 月 29 日。）

2.案例指向

本案例重点指向教材第六章第二节第五目的内容，即"一国两制"与祖国统一。实现祖国完全统一，是国家繁荣富强和中华民族伟大复兴的基础，反对分裂，坚持统一，是中华民族自古以来就有的光荣传统。目前香港和澳门均已回到了祖国的怀抱，我们选取离台湾较近的厦门，通过回顾在黄厝设立大型标语牌能更好地分析理解"一国两制"统一祖国的政策内涵，并明确在中国共产党的领导下祖国完全统一定能够实现。

3.案例解析

（1）"一国两制统一中国"宣传牌设立的背景

1997 年 7 月 1 日香港回归祖国，这是"一国两制"统一中国政策的成功实践。在香港即将回归祖国的欢庆时刻，厦门环岛路竖起了"一国两制统一中国"这八个红色大字，直接体现了"一国两制"。红色字体和巨大规模使这一标语更为醒目，增强了视觉冲击力，更容易引起人们的关注。这一举动具有重要的象征意义。这些宣传标语不仅是庄严的形式和大胆的表达方式，而且象征着"一国两制"政策在实现祖国完全统一时刻的重要性。在特定历史时刻，这样的象征性建筑传递出团结的信息，吸引对岸同胞长时间观看，反映了这一建筑对两岸人民情感的触动。宣传牌的竖立体现了海峡两岸人民热切盼望统一的心愿，展示了我国政府对实现祖国完全统一的坚定决心。宣传牌的位置选择考虑到了所有进出厦门港东侧水道的船舶都能看到，让国际社会感知到中国政府的统一决心。

（2）"一国两制"构想的提出

实现祖国的完全统一，是国家繁荣富强和民族伟大复兴的基础，是海内外中华儿女的共同心愿，是中华民族的根本利益所在，是中国共产党和中国人民不可动摇的坚强意志。反对分裂，坚持统一，是中华民族自古以来就有的光荣传统。中国共产党人始终把国家的统一作为自己奋斗的一个重要目标。邓小平指出，统一问题"首先是个民族问题，民族的感情问题。凡是中华民族子孙，都希望中国能统一，分裂状况是违背民族意志的"[①]。当时，面对港澳台地区尚未统一的问题，邓小平提出了"一国两

---

① 《邓小平文选》第 3 卷，人民出版社 1993 年版，第 170 页。

制"的构想,指出:"怎么解决这个问题,我看只有实行'一个国家,两种制度'。"①

(3)"一国两制"构想的基本内容

"一国两制"构想具有丰富的科学内涵,其基本内容有:坚持一个中国,这是"和平统一、一国两制"的核心,是发展两岸关系和实现和平统一的基础;两制并存,在祖国统一的前提下,国家的主体部分实行社会主义制度,同时在台湾、香港、澳门保持原有的社会制度和生活方式长期不变;高度自治,祖国完全统一后,台湾、香港、澳门作为特别行政区,享有不同于中国其他省、市、自治区的高度自治权,台湾、香港、澳门同胞各种合法权益将得到切实尊重和维护;尽最大努力争取和平统一,但不承诺放弃使用武力;解决台湾问题,实现祖国统一,寄希望于台湾人民。

"一国两制"是从中国的实际出发,解决台湾问题、香港问题和澳门问题,实现祖国和平统一的伟大构想。"一国两制"的构想是邓小平运用辩证唯物主义和历史唯物主义,坚持实事求是,把和平共处原则用于解决一个国家的统一问题,既体现了坚持祖国统一、维护国家主权的原则性,又体现了照顾历史实际和现实可能的灵活性,是对马克思主义国家学说的创造性发展。邓小平创造性地提出"一个国家,两种制度"科学构想,开辟了以和平方式实现祖国统一的新途径。

(4)"一国两制"标语牌设立的重要意义

厦门"一国两制统一中国"宣传牌的设立不仅是在庆祝香港回归的重要历史时刻的象征性举措,而且通过具体规模、位置选择和象征性表达等方式,传递了我国政府在实现祖国完全统一问题上的决心,以及"一国两制"政策在这一历史时刻的重要作用。宣传牌是在香港回归前夕竖立的,表达了中国政府和人民对祖国完全统一的期盼,强调了政府的决心,通过视觉和象征性的手段向国内外传递了中国政府实现国家统一的决心。

宣传牌的设立不是简单的建筑工程,而是一种政治宣传和文化交流的手段。将宣传牌辟为风景旅游点是一种成功的宣传策略,可以吸引更多游客,同时通过游客的参观,向外界传递中国政府在维护国家统一方面的努力。它通过视觉和象征性的方式,成功地传递了中国政府在特定历史时刻的政治决心和国家统一的重大意义。

"一国两制"提出以后,中国政府成功解决了历史遗留的香港和澳门

---

① 《邓小平文选》第3卷,人民出版社1993年版,第59页。

问题,香港和澳门摆脱了殖民统治,回到祖国怀抱,重新纳入国家治理体系,走上了同祖国内地优势互补、共同发展的宽广道路。

对于台湾问题,我们达成了"九二共识",即两岸均坚持一个中国原则,这是目前两岸关系和平发展的政治基础。1993年4月27—29日在新加坡举行了"汪辜会谈",海峡两岸高层人士首次正式接触,标志着海峡两岸关系迈出了历史性的重要一步。我们不断加强两岸文化交流合作,推动两岸关系和平发展,坚决遏制"台独"分裂势力,牢牢掌握两岸关系发展主导权和主动权。邓小平强调,任何制造"两个中国""一国两府""一中一台""台湾独立"的图谋都是包括台湾人民在内的全体中国人民坚决反对的。我们要尽一切力量去争取以和平方式解决台湾问题,但不承诺放弃使用武力。只要台湾当局以中华民族的根本利益为重,消除阻挠祖国统一的人为障碍,通过接触和谈判,按照"一国两制"的构想,终归是可以实现统一大业的。

"一国两制"政策从制定伊始至今,给海峡两岸暨港澳的同胞们带来的影响极其深远。在这短暂的几十年里,"一国两制"政策充分发挥着其重要作用。厦门环岛路"一国两制统一中国"标语牌设立这一案例,凸显了"一国两制"是中国特色社会主义的伟大创举,是香港、澳门回归后保持长期繁荣稳定的最佳制度安排,更能推动两岸关系和平发展,助力实现祖国完全统一,必须长期坚持。

四、延伸阅读

1.邓小平:《邓小平文选》第2卷,人民出版社1994年版。

2.邓小平:《邓小平文选》第3卷,人民出版社1993年版。

3.中共中央文献研究室编:《邓小平年谱(1975—1997)》上,中央文献出版社2004年版。

4.习近平:《在纪念邓小平同志诞辰110周年座谈会上的讲话》,人民出版社2014年版。

5.中共中央宣传部:《邓小平同志建设有中国特色社会主义理论学习纲要》,学习出版社1995年版。

五、拓展研学

1.组织学生阅读书籍《我的父亲邓小平》(毛毛著)和观看中央电视台推出的 12 集电视文献纪录片《邓小平》。前部书分为两卷,上卷《战争年代》和下卷《"文革"岁月》,分别记录了邓小平在不同历史时期的生活和政治活动,后面的纪录片通过大量珍贵的文献资料、历史镜头及其讲话录音,生动形象地展示了邓小平同志 70 多年以来作为中国共产党第一代中央领导成员和第二代中央领导核心人物的光辉业绩和伟大理论。通过上述的阅读和观看,帮助学生进一步深入理解邓小平理论提出的时代背景、科学内涵与重大意义。

2.开展一场关于"在人类社会发展进程中,生产力重要还是生产关系重要"的辩论,使同学们更加深刻理解为什么说社会主义的根本任务是发展生产力。

3.结合厦门经济特区改革开放的前世今生,分列不同的领域,包括政治、经济、文化、社会和生态等,通过搜集文献、案例,走访调研等形式,以小组为单位撰写调研报告,在班上开展讨论和交流,深入理解邓小平关于改革开放和社会主义市场经济的理论。

4.参观厦门环岛路的"一国两制统一中国"的宣传牌,联系目前中美博弈中的台湾问题,让同学们谈谈目前"一国两制"政策面临的挑战和对策,让同学们谈谈身为大学生,可以为祖国和平统一做些什么。

5.组织学生参观特区改革开放纪念馆、城市规划展示馆和成就馆等开展课外研学活动,探讨中国共产党带领特区人民在改革开放中的伟大实践与成功经验,深刻认识建设中国特色社会主义关键在于坚持、加强和改善党的领导。

第七章 "三个代表"重要思想

一、教学主要目标

世纪交替之际,党和国家处在决定前途命运的重大历史关头,以江泽民同志为主要代表的中国共产党人,科学判断形势,全面把握大局,进行艰辛探索,从容应对困难和风险,全面推进社会主义现代化建设,开创了中国特色社会主义事业新局面,并在实践的基础上形成了"三个代表"重要思想。本章主要讲授四个问题:一是"三个代表"重要思想形成的背景是什么,二是"三个代表"重要思想的核心要义是什么,三是"三个代表"重要思想的主要内容是什么,四是如何理解"三个代表"重要思想的重大意义。

二、教学重难点

本章的教学重点主要有两大方面。一方面,理解中国共产党如何做到始终代表中国先进生产力的发展要求、代表中国先进文化的前进方向、代表中国最广大人民的根本利益。另一方面,怎样分析发展是党执政兴国的第一要务、建立社会主义市场经济体制、全面建设小康社会、建设社会主义政治文明、实施"引进来"和"走出去"相结合的对外开放战略、以改革的精神推进党的建设新的伟大工程这六大论断。

本章的教学难点在于怎样从丰富发展中国特色社会主义理论体系、推进中国特色社会主义事业这两个层次分析"三个代表"重要思想的历史地位。

三、教学案例

(一)一封关乎"中国先进生产力的发展要求"的信

1.案例呈现

江泽民同志:

按中央决定,五月下旬(25—29日)召开科技大会。我们组织专家为您起草了一篇讲话(草案),中办将进一步修改,最后报您审定。

起草间,广泛征询了科技界的意见。比较集中的是:这次大会应为今后10年指出战略方向,动员全国科技界,为实现"三步走"战略目标而舍身奋斗。都希望这次会议要有时代特征,有新意,都赞成大会主题定为落实小平同志"科技是第一生产力",落实您提出的关于"科技生产力要有一个新的解放和大的发展"的方针。

大家恳切期望您的讲话中明确使用"科教兴国战略"的表述。众云理由如下:

所有发达国家走向工业化时,都实现了此种发展战略转变。美国在起草《宪法》(1778年)时注重科技为本,德国19世纪初靠科技起家;日本明治维新(1860年)倡科教兴国,二战后改为技术立国;韩国技术立国成功;彼得大帝(1672—1725,康熙同代人)私访欧洲后,立志科技而兴起;中国辛亥革命后,全国上下呼号"德赛升堂"。可见,科技兴国是近200年来各国共同成功的经历。

中国,1978年科技大会后,特别是小平同志提出"科技是第一生产力"后,全国上下纷起响应。大部分省、市以"科技兴省、兴市、兴县"为方针,动员全民学科学、用科学。很多产业部门也早就提出"科技兴化""科技兴石(化)"等方针。"科技兴农"在农村几乎家喻户晓。故"科教兴国"已是呼之欲出,为大势所趋,约定俗成。

另外,大家希望,您的讲话应高屋建瓴,对今后10年的科技方针全面阐述,使之成为跨世纪的纲领性文件。起草小组正是按科技界这个愿望努力了三个多月,结果似乎仍不完全满意,寄希望于政研室能予改进。率陈民意,不当处,望指正。

附"讲话(草案)"一份,请阅知。

宋　健
1995年3月14日凌晨

（资料来源：宋健：《世纪之鹄：宋健文稿选集》，原子能出版社2002年版，第126、127页。）

2.案例指向

本案例指向教材第七章第一节第一目"始终代表中国先进生产力的发展要求"的内容。关于党如何做到始终代表中国先进生产力的发展要求，教材分别从"人""科学技术""制度"三个层面做出论述。从"人"层面着眼，是指不断提高工人、农民、知识分子和其他劳动群众以及全体人民的思想道德素质和科学文化素质，不断提高他们的劳动技能和创造才能，充分发挥他们的积极性、主动性、创造性，这是我们党代表中国先进生产力发展要求必须履行的第一要务。从"科学技术"着眼，是指大力推动科技进步和创新，不断用先进科技改造和提高国民经济，努力实现我国生产力发展的跨越，这是我们党代表中国先进生产力发展要求必须履行的重要职责。从"制度"着眼，是指使生产关系和上层建筑的各个方面不断体现先进生产力的发展要求。本案例主要指向"人"与"科学技术"两个层面。

3.案例解析

宋健是我国一名杰出的战略科学家，1986—1998年担任国务委员兼国家科委主任。江泽民很尊重宋健的意见，曾对他说："不管什么时候，只要有你觉得我应该读一读的东西，就直接送到我的办公室来。"[1]宋健在这封信中，建议江泽民在全国科技大会的讲话中明确使用"科教兴国战略"的表述，并为今后10年的科技建设指明战略方向。

（1）确立科教兴国战略的重要性

宋健在这封信中，讲道："所有发达国家走向工业化时，都实现了此种发展战略转变。"诚然，美国之所以能自独立战争后百余年间一跃而为头号世界强国，以科教为本的现代化道路便是一个主要原因。[2]一是发展全民公共教育。建国之初，杰弗逊、富兰克林等美国先贤就已倡导大众教育，把教育事业与国家命运相联系。1910年美国高等院校已增加到近1000所，入学人数33万余人。二是注重全国科研力量的协调。第二次世界大战期间，美国专门建立了全国科学研究与发展局，成立国家科研实

① 罗伯特·库恩：《他改变了中国：江泽民传》，谈峥、于海江等译，上海译文出版社2005年版，第186页。
② 李腊生：《中国共产党的国家发展战略研究》，人民出版社2013年版，第146～147页。

验室,通过签订合同,把大学、科研机构、企业和其他部门的研究力量组织起来,形成一个有机的整体。三是重视基础研究。第二次世界大战后,美国政府大力支持和鼓励基础研究,采取设立国家科学基金会、增加财政投入等多种措施,确保美国占据第三次科技革命的制高点。

其实,关于确立科教兴国战略的重要性,不仅可以从历史经验的角度进行分析,还可以从当时的世情、国情做进一步认识。1995 年 5 月,江泽民在全国科学技术大会上指出:"当前,无论是从国际环境还是从国内条件来看,全面落实科学技术是第一生产力的思想,都是我国社会主义现代化建设中一项十分艰巨和紧迫的战略任务。"[①]从国际环境看,世界科技革命正在形成新的高潮,又一个科技和经济大发展的新时代正在来临。世界许多国家特别是大国,都在加紧调整科技和经济战略,增强以经济和科技实力为基础的综合国力,国际竞争越来越激烈。从国内形势上看,我国目前的整体技术水平和经济实力同发达国家相比还有很大差距。以粗放经营为主的经济增长方式尚未根本改观,产品结构、产业结构不合理等经济发展中的一些深层次问题还有待解决,发展农业、搞好国有大中型企业、提高经济效益等任务十分艰巨。人口、自然资源、生态环境等对经济持续发展的压力在增大。

(2)科教兴国战略的形成历程

科教兴国战略,是在科学技术对我国现代化建设推动作用日益受到重视的基础上形成的。1978 年 3 月,邓小平在全国科学大会上,提出了科学技术是生产力、知识分子是工人阶级一部分、四个现代化关键是科学技术的现代化等著名论断。1988 年 9 月,邓小平在会见捷克斯洛伐克总统胡萨克时,又进一步提出"科学技术是第一生产力"的论断,把对科技的认识推向了前所未有的高度。在此基础上,1993 年 2 月 13 日,中共中央、国务院印发《中国教育改革和发展纲要》,提出把教育摆在优先发展的战略地位。

1995 年 5 月 6 日,中共中央、国务院作出《关于加速科学技术进步的决定》,首次正式提出科教兴国战略。该决定指出,科教兴国,是指全面落实"科学技术是第一生产力"的思想,坚持教育为本,把科技和教育摆在经济社会发展的重要位置,增强国家的科技实力及向现实生产力转化的能力,提高全民族的科技文化素质,把经济建设转移到依靠科技进步和提高

---

① 《江泽民文选》第 1 卷,人民出版社 2006 年版,第 427 页。

劳动者素质的轨道上来,加速实现国家的繁荣强盛。这是保证国民经济持续、快速、健康发展的根本措施,是实现社会主义现代化宏伟目标的必然抉择,也是中华民族振兴的必由之路。

(3)科教兴国战略的实施与成效

在科技方面,一是制定战略规划。1997年6月,国家科技领导小组第三次会议决定,制定和实施《国家重点基础研究发展规划》,加强国家战略目标导向的基础研究工作。二是加大资金投入。从1998年起,国家逐年加大了对科技事业的投入,中央财政5年内投入25亿元用于国家重点基础研究。三是协调科研力量。国务院先后对10个国家局所属242个应用型科研机构实行了企业化转制。科研机构、高校和企业之间开展了共建实验室、研究中心,科研人员兼职,联合培养研究生,科研机构进入企业加强面向市场的产品开发等多种形式的合作。这些举措有力地推动了科技成果的产业化,促进了科技与经济的紧密结合。四是建立健全表彰激励机制。1999年9月,党中央作出决定,表彰为研制"两弹一星"作出突出贡献的23位科技专家。不久,又作出从2000年起设立国家最高科学技术奖的决定。2001年2月,党中央、国务院在北京举行国家科学技术奖励大会,颁布2000年度国家科学技术奖获奖项目和人选,数学家吴文俊、"杂交水稻之父"袁隆平荣膺该年度国家最高科学技术奖。此后,国家最高科学技术奖每年评选一次。

在教育方面,1995年3月,八届全国人大三次会议通过《中华人民共和国教育法》,从法律上为教育事业的发展提供了保障。此后,又相继实施了"211工程"与"985工程"。所谓"211工程",旨在面向21世纪重点建设100所左右的高等学校和一批重点学科,推动高等教育改革和多种形式联合办学,促使高校布局和结构趋于合理,提高办学规模效益和教育质量。教育部采取"共建、调整、合作、合并"等多种方式,合理调整高校布局结构,原来国务院有关部门直接管理的360多所高校多数改由中央和地方共建、以地方管理为主,一些需要国家管理的学校由行业主管部门划归教育部管理,逐步改变了高等教育长期存在的条块分割、重复建设状况,教育资源配置更加合理。所谓"985工程",旨在创建若干所具有世界先进水平的一流大学和一批一流学科。这个行动计划使我国教育事业的改革和发展在迈向新世纪的道路上有了更加明确的奋斗目标。

(二)江泽民与中国电影

1.案例呈现

20世纪90年代,江泽民提出了弘扬主旋律,提倡多样化,以优秀的作品鼓舞人等重要理论,为中国电影事业指明理论方向。在其指引下,有关部门及时出台了一系列扶持电影发展的优惠政策,推动了中国电影的迅速发展。《大决战》《大转折》《大进军》《周恩来》《焦裕禄》《孔繁森》《离开雷锋的日子》《横空出世》《生死抉择》等一大批优秀电影作品应运而生,形成了世纪之交主旋律大片的基本格局。

江泽民还用实际行动支持主旋律电影的创作,在观看完《横空出世》《周恩来》《开国大典》等影片后,都对创作者给予了热情鼓励。担任《横空出世》导演的陈国星回忆:"在两个多小时的观影里,我心里忐忑不安。结果场灯亮了以后,我就感觉到江泽民同志特别兴奋。电影中有一个片段,李幼斌饰演的陆光达在帐篷中听一个唱片,由于风沙的影响,唱片机放出的声音都走音了。江泽民同志讲,自己特别喜欢这样的一个处理。他说,自己了解这一代的科学家和知识分子,他们受过西方教育,但也有报效祖国的内心,所以他们也喝咖啡,也能够在沙漠里跟着吃糠咽菜,为共和国隐姓埋名地做奉献。"

执导《周恩来》的丁荫楠讲道:"应该说我们是很紧张的,怕拍得不好,怕拍得没达到标准。结果七点钟放映,九点钟开会,没开多久,十点钟他(省长)就回来了。他说,总书记支持我们了,肯定了这部片子,说'精致深刻感人'。这是非常高的评价,我们一下子就放心了。"

《开国大典》的导演肖桂云也说道:"当看完了这部影片之后,江泽民同志站起来说,这个影片可以给年轻人看到我们的共和国是怎么成立的,我们今天的一切是由无数的先烈打下的。他还问导演,这个影片的主题思想是不是江山来之不易啊。李前宽(《开国大典》另一位导演)说,就是这个意思,我们就是要表现我们的江山来之不易。这等于是对这部影片一锤定音。领导对电影人的这份情、这份意、这份理解,我们特别感动。看到电影中毛主席在喊人民万岁的片段,江泽民同志的手就搭在李前宽的手上,叩了三下。李前宽觉得特别温暖,因为这是对电影工作者的一种理解和肯定。这时候,你拍电影受的所有的苦,都不在话下。有领导人的关心支持,那就是莫大的安慰和激励。"

江泽民还非常关心电影艺术家的创作生活。曾任国家广电总局电影局局长的刘建中讲道:"1997年5月25日,江泽民同志和其他中央领导会见了电影界的代表们,而且还在中南海里头请大家吃了饭。这些电影代表们都非常兴奋。当时,我们电影界很有名的音乐家王丽萍,钢琴弹得很好。她弹完以后,江泽民同志说,我也来一段。我觉得他给我的感觉就是特别地平易近人,跟大家打成一片。"陈国星说道:"当时,一块去的还有卢奇、韦廉、高明、冯小宁。他说,你们作为导演与演员,拍出了很多优秀的作品,这些作品实际比一些政治报告更能够感染人、能够打动人。它也是一个鼓舞人民、团结人民,为中华民族伟大复兴起到非常好的作用的一种艺术形式,希望大家能够加油,把中国电影做好!"

此外,江泽民还十分关心电影教育事业。1998年5月,他曾在中国儿童电影制片厂《关于儿童电影事业的情况报告》上批示:"儿童教育至关重要。童年时代所受教育的好坏,往往影响一个人的一生。希望有关部门大力支持,齐心协力搞好儿童教育。"2000年,江泽民为北京电影学院50周年华诞题词,祝电影教育事业蓬勃发展,勉励中国电影教育事业。中国电影诞辰百年之际,在江泽民的关怀下,中国电影博物馆正式落成。

(资料来源:2022年12月6日央视六套《中国电影报道》推出的"创作电影精品,弘扬时代主旋律:江泽民同志与中国电影"特别报道。)

2.案例指向

本案例指向教材第七章第一节第二目"始终代表中国先进文化的前进方向"的内容。关于党如何做到始终代表中国先进文化的前进方向,教材开列了九条要求,分别是把弘扬主旋律和提倡多样化统一起来、弘扬民族精神、加强社会主义思想道德建设、做好思想政治工作、把教育摆在优先发展的战略地位、繁荣发展哲学社会科学、充分发挥新闻媒体的作用、重视社会主义文艺事业的繁荣发展、大力推进文化体制改革。本案例主要指向第一条要求,即把弘扬主旋律和提倡多样化统一起来,支持健康有益文化,努力改造落后文化,坚决抵制腐朽文化。

3.案例解析

电影是一种以视听形式满足人民精神生活需求的艺术,展现着时代的发展。好的电影作品比一些政治报告更能够鼓舞人民、团结人民,在实现中华民族伟大复兴中起到重要的作用。20世纪90年代,江泽民提出了弘扬主旋律,提倡多样化,以优秀的作品鼓舞人等重要理论,为中国电影事业指明理论方向。《大决战》《大转折》《大进军》《周恩来》《焦裕禄》《孔繁森》《离开雷锋的日子》《横空出世》《生死抉择》等一大批优秀电影作品应运而生,形成了世纪之交主旋律大片的基本格局。

(1)何为主旋律与多样化

所谓主旋律,并非特指某种题材,而是代表一种符合社会发展主流的时代精神。① 江泽民曾指出:"弘扬主旋律,就是要在建设有中国特色社会主义的理论和党的基本路线指导下,大力倡导一切有利于发扬爱国主义、集体主义、社会主义的思想和精神,大力倡导一切有利于改革开放和现代化建设的思想和精神,大力倡导一切有利于民族团结、社会进步、人民幸福的思想和精神,大力倡导一切用诚实劳动争取美好生活的思想和精神。"②因此,不论是现代题材、历史题材、重大题材还是日常生活题材,只要选材严、开掘深、构思巧、有创新,都可以奏出充分表现时代精神的主旋律的华彩乐章。相反,即便选择重大题材进行创作,如果不能正确把握历史趋向,表现时代精神,甚至与之唱反调,也同样与主旋律毫不相干。

所谓多样化,就是题材、样式、风格不能千篇一律。③ 文化艺术创作是精神产品的生产,很大程度取决于作家艺术家个人的禀赋和对社会生活的不同体验。写什么和怎样写,只能由作家、艺术家在艺术的实践中去探索和逐步解决。因此,提倡多样化需要充分发挥作家艺术家个人的主动性和创造性,需要坚持百花齐放、百家争鸣的方针,提倡不同学术观点、艺术流派的争鸣和切磋,开展真诚的、说理式的批评和反批评,努力创造勇于探索和创新的活跃气氛。

简言之,弘扬主旋律与提倡多样化相结合,就是表现主旋律不能降低艺术标准,多样化不能对思想内容降格以求。

(2)电影《周恩来》中主旋律与多样化特征的体现

顾名思义,电影《周恩来》是一部刻画革命领袖周恩来的传记片。影片高超地将弘扬主旋律与提倡多样化相结合,主要体现在以下三个方面。④ 其一,在内容选择方面,影片没有回避政治事件,而是选择"文化大革命"这段我国历史上矛盾冲突最为复杂和尖锐的时期,以立体地表现周恩来的人格与内心。其二,在结构设计方面,影片采用一种情感、情绪的

① 阎焕东:《坚持"主旋律"与"多样化"的辩证统一》,《中国党政干部论坛》1999年第2期。
② 中共中央文献研究室:《江泽民思想年编(1989—2008)》,中央文献出版社2010年版,第147页。
③ 红玉:《论弘扬主旋律与提倡多样化的统一》,《党建研究》2004年第2期。
④ 丁荫楠:《制作电影〈周恩来〉的几点想法》,《文艺研究》1992年第1期。

积垒法。每一块"戏"之间没有情节与因果关系,"戏"与"戏"之间,只有情绪、情感的联系,旨在营造起一个巨大的情感磁场,唤起观众内心的强烈共鸣。比如,影片将"周恩来抱病赴延安视察""周恩来将自己的专职护士调给江青""周恩来病中迎接邓小平回京""周恩来接受治疗,住进305医院"等看似不相关的画面先后放置一起,其目的是给观众"他累倒了"的印象。其三,在表现手段方面,影片"虚化"政治事件,采用"只可意会"的处理手段;"实化"现实中留下的事件,根据当事人的介绍,一丝不苟地进行再现,并且在全部真实的环境中进行拍摄,所用道具百分之八十是文物。

1992年1月,《周恩来》在香港上映后,一时引起轰动。^① 当时,有些人专门从美国、东南亚和我国台湾等地赶来,先睹为快。许多人苦苦缠住饰演周恩来的王铁成,经他的手派送出去的票不下200张。台湾来的一些编剧、导演、名演员,主动要去60张票,好几位看得投入,掩面哭了。有人握着丁荫楠的手表示祝贺,也有人咬着他的耳根悄悄说:"周恩来不简单,千古伟人!"香港的报纸上也破例地出现连串赞语,诸如:"我十二分喜欢这出电影……我看到了周恩来光辉多彩的一生……我衷心推荐这出电影","大陆影片有希望!"一位老政协委员,想起半个世纪内9次见周总理的情景,著长文抒怀,并且赞《周恩来》最成功之处在于表现了"总理爱人民,人民爱总理",所以引起观众的共鸣。

(3)电影《横空出世》中主旋律与多样化特征的体现

《横空出世》讲述了新中国第一颗原子弹诞生背后的艰辛而富有神秘色彩的故事,歌颂了一代中国科学家和民族优秀分子的奉献和牺牲,充分展现了爱国主义和民族精神。在情节设计方面,影片创造性地在核心部位设计了两位男人的较量与合作,一位是抗美援朝的军官,一位是留学归来的知识分子。这两位分别代表着原子弹研制的两支重要力量:一支是刚从抗美援朝战场上下来的士兵。影片的导演陈国星在采访中了解到,党之所以派这些士兵去参与原子弹研制,是因为这些士兵经历了抗美援朝战争,跟世界上最厉害的敌人交过了手,他们都有一股豪气。在他们看来,搞不出核武器就打不败美国佬,就对不起战场上死去的同志。另一支是中华人民共和国成立之前成长起来的知识分子。陈国星认为1949年以后相当一批知识分子为洗刷民族耻辱,在核武器研制工作中与共产党紧密合作,可以说1957—1967年的十年间,是知识分子与党合作最成功

---

① 黄际昌:《〈周恩来〉轰动香港》,《人民日报》1992年1月30日第4版。

的时期,在那个时代,他们都是充满激情的。① 影片在情节叙述方面较为新颖、独特。重大史实采用字幕、穿插纪录片片段等方式与影片故事的主线联结,既凸显了其历史的厚重,又不会使观众对影片整体的故事片风格产生割裂感。

人民日报文艺部、国家广电总局电影局、中国电影集团公司联合为这次首播举行了座谈会。座谈会上几乎每位代表都说到自己在观看影片时不由自主地流下了眼泪。有的是因为看到原子弹爆炸成功喜极而泣;有的是钦佩有可能获得诺贝尔奖的科学家甘愿隐姓埋名,忍受误解和委屈;有的是感慨我们的科学家用原始的算盘计算制造原子弹所需的精确数据。一位中央领导还曾对这部影片评价道:"中国原子弹爆炸,与其说是物质的,不如说是精神上的原子弹,我们要拍的就是这个精神上的爆炸。"《横空出世》在北京公映期间,一些影院在门口打出了"不满意可以退票"的牌子,结果凡是进了影院的观众,还真没有一个退票的。②

(三)一辈子的共产党人:杨善洲

1.案例呈现

"杨善洲,杨善洲,老牛拉车不回头,当官一场手空空,退休又钻山沟沟;二十多年住深山,拼了老命办林场,创造资产几个亿,分文不取乐悠悠……"在云南省保山市,群众自编这首歌谣赞扬原保山地委书记杨善洲。

…………

1988 年,杨善洲从保山地委书记任上退休。省委领导找他谈话,让他搬到昆明居住,并说还可以到省人大常委会工作一段时间。杨善洲婉言谢绝了:"我要回到家乡施甸种树,为家乡百姓造片绿洲。"

经过调研,杨善洲将场址选在施甸县的旧城、酒房、姚关 3 个乡接合部的大亮山。因为长期乱砍滥伐,大亮山一带山不长树、地不产粮,群众一人种三亩,还不够吃。大亮山山光水枯,群众吃水要到几公里外的地方,人挑马驮。杨善洲说:"山不绿,地瘦薄,是大亮山的穷根子。"

大亮山林场挂牌后,成立造林指挥部,杨善洲亲自担任指挥长。平时,他和林场职工一样,起早贪黑,上山挖塘种树,吃的是一个锅子里的饭,住的是一样的油毛毡窝棚。有的同志看不过去,说他年纪大了,给一

---

① 张慧丰、杨蕊:《〈横空出世〉创作谈》,《北京电影学院学报》2000 年第 2 期。

② 雨林:《让〈横空出世〉进入千家万户》,《人民日报》2000 年 8 月 18 日第 4 版。

点特殊照顾,给他开个小灶,他坚决不肯,执意要和大家同吃同住同劳动。为了御寒,大亮山四季烧火塘,晚上,大家就围在杨善洲住的火塘商量工作。杨善洲乐在其中,说:"白天造林、晚上烤火,也是一种很好的生活方式嘛!"

…………

经过多年的努力,大亮山的生态修复了。一些濒临灭绝的动植物得到保存,山石裸露的现象消失。2009 年 9 月至 2010 年 5 月,保山遭遇了百年不遇的特大干旱,但由于大亮山的植被非常好,涵养的水源多,水量充裕,周边群众的生产生活用水在干旱期间仍然充足。

…………

2009 年,杨善洲将活立木蓄积量价值超过 3 亿元的大亮山林场经营管理权无偿移交给国家。不少人觉得老书记吃了大亏。杨善洲倒是没那么在意,他只是淡然地说:有人说,我种了 20 多年的树,已经成材了,根据规定,我可以从中分点钱,一下就成富翁了! 可我欠的账,这几座山哪里能还得清?

2010 年 10 月 10 日,杨善洲溘然长逝,终年 84 岁。当他的灵车开往家乡施甸坝子时,长达 30 多公里的路上,沿途数万名农民有的丢下犁耙,有的放下手中的篮子,纷纷赶向路边看老书记最后一眼……

(资料来源:《习近平讲党史故事》,人民出版社 2021 年版,第 259～262 页。)

2.案例指向

本案例指向教材第七章第一节第三目"始终代表中国最广大人民的根本利益"的内容。关于党如何始终做到代表中国最广大人民的根本利益,教材开列了四项要求:始终坚持人民的利益高于一切;努力使工人、农民、知识分子和其他群众共同享受到经济社会发展的成果;妥善处理各方面的利益关系,把一切积极因素充分调动和凝聚起来;关心群众、代表群众利益,必须十分具体地落实到解决群众生产和生活的实际问题上。本案例主要指向最后一项要求,即介绍杨善洲在退休后为解决群众生产和生活的实际问题而继续发光发热的光荣事迹。

3.案例解析

杨善洲是一位一心为民的中国共产党党员,他在 2011 年被评为感动中国十大人物之一。颁奖词是这么写的:绿了荒山,白了头发,他志在造福百姓;老骥伏枥,意气风发,他心向未来。清廉,自上任时起;奉献,直到最后一天。六十年里的一切作为,就是为了不辜负人民的期望。

(1)杨善洲牢记共产党人初心使命的其他体现

1970年,杨善洲夫人张玉珍生三女儿杨慧琴,家里缺粮,一家人靠野菜掺杂粮食度日。乡民政干部看到后,送去50斤救济大米和30斤粮票。后来杨善洲知道了,责怪张玉珍说:"我是党的干部,我们不要占公家的便宜,大米和粮票用了要还给公家!"差不多过了半年,张玉珍东拼西凑,才还清这笔粮款。她说:"他就是这样一个人,公家归公家,个人归个人,我晓得他的性格,我可以少吃点,只是娃娃们饿着可怜啊!"

1995年,杨善洲早已退休到大亮山造林去了。家里人借了5万多元在施甸县城附近买了一块地,勉强盖起一栋房子。老伴张玉珍专门找到他问能不能凑点钱帮儿女们还还账。杨善洲东拼西凑拿出9600元,老伴说:"9600元,能还5万?"杨善洲摆了摆手:"你还不知道?我真没钱。"为了不拖累儿女,房子没入住就又卖出去了。此事广为流传:"施甸有个杨老汉,清正廉洁心不贪;盖了新房住不起,还说破窝能避寒。"

身为地委书记多年,杨善洲的钱哪里去了? 在他身边工作的人说:老书记用钱很"散":到哪个村看到有人生活太困难,就掏出工资去买点粮食被子接济;哪个生产队没钱买籽种,他也掏钱帮着买。老秘书苏加祥解释:"他把大家当成了自家,还能有多少钱给家里?"

二女儿杨慧兰没考上大学,想回施甸,报考了当地公安局,还特意给杨善洲打了电话,请爸爸打个招呼,结果录取名单没有她,爸爸根本没打招呼。杨善洲去世后,在整理遗物时,杨慧兰读到了爸爸多年来埋藏在心底的歉疚:"我出来工作,家庭是很困难的,家有老母亲、老伴儿,后来又有三个娃娃,就靠老伴儿在家养老供小,我根本没有时间照顾家庭……我对家庭欠债很多……我从地委书记的位置上退下来,回到大亮山种树,除了想为家乡做点实事,就是想离家近一点,每个月都争取回家看看。"

三女婿杨江勇回忆,1996年岳母因胆结石住院16天,2005年因肺气肿住院13天。两次住院,岳父都从大亮山赶回来,一直守在岳母身边。他每天都会早早地买好早点带给岳母,守到夜里很晚才回家。每次吃饭,他都要自己端到岳母床前。但自己生病了,却不要岳母去看他。就在岳父最后一次生病住院时,岳母到医院去看望他。岳父一看见岳母就说:"你怎么来了? 你晕车,以后别来了,我不会有事的。"岳母说:"我来看你一眼,你好了我们就一起回去。"

对于工作和家庭的关系,杨善洲有过解答,他说:"一个人老是给自家算,不替别人想,这不是一个共产党员;真正的共产党员就是要经常给别家算,经常替别家想。"其实,他的"铁面无私"实际上是对家人最好的爱,这虽然使他们的生活没有繁华和奢靡,但也没有大起大落。①

(2)杨善洲不忘共产党人初心使命的原动力

曾经有记者问过杨善洲,他一辈子坚守共产党人精神家园的原动力何在。他是这么回答的:"说实话,'为共产主义献身'的道理开始我也不懂,一个农民嘛,说'献身'啦,'牺牲'啦,'完全彻底'啦,还没那么高的思想境界。我家在旧社会是一个'三无家庭':无土地、无房屋,甚至无族别,我的爷爷辈,原属少数民族中的布朗族,因为穷,连个住的地方都没有,只好寄住在一个姓刘的大地主家的一片山地上,成为'押山户',没有任何权利,连民族归属都属于这片山林的主人——土地改革时,刘家在族别上填的是'汉族',我们杨家就成'汉族'了。"

"1950年施甸县解放,为了保卫新生的人民政权,我作为民兵被招进区政府。一次,一位领导在会上讲,今后的土地要分给广大的劳苦大众。对这个说法,我有点怀疑,就举手提问:'共产党说话算数吗?'那领导斩钉截铁地说:'共产党说话历来都是算数的!'我说:'好! 那我今天来了,就跟着你们干,一直干到脚直眼闭!'"

"我杨善洲入党、参加工作,都是在还'债'——还共产党给我们全家的恩情债。现在的年轻人可能理解不了:一个农民没有土地,等于一个人手中没有饭碗,那是一种什么滋味啊。现在我家里、我手中都有了一个吃饭的饭碗——这饭碗是谁给的? 是共产党给的呀! 我不报恩谁报恩? 古人说'知恩图报',一个人连这点都不懂,说得不客气点:跟畜生、跟猪狗有什么两样呢?"②

理解了老书记的"初心",知道这"初心"有多么纯粹炙热,就不难理解他的用权做事——他从未把权力当成自己的,一直秉承着"共产党的干部不能糊弄群众"的理念。

他常说:为人民服务不是空喊口号,如果看到群众的生活没有得到改善,我们就该检讨;作为领导干部,我们要为没有尽到职责难过,这是每个

---

① 徐元锋:《人民日报记者撰长文追忆十年前采写杨善洲老书记:此心常绿一善洲》,https://society.yunnan.cn/system/2020/10/10/031027561.shtml,访问日期:2024 年 4 月 22 日。

② 徐元锋:《人民日报记者撰长文追忆十年前采写杨善洲老书记:此心常绿一善洲》,https://society.yunnan.cn/system/2020/10/10/031027561.shtml,访问日期:2024 年 4 月 22 日

共产党员起码的觉悟。

(3)共产党员不论职务高低都是人民的勤务员

在党成立以来的各个历史时期,总会涌现出一大批优秀共产党员。他们立足岗位、履职尽责、冲锋在前、忘我奉献,充分展示了共产党员的先锋形象。杨善洲是其中一位杰出代表,他用行动回答了"我是谁"的问题,也即共产党员不论职务高低都是人民的勤务员。

共产党员要当好人民的勤务员,说到底要解决一个立场问题。一般来说,立场是人们观察事物和处理问题时的立足点,有什么样的立场,就会有什么样的观点和方法。对此,我们不妨看一个生活中的事例。[①] 挤公交车时经常出现这样的现象:当一个人还没有迈上汽车踏板时,会向已经挤上车的人们大声喊:"再往里挤挤呀!"然而,当这个人迈上汽车踏板后,又会回过头来向没有挤上车的人们大声喊:"别挤了!"是什么使同一个人在迈上汽车踏板前后喊出不同的话,迅速变了心呢? 这就是立场。

立场是由利益所决定的,共产党员要站稳人民立场,则要处理好为人民服务与满足个人需求之间的关系。一方面,中国共产党除了工人阶级和最广大人民的利益,没有自己特殊的利益,因此为人民服务是共产党员站稳人民立场的必然要求。江泽民多次强调:"我们党所以有力量,就是因为我们始终紧紧依靠人民群众,始终诚心诚意为人民谋利益。这个根本问题,任何时候都不能忘记。"[②]另一方面,共产党员作为社会中的个体,自然会有个人需求,因为他们同样需要吃穿住行,需要生存发展,而非不食人间烟火。那么,如何处理好二者之间的关系呢? 对此,习近平总书记有一段精辟的论述。他讲道:"干部合理合法的利益当然要承认,也要保障,但这同私心、私利、私欲不是同一个概念,不能混为一谈。作为党的干部,就是要全心全意为人民服务,就是要诚心诚意为党和人民事业奋斗,就是要讲大公无私、公私分明、先公后私、公而忘私。"[③]

共产党人是"用特殊材料制成的人",他们对于物质方面的需求要低于一般人,而对于精神方面的需求要高于一般人。在物质方面,"真正的共产党人只要在能满足他们生存需要的基础上,随着人民群众生活水平

① 《十九大党章学习讲座》,党建读物出版社 2017 年版,第 75 页。
② 江泽民:《论党的建设》,中央文献出版社 2001 年版,第 305 页。
③ 《习近平关于全面从严治党论述摘编(2021 年版)》,中央文献出版社 2021 年版,第 312 页。

的提高而提高即可";在精神方面,他们"更需要由使命感升华而成的崇高感,由成就感升华而成的幸福感,由参与感升华而成的快乐感,由被信任、被关怀而生成的归属感"。① 而崇高感、幸福感、快乐感、归属感,只有投身于为最广大人民谋福利的事业中,才能够生成。

(四)福耀玻璃走向国际

1.案例呈现

1987 年,曹德旺联合 11 个股东集资 627 万元,成立了福耀玻璃有限公司(以下简称"福耀")。福耀成立后不久,就果断引进了当时玻璃制造行业最先进的芬兰设备,结果取得了不错的成效,用不到五年的时间就占据了中国大陆维修市场六七成的份额。不过,由于当时国内汽车工业尚处于初步发展阶段,福耀如若想取得更大的发展,走向海外几乎是无法回避的选择。

福耀迈向国际之路,并非一帆风顺。向加拿大汽修市场进军的第一步就出师未捷,因产品质量问题被全部退货,这也让福耀意识到自己与世界一流水平的差距。为此,福耀再次花费重金从芬兰引进当时国际最领先的钢化炉,并按芬兰标准建设新工厂。历史给了福耀一次冒险的机会:美国对高能耗高成本产业进行削减,曹德旺抓住时机,再次挥师北美,开始致力于为美国市场提供破损汽车玻璃的替换品。

在与市场和客户打交道的过程中,精明的福耀人意识到:如果在美国设厂,不仅能省下大笔运费,而且能够绕开日后可能发生的反倾销壁垒。此外,在美国的南卡罗来纳州,政府不仅提供优惠的税收政策、低廉的地价和电力供应,而且免费为企业招聘和培训员工。于是,福耀开始在南卡罗来纳州建设自己的工厂。

没想到的是,美国过高的劳动力成本,成为压垮福耀美国工厂的"致命稻草"。1998 年,福耀在美国的工厂变成了仓库:玻璃从中国运到南卡罗来纳州仓库,由当地的工人更换包装后,发给美国的客户。即便如此,到了 2001 年,福耀还是无法承受高额的员工成本,只好将仓库卖掉。这样,福耀的美国仓库又缩水成了销售处,办公地点移到了一座远离马路的低层写字楼,员工被压缩到只剩 12 人。然而,这种直销模式却使福耀的竞争优势得到最大程度的发挥。

---

① 欧阳淞:《中国共产党党的建设基本问题研究》,人民出版社 2021 年版,第 467、468 页。

在福耀走出去的过程中,一场反倾销诉讼案让其付出了巨大的经济代价,却也收获了始料未及的品牌效应。2001 年,美国 PPG 公司对福耀提出反倾销调查申请。3 月 19 日,美国国际贸易委员会裁定福耀在美国市场低价倾销汽车挡风玻璃。这就意味着从 4 月 1 日开始,福耀要多交 11.8% 左右的关税。4 月 10 日,福耀向美国国际贸易法院正式提起了诉讼,对美国商务部的裁定提出了九个方面的质疑。2004 年 10 月 14 日,美国国际贸易法院最终做出裁定美国商务部倾销裁定不合理的终裁,持续三年的反倾销以福耀胜诉为结果。长达三年的官司,使更多的美国汽车制造商信赖福耀,成为福耀的客户。同时,事件的"国际广告"效应也为福耀开辟了通向欧洲、大洋洲、亚洲市场的道路。

（资料来源:苏文菁、郑有国:《奔流入海:福建改革开放三十年》,福建电子音像出版社 2008 年版,第 72～75 页。）

2.案例指向

"实施'引进来'和'走出去'相结合的对外开放战略",是教材第七章第二节第五目的内容。提起对外开放,人们普遍的理解是"引进来",即吸收外国投资,引进先进技术。实际上,对外开放还有另外一个重要的方面,那就是"走出去"。"引进来"和"走出去",是我们对外开放方针的两个紧密联系、相互促进的方面,缺一不可。江泽民同志形象地说:"'引进来'和'走出去'是对外开放的两个轮子,必须同时转动起来。"[①]本案例的教学指向正是在于阐释"走出去"的对外开放战略。

3.案例解析

在改革开放的初期,我国主要以"引进来"为主,把国外的资金、技术、管理经验和人才等引入国内,这是完全必要的。随着国民经济的不断发展,综合国力的日益增强,实施"走出去"战略的条件日趋成熟,要求也更为迫切。福耀玻璃是最早一批敢于"走出去"的企业之一,并且也因此取得了巨大发展。

（1）福耀经由"走出去"取得巨大发展

2004 年,中国的汽车整车生产正遭遇一场"寒流",轿车销量没有达到预期的增长。对于汽车玻璃销售收入占主营业务收入将近 90%,并在重庆、长春、上海、北京四地扩张汽车玻璃生产基地的福耀来说,轿车行业的整体不景气使得人们开始对福耀的未来业绩多了一些担忧。然而,福

---

① 《江泽民文选》第 3 卷,人民出版社 2006 年版,第 457 页。

耀竟然"避开"了国内轿车厂商正在遭遇的增长"寒流"并实现盈利猛增，2004 年预计利润为 5 亿元，比 2003 年的 3.2 亿元增长 56％，其中汽车玻璃业务的预期税后利润约为 4.1 亿元，占营业利润的 82％左右。这主要源于福耀努力开拓国际空间，走向国际这一基本策略。福耀 2004 年的 4.1 亿元汽车玻璃盈利中，约有 40％是在国际市场上实现的。另有数据显示，在国际汽车玻璃配套市场，2007 年福耀共签了 10 亿美元的 OEM（整车配套）长期合同。①

（2）"走出去"战略的确立历程

1996 年 7 月，江泽民在河北省唐山市考察工作时明确指出："要加紧研究国有企业如何有重点有组织地走出去，做好利用国际市场和国外资源这篇大文章。广大发展中国家市场十分广阔，发展潜力很大。我们要……努力加强同这些国家的经济技术合作，包括利用这些国家的市场和资源搞一些合资、合作经营的项目。"②

1998 年 2 月，江泽民在党的十五届二中全会上阐述应对亚洲金融危机的方针时强调指出："在积极扩大出口的同时，要有领导有步骤地组织和支持一批有实力有优势的国有企业走出去，到国外主要是到非洲、中亚、中东、东欧、南美等地投资办厂。既要'引进来'，又要'走出去'，这是我们对外开放基本国策两个紧密联系、相互促进的方面，缺一不可。"③

2000 年 10 月，党的十五届五中全会审议通过《中共中央关于制定国民经济和社会发展第十个五年计划的建议》，正式提出"要以更加积极的姿态，抓住机遇，迎接挑战，趋利避害，不断提高企业竞争能力，进一步推动全方位、多层次、宽领域的对外开放"，"实施'走出去'战略，努力在利用国内外两种资源、两个市场方面有新的突破"。④

（3）"走出去"战略必要性的进一步分析

实施"走出去"战略是中国应对经济全球化挑战的必由之路。在当今世界，随着经济全球化进程的加快，一个世界性的社会化大生产网络正在形成，跨国公司在世界经济活动中的作用日益增强。联合国跨国公司中心的统计数字显示，21 世纪初，全球跨国公司占据着全球生产总量的

---

① 苏文菁、郑有国：《奔流入海：福建改革开放三十年》，福建电子音像出版社 2008 年版，第 76 页。
② 《江泽民思想年编（1989—2008）》，中央文献出版社 2010 年版，第 247 页。
③ 《江泽民文选》第 2 卷，人民出版社 2006 年版，第 105 页。
④ 《十五大以来重要文献选编》中，中央文献出版社 2011 年版，第 504、505 页。

40％,全球贸易总量的 60％,直接投资的 70％,技术专利的 80％。这表明,国与国之间的经济竞争越来越表现为各国跨国公司之间的竞争,一个国家的经济实力和国际竞争力,越来越集中体现在跨国公司的实力和竞争力上。因此,世界各国都把发展跨国公司作为提高国家竞争力、带动本国经济发展的新动力。①

实施"走出去"战略也是中国实现 21 世纪改革和发展目标的战略之举。实施"走出去"战略的实质,是将我国的发展空间从本土拓展到世界范围。从发展的角度看,我国虽说地大物博,但人口众多,人均资源很有限。实现经济发展的目标,要从世界市场取得必需的资源,要在经济全球化的背景下,发挥我国劳动力资源丰富的比较优势,利用"两个市场、两种资源",实现我国经济的超常规发展。②

(4)"走出去"战略的实施效果

根据这一部署,我国的对外开放从过去的侧重引进,发展为"引进来"和"走出去"相结合,积极参与国际合作。多种形式的对外经济合作业务持续稳定增长,2001 年新签订涉及电力、交通、建筑、石化等行业的大型工程项目 15 个。到 2001 年年底,我国累计参与境外资源合作项目 195个,总投资 46 亿美元,累计设立各种境外企业 6610 家,其中中方投资 84亿美元,境外项目平均投资达 252 万美元,比上年提高近 30％。③

"引进来"和"走出去"相结合的开放战略促进了开放型经济的发展,使全方位、多层次、宽领域的对外开放格局更加清晰。中国经济进一步融入经济全球化进程,获得了更广阔的发展空间。这是党中央在跨世纪发展道路上作出的又一项富有远见的决策。

(五)一个私营企业主的入党经历

1.案例呈现

出生于 1944 年的韩行通,祖祖辈辈生活在大连市甘井子区红旗镇岔鞍村南岔沟屯。1985 年,他进城打工,摆地摊、卖海产品,通过诚实辛苦的劳动,逐渐积累了一些资金。后来,他从经营小商店开始,到成立大连

① 《"三个代表"重要思想学习问答》,人民出版社 2003 年版,第 90、91 页。
② 中共中央党史和文献研究院:《中国共产党的一百年:改革开放和社会主义现代化建设新时期》,中共党史出版社 2022 年版,第 815 页。
③ 中共中央党史和文献研究院:《中国共产党的一百年:改革开放和社会主义现代化建设新时期》,中共党史出版社 2022 年版,第 815 页。

广联运输公司,成为一个拥有 20 多台运输车、雇工 100 多人、固定资产达 1000 多万元的私营企业主。

1996 年新春,韩行通回乡探亲,看到家乡贫穷落后的状况,心里很不平静。对家乡怀有深厚感情的他,开始酝酿返乡创业计划。经过近一年的准备,他携带个人多年合法经营所得的大量资产返回家乡。面对人们不解的目光,韩行通向村党委书记掏出了心里话:"我家祖祖辈辈是贫苦农民,没有共产党,哪有我们的翻身解放;没有党的改革开放政策,我就是有浑身本事,也富不起来啊!现在我要回家乡和乡亲们一起共同致富。我虽然没进党的门,但我要先做党的人。请党考验我!"

"没进党的门,先做党的人",这是韩行通入党前的心愿和誓言。他是这么说的,也是这么做的。在镇党委、政府的支持下,他与岔鞍村村委会正式签订了南岔沟屯承包合同,担任庆安开发公司经理,成了南岔沟 100 多户乡亲们脱贫致富的"带头人"。上任伊始,他就公开作出三项承诺:三年内向村里交积累翻番;收入翻番,每个劳动力年均收入不低于 5000 元;加大投入,开发果蔬产业,彻底改变村屯面貌。为了保证承诺兑现,他把公司里的 18 名党员作为骨干任命到重要工作岗位上去,南岔沟屯的人心被凝聚起来了。上任后,他先后拿出个人积累几百万元,带领乡亲们修路、建桥,盖起了一座 950 平方米的集办公、会议、文化室于一体的综合楼,建起了美观大方的农民住宅小区,修建了南岔沟历史上第一座水库。他带领群众在全屯 850 亩土地上,栽植了 2 万株具有市场竞争优势的新品种果树,引进了以色列自动滴灌技术。他还投资 300 多万元,建起了垂钓娱乐中心,成为大连市农业观光旅游的一个新亮点。韩行通在建设家乡的过程中,一步步兑现了自己的诺言,使南岔沟这个全镇闻名的穷山屯,成了劳均收入 7000 元的富裕屯。

韩行通凭着朴素的感情回乡,在带领乡亲们共同致富的过程中,他的思想不断得到升华。特别是在各级党组织的帮助教育下,他开始对人生的价值和意义进行深层次的思考,并正式向党组织提交了入党申请书。红旗镇党委、岔鞍村党委专门指定党员干部对他进行帮助教育。镇党委书记多次找他谈话,帮助他提高对党的认识。镇、村领导对他的工作也都给予了大力支持。

1998 年 8 月,岔鞍村党委在讨论韩行通入党时,大多数同志表示同意,但也有同志认为,韩行通是私营企业主,让这样身份的人入了党,会不会模糊党的性质?也有的说,他在外边发了财,回来想再给自己头上戴个政治光环。但多数村干部、党员认为,韩行通入党有群众基础,南岔沟党员、群众都举双手赞成。村党委经过反复讨论,统一了认识:韩行通虽是私企老板,但他经商致富是国家现行政策允许的;他遵纪守法,诚实经营,挣的钱是干净的;他讲奉献,回报社会,把钱用在改变家乡面貌上,带领全村共同致富,正是我们党所要求的。村党委把广大党员和群众的意见提交镇党委。鉴于韩行通的特殊身份,镇党委进行了严格考察并请示了区委组织部。区委组织部也派人进行了考核,最后认为他基本具备了党员条件。1998年11月16日,韩行通成为光荣的中国共产党预备党员,第二年按期转正。入党后,他以更大的热情和干劲投入家乡建设,处处率先垂范,扶贫帮困,尊老爱幼。庆安公司声誉鹊起,经济效益明显提高,群众交口称赞这位"党员老板"。在韩行通的带动下,庆安公司的两名业务骨干也提出了入党申请。在韩行通事迹感召下,红旗镇一批常年在外的私企老板,纷纷回乡发展,带动乡亲们共同致富。

（资料来源:中共大连市委宣传部调查组:《一个私营企业主的入党经历及启示》,《求是》2002年第7期。）

2.案例指向

本案例指向教材第七章第二节第六目"推进党的建设新的伟大工程"。"三个代表"重要思想在党的建设方面有许多重要的论断,其中有一项便是修改入党标准,即允许将承认党的纲领和章程、自觉为党的路线和纲领而奋斗、经过长期考验、符合党员条件的其他社会阶层的先进分子吸收到党内来。

3.案例解析

改革开放后,原有的社会阶层发生了极大变化,除了工人、农民、知识分子、干部等社会阶层外,还出现了一些新的社会阶层,包括民营科技企业的创业人员和技术人员、受聘于外资企业的管理技术人员、个体户、私营企业主、中介组织的从业人员、自由职业人员等。而且,许多人在不同所有制、不同行业、不同地域之间流动频繁,人们的职业、身份经常变动。

（1）是否允许新的社会阶层的优秀分子入党是一个重大政治问题

改革开放后,我国出现的新社会阶层可进一步分为三大类。[①] 第一类是私营企业主阶层。这个阶层由拥有一定数量的私人资本和固定资产

---

① 中共中央国家机关工委宣传部、中共中国社会科学院直属机关委员会编:《学习贯彻"三个代表"重要思想理论问题50问》,人民出版社2004年版,第201、202页。

的私营企业的业主构成,因占有生产资料并使用雇佣劳动力而与其他社会阶层相区别。第二类是个体工商业经营者阶层,指自雇的或有少量帮工的第二、第三产业中的个体劳动者和小业主,也包括部分有一定专业技术的自由职业者。他们一般拥有少量私人资本(包括不动产),但主要依靠自己的劳动或专业技能,其经营活动主要集中在工商业,也广泛涉及其他行业。第三类是非公有制企业管理人员阶层,指大中型非公有制企业聘用的管理人员,主要包括两部分人:一是大中型私营企业和非国有控股企业的管理人员,二是"三资"企业聘用的中方管理人员。他们不是所在企业的所有者,虽然被授权负责企业资产的经营管理,但主要依靠工资收入为生。

为有效团结和引导这些阶层为实现党和国家的发展目标一道前进,党必须在这些新的社会阶层中吸收那些符合党员条件的优秀分子入党,并通过他们去做工作。江泽民指出:"据不完全统计,二〇〇〇年全国私营企业已达一百七十六万户,从业人员两千多万。无论是从经济实力来看,还是从人数来看,分量都不轻。如果我们不正视这个现实,不争取这支社会力量,甚至有意无意地把他们推到对立面上去,那在政治上对党是很不利的。我们也没有任何理由把他们与工人、农民、知识分子分割开来,推到对立面上去。第一,他们是在党和国家改革开放政策的允许下出现的;第二,他们是在社会主义公有制和社会主义上层建筑主导国家经济政治生活的总的条件下存在和发展的;第三,他们原先大都是一直受党教育的工人、农民、干部、知识分子或者他们的子弟;第四,他们的经营活动要遵守国家的法律法规和政策。总之,他们不同于社会主义改造前的私营工商业者。所以我们说,他们也是有中国特色社会主义事业的建设者。这就是我们党在政治上对他们的基本看法。"①

(2)允许新的社会阶层的优秀分子入党不会改变党的工人阶级先锋队的性质

江泽民指出:"看一个政党是否先进,是不是工人阶级先锋队,主要应看它的理论和纲领是不是马克思主义的,是不是代表社会发展的正确方向,是不是代表最广大人民的根本利益。"②新民主主义革命时期,我们党的绝大多数党员来自农民,也吸收了不少知识分子,还有部分来自非劳动

---

① 《江泽民文选》第 3 卷,人民出版社 2006 年版,第 341、342 页。

② 《江泽民文选》第 3 卷,人民出版社 2006 年版,第 285 页。

者阶层的革命分子。对此,我们党高度重视在思想上建党,坚持用马克思主义理论教育和武装全体党员,不仅要求党员在组织上入党,而且要求党员首先在思想上入党,指导他们为实现党的纲领和任务而奋斗,因而保持了党的工人阶级先锋队性质。

进入改革开放新时期后,尤其是建立社会主义市场经济后,广大人民群众的生活水平不断提高,个人的财产也逐渐增加。江泽民认为,"我们应该结合新的实际,深化对社会主义社会劳动和劳动价值理论的研究和认识……不能简单地把有没有财产、有多少财产当作判断人们政治上先进与落后的标准,而主要应该看他们的思想政治状况和现实表现,看他们的财产是怎么得来的以及对财产怎么支配和使用,看他们以自己的劳动对建设有中国特色社会主义事业所作的贡献。"①

基于对理论、历史与现实的把握,江泽民在庆祝中国共产党成立 80 周年大会上强调:"伟大而艰巨的建设有中国特色社会主义事业,需要全社会各个方面忠诚于祖国和社会主义的优秀分子,以自己的实际行动带领群众共同加以推进。能否自觉地为实现党的路线和纲领而奋斗,是否符合党员条件,是吸收新党员的主要标准。来自工人、农民、知识分子、军人、干部的党员是党的队伍最基本的组成部分和骨干力量,同时也应该把承认党的纲领和章程、自觉为党的路线和纲领而奋斗、经过长期考验、符合党员条件的社会其他方面的优秀分子吸收到党内来,并通过党这个大熔炉不断提高广大党员的思想政治觉悟,从而不断增强我们党在全社会的影响力和凝聚力。"②

对于这一重大论断,社会上有少数人认为这为私营企业主入党敞开了大门。必须指出,这种观点是错误的片面的。对此,我们可从两个方面对上述重大论断展开分析。一方面,工人、农民、知识分子、军人、干部的党员是党的队伍最基本的组成部分和骨干力量。这是大前提。另一方面,新社会阶层优秀分子入党的要求和程序更加严格,主要有四条,即承认党的纲领和章程、自觉为党的路线和纲领而奋斗、经过长期考验、符合党员条件。

"韩行通入党后,把对家乡父老朴素的感情,上升到党员要带领群众建设社会主义新农村的崭新境界。他积极参加党的组织生活,更加注重

① 《江泽民文选》第 3 卷,人民出版社 2006 年版,第 286、287 页。
② 《江泽民文选》第 3 卷,人民出版社 2006 年版,第 286 页。

改造自己的主观世界,思想水平和工作水平又有新提高,党员的模范作用发挥得更充分更自觉,就是一个有力的例证。"①

2002 年 11 月,党的十六大对党章正式做出修改,正式规定:"年满十八岁的中国工人、农民、军人、知识分子和其他社会阶层的先进分子,承认党的纲领和章程,愿意参加党的一个组织并在其中积极工作、执行党的决议和按期交纳党费的,可以申请加入中国共产党。"②

(六)"三个代表"重要思想的意义

1.案例呈现

江泽民同志是全党全军全国各族人民公认的享有崇高威望的卓越领导人,伟大的马克思主义者,伟大的无产阶级革命家、政治家、军事家、外交家,久经考验的共产主义战士,中国特色社会主义伟大事业的杰出领导者,党的第三代中央领导集体的核心,"三个代表"重要思想的主要创立者。

我们爱戴江泽民同志,怀念江泽民同志,是因为他把毕生心血和精力都献给了中国人民,为争取民族独立、人民解放和实现国家富强、人民幸福鞠躬尽瘁、奋斗终身。特别是党的十三届四中全会以后 13 年党和国家取得的巨大成就,同江泽民同志的雄才大略、关键作用、高超政治领导艺术是分不开的。江泽民同志为党和人民建立了不朽功勋,赢得了全党全军全国各族人民衷心爱戴和国际社会广泛赞誉!

‥‥‥‥‥‥

20 世纪 80 年代末 90 年代初,国际国内发生严重政治风波,世界社会主义出现严重曲折,一些西方国家对中国进行所谓"制裁",我国社会主义事业发展面临空前巨大的困难和压力。在这个决定党和国家前途命运的重大历史关头,江泽民同志带领党的中央领导集体,紧紧依靠全党全军全国各族人民,毫不动摇坚持经济建设这个中心,旗帜鲜明坚持四项基本原则,坚持改革开放,坚决开展治理整顿,全面加强意识形态工作,深入开展党风廉政建设和反腐败斗争,加强党同人民群众的联系,积极展开外交斗争,坚决维护国家的独立、尊严、安全、稳定,捍卫了中国特色社会主义伟大事业。经过艰苦努力,党和人民成功稳住了改革发展大局,为我国发

---

① 中共大连市委宣传部调查组:《一个私营企业主的入党经历及启示》,《求是》2002 年第 7 期。

② 《十六大以来重要文献选编》上,中央文献出版社 2011 年版,第 46、47 页。

展打下了坚实基础。

（资料来源：习近平：《在江泽民同志追悼大会上的悼词》，《人民日报》2022年12月7日第1、2版。）

2.案例指向

本案例指向教材第七章第三节"'三个代表'重要思想的历史地位"。

3.案例解析

从1989年6月党的十三届四中全会到2002年11月党的十六大的13年，江泽民同志担任中央委员会总书记。在他刚当选之时，国内外的局势十分复杂，已进行10年的改革开放面临重大考验。国内政治风波刚刚结束，社会形势紧张，经济发展停滞；国外大部分社会主义国家纷纷改旗易帜，一些西方国家对中国进行所谓"制裁"。美国的舆论界与政界普遍认为，中国再也无法崛起。然而，在江泽民离任之时，我国经济总量跃居世界第六位，人民生活总体实现由温饱到小康的历史性跨越。曾任美国驻华大使的李洁明坦言："毛主席统一中国，邓小平变革中国，江泽民使中国成为世界舞台上一个主要大国。"①习近平总书记指出："特别是党的十三届四中全会以后13年党和国家取得的巨大成就，同江泽民同志的雄才大略、关键作用、高超政治领导艺术是分不开的。江泽民同志为党和人民建立了不朽功勋，赢得了全党全军全国各族人民衷心爱戴和国际社会广泛赞誉！"②

(1)"三个代表"重要思想的理论意义

习近平总书记指出："江泽民同志坚持解放思想、实事求是、与时俱进，尊重实践，尊重群众，围绕建设中国特色社会主义这个主题提出了一系列新思想新观点新论断，为坚持和发展党的基本理论、基本路线、基本纲领、基本经验作出了杰出贡献。特别是他集中全党智慧创立了'三个代表'重要思想，进一步回答了什么是社会主义、怎样建设社会主义的问题，创造性回答了建设什么样的党、怎样建设党的问题，深化了我们对新的时代条件下推进中国特色社会主义事业、加强党的建设的规律的认识，以新的思想、观点、论断，继承、丰富、发展了马克思列宁主义、毛泽东思想、邓小平理论。"③

① 苏应奎：《〈江泽民传〉热销的启示》，https://news.sina.com.cn/o/2005-03-07/09175287076s.shtml，访问日期：2024年4月22日。

② 习近平：《在江泽民同志追悼大会上的悼词》，《人民日报》2022年12月7日第1版。

③ 习近平：《在江泽民同志追悼大会上的悼词》，《人民日报》2022年12月7日第1版。

一是"三个代表"重要思想坚持把人民的根本利益作为出发点和归宿，时刻把人民群众的安危冷暖放在心上，关心群众疾苦，努力为群众办好事、办实事。这一思想进一步揭示了人民群众在人类历史发展中的重要地位和作用，为我们党加强同人民群众的血肉联系方面指明了方向，丰富了马克思主义唯物史观。

二是"三个代表"重要思想强调社会主义社会是全面发展、全面进步的社会，既要看是否促进了社会生产力的发展，也要看是否促进了中国特色社会主义文化建设的发展，还要看是否切实把最广大人民群众的切身利益实现好、维护好、发展好。这一思想揭示了中国特色社会主义是社会主义物质文明、政治文明和精神文明的有机统一，体现了社会主义现代化建设的全面性、系统性，加深了对建设中国特色社会主义经济、政治、文化的规律性认识。

三是"三个代表"重要思想强调要努力促进人的全面发展。这一思想阐明了社会主义经济、文化发展与人的全面发展的辩证关系，即推进人的全面发展，同推进经济、文化的发展和改善人民物质文化生活，是互为前提和基础的，丰富发展了马克思主义关于人的全面发展是建设社会主义新社会本质要求的思想。

四是"三个代表"重要思想把党的建设同世界的发展趋势，同我国社会主义的自我完善和发展，同实现中国特色社会主义的宏伟目标和各项任务联系起来，抓住了新形势下提高党的执政能力、巩固党的执政地位、完成党的执政使命的根本，科学地揭示了执政党建设的规律，赋予了党的指导思想、党的宗旨和党的任务以鲜明的时代内容和时代特征，形成了崭新的马克思主义建党学说。这一思想把新时期党的建设的目标、任务和要求提到了一个新的高度，科学回答了在新世纪，建设一个什么样的党、怎样建设党这样一个重大时代课题。

（2）"三个代表"重要思想的实践意义

在"三个代表"重要思想的指导下，以江泽民同志为主要代表的中国共产党人，坚持党的十一届三中全会以来的路线不动摇，从容应对来自各方面的困难和风险，在实践中进一步回答了一系列重大问题，推进了中国特色社会主义事业。

一是"三个代表"重要思想把发展先进生产力、发展先进文化和实现最广大人民的根本利益统一起来，从深层次上揭示了社会主义制度不断完善和发展的途径。"三个代表"重要思想从物质基础、文化支撑和社会基础方面揭示了社会主义制度自我完善和发展的途径,说明了只有具备雄厚的物质基础、强大的文化支撑和广泛的群众支持,社会主义制度的自我完善和发展才能够实现。

二是"三个代表"重要思想提出了党的建设的新要求。必须使全党始终保持与时俱进的精神状态,不断开拓马克思主义理论发展的新境界;必须把发展作为党执政兴国的第一要务,不断开创现代化建设的新局面;必须最广泛最充分地调动一切积极因素不断为中华民族伟大复兴增添新力量;必须以改革的精神推进党的建设,不断为党的肌体注入新活力,充分体现了共产党人的先进性和时代精神。这些思想为加强党的建设指明了方向。

三是"三个代表"重要思想有利于完善党的领导方式和执政方式。"三个代表"重要思想从新的高度提出,党要按照总揽全局、协调各方的原则,进一步加强和完善党的领导体制,改进党的领导方式和执政方式,既保证党委的领导核心作用,又充分发挥人大、政府、政协以及人民团体和其他方面的职能作用。这些思想为改进党的领导方式和执政方式提供了基本遵循。

四、延伸阅读

1.江泽民:《高举邓小平理论伟大旗帜 把建设有中国特色社会主义事业全面推向二十一世纪——在中国共产党第十五次全国代表大会上的报告》,人民出版社 1997 年版。

2.江泽民:《在庆祝中国共产党成立八十周年大会上的讲话》,人民出版社 2001 年版。

3.胡锦涛:《在学习〈江泽民文选〉报告会上的讲话》,人民出版社 2006 年版。

4.中共中央宣传部:《"三个代表"重要思想学习纲要》,学习出版社 2003 年版。

5.罗伯特·库恩:《他改变了中国:江泽民传》,谈峥、于海江等译,上海译文出版社 2005 年版。

五、拓展研学

1.观看《我们走在大路上》文献专题片中的"突破重围"一集,以及《敢教日月换新天》文献专题片中的"举旗定向"一集,让学生更为形象地了解

"三个代表"重要思想创立的国际与国内背景。

2.把学生分成若干小组,针对以下问题,进行课堂讨论。

(1)有人说"三个代表"不就三句话吗,为什么说"三个代表"重要思想是一个系统的科学理论?

(2)有人说"三个代表"中无论哪一个代表,马克思主义"老祖宗"都说过,没有什么新意。也有人说"三个代表"不讲阶级、不讲共产主义理想,背离了"老祖宗"。对此我们应怎样看?

(3)提出"两个先锋队"是不是意味着党的性质由工人阶级先锋队变成了全民党?

(4)强调代表先进生产力是不是意味着我们党将由代表和依靠工人、农民的党转变为代表和依靠高级知识分子及私营企业家的党?

3.组织学生围绕"我对'三个代表'重要思想历史地位的理解"写一篇专题论文,深化学生对"三个代表"重要思想精神实质的领悟。

第八章　科学发展观

一、教学主要目标

本章教学在第五章有关科学发展观形成发展的国际背景、历史条件及实践经验的基础上,完成以下知识目标:(一)科学发展观的科学内涵。通过学习科学发展观的科学内涵,学生弄清楚新世纪新阶段要实现什么样的发展、怎样发展等重大问题。(二)科学发展观的主要内容。通过学习科学发展观的主要内容,学生明确怎样实现发展的具体战略举措。(三)科学发展观的历史地位。通过本章学习,学生认识科学发展观在中国特色社会主义理论体系中的独特地位及对推进中国特色社会主义伟大事业的指导意义,领悟科学发展观解放思想、实事求是、与时俱进、求真务实的精神实质。

二、教学重难点

本章教学重点:一是讲清楚我国处于并将长期处于社会主义初级阶段的基本国情和新世纪新阶段的阶段性特征;二是分析在新形势下我国应该实现什么样的发展、怎样发展;三是阐明科学发展观的科学内涵与最鲜明的精神实质。

本章教学难点:引导学生理解科学发展是我国进一步发展的必然趋势,科学发展观是新世纪新阶段国内外经济社会发展的新形势对中国特色社会主义理论体系发展的新要求,理解科学发展观的科学内涵和精神实质,并能联系现实,理解新发展理念同科学发展观一脉相承。

三、教学案例

(一)抗击"非典"疫情

1.案例呈现

"非典"(SARS),即传染性非典型肺炎,是由 SARS 冠状病毒引起的一种具有明显传染性、可累及多个脏器系统的特殊肺炎,世界卫生组织将其命名为严重呼吸综合征。

"非典"第一例病例于 2002 年 11 月 16 日出现在广东佛山市。2003年初,"非典"在广东省部分地区流行。2003 年 2 月中旬以前,疫情主要集中在广州市,随后,疫情扩散蔓延到中国大多数省份。当年 4 月下旬,北京、天津、山西、内蒙古、河北等华北 5 省区市疫情严重,国内疫情达到高峰。5 月份,疫情开始逐步缓解,进入 6 月份,疫情得到有效控制。6 月24 日,世界卫生组织宣布撤销对北京的旅行警告,并将北京从"非典"疫区名单中删除。①

突如其来的"非典"疫情在毫无征兆的情形下肆虐成灾,对人民群众身体健康和生命安全构成严重威胁,给经济社会发展带来严重冲击。在党中央、国务院坚强领导下,全国各族人民大力弘扬万众一心、众志成城、团结互助、和衷共济,迎难而上、敢于胜利的精神,举国上下紧急动员,坚持群防群控,携手共克时艰,有效控制了"非典"疫情,保持了经济较快增长。

"非典"疫情的迅速蔓延,集中暴露出我国经济社会发展中存在的薄弱环节和突出问题。在抗击"非典"斗争的最紧张时刻,胡锦涛总书记亲赴疫情严重的广东考察工作。2003 年 4 月 15 日,他在听取广东省委省政府汇报工作时,针对发展中存在的问题,强调"要坚持全面的发展观",积极探索加快发展的新路子。

2003 年 7 月 28 日,全国防治"非典"工作会议在北京举行。胡锦涛在全面总结抗击"非典"斗争经验时明确提出:"我们要更好坚持全面发展、协调发展、可持续发展的发展观,更加自觉地坚持推动社会主义物质文明、政治文明、精神文明协调发展,坚持在经济社会发展的基础上促进

---

① 朱明德:《北京抗击非典备忘录》,中国文史出版社 2003 年版,第 999 页。

人的全面发展,坚持促进人与自然的和谐。"①

2003年8月,胡锦涛在江西考察期间,将一个月前在全国防治"非典"工作会议上提出的"全面发展、协调发展、可持续发展"新的发展观第一次概括为"科学发展观"。

2003年10月,党的十六届三中全会通过的《中共中央关于完善社会主义市场经济体制若干问题的决定》提出:"坚持以人为本,树立全面、协调、可持续的发展观,促进经济社会和人的全面发展。"科学发展观这一新的发展理论,在全面建设小康社会伟大实践的沃土上产生了。

(资料来源:《全国非典疫情及防治措施》,https://www.gov.cn/test/2005-06/28/content_10714.htm,访问日期:2024年1月28日;张宁:《十六大以来科学发展观形成和发展的历史进程》,《党的文献》2012年第2期。)

2.案例指向

本案例指向教材第八章第一节第三目"全面协调可持续是科学发展观的基本要求",第五章第一节第二目"中国特色社会主义理论体系形成发展的历史条件"和第二节第三目"中国特色社会主义理论体系在新世纪新阶段的新发展"。新世纪新阶段我国的基本国情没有变,但经济社会发展呈现出新的阶段性特征,科学发展观在应对新形势下的新情况新问题中提出并逐步形成。科学发展观的基本要求是全面协调可持续,要解决经济社会发展不协调、城乡区域发展不平衡等突出问题。

3.案例解析

(1)"非典"的背景:新世纪新阶段我国的基本国情和阶段性特征

历史的车轮进入21世纪,新世纪新阶段,经过中华人民共和国成立以来特别是改革开放以来的不懈努力,虽然经济社会发展取得了举世瞩目的成就,但是我国仍处于并将长期处于社会主义初级阶段的基本国情没有变。我国进入发展关键期、改革攻坚期和矛盾凸显期,经济社会发展呈现一系列新的阶段性特征。如经济实力显著增强,同时生产力水平总体上还不高,自主创新能力还不强,长期形成的结构性矛盾和粗放型增长方式尚未根本改变;社会主义市场经济体制初步建立,同时影响发展的体制机制障碍依然存在,改革攻坚面临深层次矛盾和问题;人民生活总体上达到小康水平,同时收入分配差距拉大趋势还未根本扭转,城乡贫困人口和低收入人口还有相当数量,统筹兼顾各方面利益难度加大;协调发展取

---

① 《胡锦涛文选》第2卷,人民出版社2016年版,第67页。

得显著成绩,同时农业基础薄弱、农村发展滞后的局面尚未改变,缩小城乡、区域发展差距和促进经济社会协调发展任务艰巨;社会主义民主政治不断发展,同时民主法制建设与扩大人民民主和经济社会发展的要求还不完全适应;社会主义文化更加繁荣,同时人们思想活动的独立性、选择性、多变性、差异性明显增强,对发展社会主义先进文化提出了更高要求;社会活力显著增强,同时社会结构、社会组织形式、社会利益格局发生深刻变化,社会建设和管理面临诸多新课题;对外开放日益扩大,同时面临的国际竞争日趋激烈,可以预见和难以预见的风险增多,统筹国内发展和对外开放的要求更高。

这些特征反映了我国经济社会发展面临的新形势、新矛盾和新问题,尤其是通过突如其来的"非典"疫情在毫无征兆的情形下肆虐成灾而显现。抗击"非典"斗争引发人们思考并回答,在新形势下,我们应该实现什么样的发展、怎样发展这一重大问题。科学发展观最初萌芽于2003年4月中旬,即胡锦涛在广东考察"非典"防疫工作时所作的重要指示。

同年10月14日,通过《中共中央关于完善社会主义市场经济体制若干问题的决定》,第一次在党的文件中明确提出科学发展观。2004年3月,胡锦涛在中央人口资源环境座谈会上发表重要讲话,深刻阐明了科学发展观提出的背景、意义,明确界定了"以人为本""全面发展""协调发展""可持续发展"的深刻内涵和基本要求,并对如何树立和落实科学发展观提出了明确的要求,标志着科学发展观的形成。

(2)"非典"带来的启示:要全面协调可持续发展

如本案例所述,2003年4月中旬,胡锦涛在广东考察工作时说:"要坚持全面的发展观,通过促进三个文明协调发展不断增创新优势。"①其中的重要新话语,就是一个"观"字。所谓"观",就是对事物总的看法和根本认识,提出"要坚持全面的发展观",说明此时胡锦涛已开始从全局战略高度思考当代中国的发展问题。②

人类社会是由经济、政治、文化、社会、人口、资源、环境等诸多要素构成的有机系统。人类社会的发展,不是单一的经济运行过程,而是上述多种因素交互作用的过程,是物质文明、政治文明、精神文明、社会文明及生态文明全面发展的过程。发展是经济与社会的全面协调发展,是人、社会

---

① 《胡锦涛文选》第2卷,人民出版社2016年版,第43页。
② 尹国胜:《科学发展观理论与实践研究》,云南大学出版社2012年版,第4页。

与自然的和谐协调发展。科学发展观作为对于人类社会发展规律和社会主义建设规律的正确反映,也必然以实现经济社会发展的全面协调可持续为基本要求。①

全面协调可持续中的"全面"是指发展要有全面性、整体性,不仅经济要发展,而且各方面都要发展。"协调"是指发展要有协调性、均衡性,各个方面、各个环节的发展要相互适应、相互促进。"可持续"是指发展要有持续性、连续性,不仅当前要发展,而且要保证长远发展。全面协调可持续就是要解决城乡区域发展不平衡、经济社会发展不协调、经济发展与人口资源环境不适应等突出问题。

"非典"暴发是科学发展观提出和形成的一个重要、直接的原因。抗击"非典"的过程,使人们比任何时候都更加深刻地认识到:我国的经济发展和社会发展、城市发展和农村发展还不够协调;公共卫生事业发展滞后,公共卫生体系存在缺陷;突发应急机制不健全,处理和管理危机能力不强。经济增长和社会发展"一条腿长、一条腿短"必将严重影响和制约经济发展。我们要高度重视存在的问题,采取切实措施加以解决,真正使这次防治"非典"斗争成为我们改进工作、更好地推动事业发展的一个重要契机。② 只有更加自觉地推进全面协调可持续发展,才能更好化解制约我国发展的各种因素,确保实现我国发展的战略目标。

在党的十六届三中全会上,胡锦涛明确指出:"树立和落实全面发展、协调发展、可持续发展的科学发展观,对于我们更好坚持发展才是硬道理的战略思想具有重大意义。树立和落实科学发展观,这是二十多年改革开放实践的经验总结,是战胜非典疫情给我们的重要启示,也是推进全面建设小康社会的迫切要求。"③所以,尽管"非典"暴露了我们经济社会发展中的短板,然而,正如当时摩根士丹利公司在一份报告中认为的,"非典"可能成为中国发展史上的一个分水岭,中国将从这次疫情中汲取经验,崛起成为更强大的国家。2003 年,中国踏上全面、协调和可持续发展之路。④

---

① 杨信礼:《科学发展观研究》,人民出版社 2007 年版,第 92 页。

② 《防治非典工作会议在北京举行 胡锦涛发表重要讲话》,https://www.gov.cn/test/2005-06/28/content_10715.htm,访问日期:2024 年 1 月 28 日。

③ 《胡锦涛文选》第 2 卷,人民出版社 2016 年版,第 104 页。

④ 徐京跃、毛晓梅:《2003 年:中国发展观创新 踏上全面发展之路》,https://sports.cctv.com/news/china/20031127/101202.shtml,访问日期:2024 年 1 月 28 日。

从单纯追求经济增长到促进全面协调可持续的发展，促进经济、社会和人的全面发展，是我们国家全面进步的标志。以党的十六届三中全会为新起点，中华民族又开始了伟大的跨越。

（二）厦门经济特区 30 年建设成就

1.案例呈现

2011 年 12 月 26 日上午，厦门经济特区建设 30 周年庆祝大会在厦门隆重举行。中共中央总书记、国家主席、中央军委主席胡锦涛致信祝贺。胡锦涛在贺信中指出，30 年来，厦门经济特区坚持解放思想，锐意改革创新，不断扩大开放，经济社会发展取得显著成绩，人民群众生活发生巨大变化，为全国改革开放和社会主义现代化建设发挥了重要窗口和示范带动作用，为推动两岸经贸合作、文化交流和人员往来作出了独特贡献。实践充分证明，中央关于兴办经济特区的决策和部署是完全正确的。

改革开放前，厦门是一个典型的海防前哨城市，经济社会发展十分缓慢。1978 年，厦门全市国内生产总值仅 4.8 亿元，财政收入仅 1.55 亿元。基础设施条件很差，电灯不明，道路不平，电话不灵，自来水供应要排队，没有一个万吨级泊位……

1980 年 10 月，国务院批准设立厦门经济特区。1981 年 10 月 15 日，随着湖里加工区破土动工的一声炮响，厦门经济特区开始了激情燃烧的创业岁月，实现了经济社会发展的历史性跨越：全市生产总值、工业总产值、财政总收入年均递增分别为 17.4％、23％和 21.5％；人民生活水平同步增长，城镇居民和农民年人均收入分别递增 15.2％、13.4％；连续三届以总分第一的成绩荣获"全国文明城市"称号，位列全国 20 个"科学发展典范城市"榜首。

作为改革开放和现代化建设的窗口、试验田、排头兵和促进两岸交流合作的前沿平台，厦门经济特区牢记使命，以壮士断腕、舍我其谁的勇气和魄力，致力于探索开路，先行先试。率先实现国有企业改革，第一个利用外资修建机场，成立首家中外合资银行；率先推行最低工资标准，率先开展社会保障性住房建设，率先实现全民医保、全民养老；积极发挥区位优势，为全面推进对台全方位交流合作、推动两岸关系和平发展，屡创"破冰"之举。这一系列的"第一"、"首创"和"率先"，成就了一个个"厦门蓝本""厦门模式"，使厦门经济特区成为我国改革开放和现代化建设的一个精彩缩影。

（资料来源：《奋力走在科学发展前沿　祝贺厦门经济特区建设 30 周年》，《厦门日报》2011 年 12 月 26 日。周英峰、涂洪长：《厦门经济特区建设 30 周年庆祝大会举行》，《中国青年报》2011 年 12 月 27 日第 1 版。）

2.案例指向

本案例指向教材第八章第一节第一目"推动经济社会发展是科学发展观的第一要义"。发展是人类社会的主题，但怎样发展需进行新的深入思考。我们不但要发展，而且要又好又快科学发展，坚持发展是硬道理的本质要求就是坚持科学发展。

3.案例解析

（1）科学发展观的第一要义：发展

发展是人类文明进步的基础，也是马克思主义最基本的范畴之一。中国特色社会主义是靠发展来不断巩固和前进的。2004 年 3 月 10 日，胡锦涛在中央人口资源环境工作座谈会上的讲话指出："科学发展观是用来指导发展的，不能离开发展这个主题，离开了发展这个主题就没有意义了。"[①]2007 年 6 月 25 日，胡锦涛在中央党校省部级干部进修班发表的重要讲话中强调指出，科学发展观的第一要义是发展。"强调第一要义是发展，是基于我国社会主义初级阶段的基本国情，基于人民过上美好生活的深切愿望，基于巩固和发展社会主义制度，基于巩固党的执政基础、履行党的执政使命作出的重要结论。"[②]从而揭示了科学发展观第一要义——发展的深刻道理。

把发展作为科学发展观的第一要义，反映了当今世界的时代主题、当代中国的实践主题，是改革开放以来我们党的重要经验的概括总结，是由党所处的历史方位变化和肩负的历史使命所决定的，是面对新形势新任务提出的新要求。[③] 我们党执政，首要任务就是带领人民推动经济社会发展，不断满足人民日益增长的物质文化需要。胡锦涛说："只有紧紧抓住和搞好发展，才能从根本上把握人民的愿望，把握社会主义现代化建设的本质，把握我们党执政兴国的关键。"[④]

在当代中国，坚持发展是硬道理的本质要求，就是坚持科学发展。改革开放以来，我国经济社会发展成就举世瞩目，但作为一个发展中国家，

---

① 《胡锦涛文选》第 2 卷，人民出版社 2016 年版，第 167 页。

② 《胡锦涛文选》第 3 卷，人民出版社 2016 年版，第 2 页。

③ 杨信礼：《科学发展观研究》，人民出版社 2007 年版，第 56～57 页。

④ 《胡锦涛文选》第 3 卷，人民出版社 2016 年版，第 3 页。

我国仍处于并将长期处于社会主义初级阶段的基本国情没有变。在过去人民基本生活难以保障的前提下,我们不得不把主要精力放在满足人们最基本的物质生活需求上。从改革开放到 21 世纪初,经济的高速增长,深刻改变了我国的社会经济面貌,然而,我国进一步推进发展还面临诸多困难和问题,如经济发展方式不合理、发展不够协调、发展不够公平、发展不够全面等。适应新阶段发展的新要求,开辟发展的新思路、开拓发展的新空间,必然要求我们对发展问题作出新的深入思考,进一步落实科学发展观。

（2）厦门经济特区:又好又快科学发展的成功范例

胡锦涛在致厦门经济特区建设 30 周年的贺信中对厦门经济特区 30 年来的建设成就予以充分肯定。可以说,厦门是又好又快科学发展的成功范例。

其一,坚持科学发展观,必须加快转变经济发展方式,推动经济又好又快发展。科学发展观极大地丰富了发展内涵,但讲发展,"首先要抓好经济发展"。以经济建设为中心仍然是发展的核心内涵,这是保障各项事业全面协调可持续发展的物质基础。新世纪新阶段,我国呈现出一系列重要的阶段性特征,在经济发展速度加快、规模扩大的同时,经济发展面临深层次矛盾和突出问题。如果只讲速度和规模,经济发展中的矛盾和问题不但得不到解决,反而会进一步阻碍发展。于是,转变发展方式成为科学发展观推动经济发展的新思路。胡锦涛指出,促进经济发展,要"着力提高经济增长质量和效益,努力实现速度和结构、质量、效益相统一,经济发展和人口、资源、环境相协调"。[①]

经济发展中的诸多重要关系,就其实质而言,都是"好"和"快"的关系问题。自 20 世纪 90 年代初以来,我国一直把"又快又好发展"作为指导经济发展的方针。2006 年,胡锦涛在党外人士座谈会上强调要促进经济"又好又快发展"。"2006 年 12 月召开的中央经济工作会议,把'又快又好发展'改为'又好又快发展',将'好'字放在'快'之前,可以说是这次会议的精髓,也是科学发展观的一个内在要求。"[②]"从'又快又好'到'又好又快'是发展理念的转变,是发展模式的提升。'又好又快'发展是有机统一的整体。首先要把'好'摆在首位,注重优化结构,提高质量和效益,又

---

① 《胡锦涛文选》第 2 卷,人民出版社 2016 年版,第 168 页。
② 成思危:《科学发展观与又好又快发展》,《中国浦东干部学院学报》2007 年第 1 期。

要好中求快,优中求进,努力保持经济平稳较快增长。我们要的速度,应当是经济效益比较好、人民群众得到实惠的速度,是资源消耗比较少、环境得到保护的速度,是经济波动比较小、增长得到持续的速度。"①

顺应时代要求,厦门经济特区加快转变经济发展方式,使经济持续快速协调健康发展。如案例呈现,厦门大力发扬敢闯敢试的特区精神,稳步推进各项改革。敢闯敢干结硕果,厦门经济平均增长率位居全国大中城市前列,城市综合竞争力位居中国内地城市前列,被世界银行评为"投资环境金牌城市",在全国20个"科学发展典范城市"中位列榜首,走出了一条具有中国特色、厦门特点的科学发展之路。

其二,坚持科学发展观,必须物质文明和精神文明建设齐抓,推动均衡发展、社会和谐。胡锦涛指出:"从根本上说,经济发展决定政治发展和文化发展,但政治发展和文化发展也会反过来对经济发展产生作用,在一定条件下还可以产生决定性作用。""忽视社会主义民主法制建设,忽视社会主义精神文明建设,忽视各项社会事业发展,忽视资源环境保护,经济建设是难以搞上去的,即使一时搞上去了最终也可能要付出沉重代价。"②"我们所谋求的发展必须是讲求质量和效益的发展,必须是以人为本、全面协调可持续的发展。"③坚持科学发展观,既要关注发展规模和速度,又要注重发展质量和效益;既要关注社会财富的创造和涌流,又要注重社会利益的分配和调整;既要关注经济实力增长,又要注重经济、政治、文化、社会以及生态等各方面的均衡发展;既要关注开发和利用自然为人类造福,又要注重人与自然和谐发展;既要关注群众基本需求的满足,又要注重生活质量的提高和人的全面发展。

厦门在牢牢把握发展这个第一要务的同时,坚持以人为本,统筹兼顾,既抓物质文明又抓精神文明,逐步形成了生产稳健发展、生活富裕安康、生态优美宜人、社会和谐进步的科学发展模式。厦门先后获得"全国文明城市""国际花园城市""联合国人居奖"等多项荣誉称号。这些荣誉体现了厦门经济特区发展中的"软实力"和经验特色。④ 厦门地处对台关

① 习近平:《深入贯彻落实科学发展观 保持经济平稳较快发展》,《今日浙江》2006年第24期。
② 《胡锦涛文选》第2卷,人民出版社2016年版,第105页。
③ 《十七大以来重要文献选编》上,中央文献出版社2009年版,第759页。
④ 涂洪长:《谱写壮丽篇章——写在厦门经济特区建设30周年之际》,https://www.gov.cn/jrzg/2011-12/21/content_2025630.htm,访问日期:2024年1月28日。

系最前沿,肩负推动两岸关系发展的重要使命。厦门积极进行多方面探索,以经贸交流厚植共同利益,以文化交融强化精神纽带,以人员交往增进骨肉深情①,为不断开创两岸关系和平发展新局面发挥了经济特区应有的作用。

30年来,厦门以科学发展观为指导,以解放思想为前提,以国际市场为依托,以新型工业为支柱,以生态优先为原则,以城市建设为动力,以改善民生为目的,政府依法调控、市场有序运作、公民积极参与,展现出经济社会又好又快发展的大好局面。② 厦门经济特区的成功实践,再一次充分证明发展才是硬道理,科学发展是全面建设小康社会和实现现代化的根本途径。只有坚持发展速度与质量效益相协调,经济建设与社会发展相协调,经济建设与民生保障相协调,城市发展与人的全面发展相协调,经济建设与生态保护相协调,中国特色社会主义道路才会越走越宽,显示出强大的生命力。

(三)"告别田赋鼎"

1.案例呈现

北京,全国农业展览馆一楼四号展厅内,陈列着一件由普通农民铸造的青铜大鼎——"告别田赋鼎"。它已经被南来北往的参观者摸出了光泽。

2006年1月1日,《中华人民共和国农业税条例》被正式废止。河北省灵寿县的农民王三妮自筹资金,用铸鼎刻铭的方式,记录下了这个亘古未有的大事件。铭文中写道:我是农民的儿子,祖上几代耕织辈辈纳税。今朝告别了田赋,我要铸鼎刻铭,告知后人,万代歌颂永世不忘。

全面取消农业税是中国政府在21世纪一项历史性举措,也是普惠民生的一个重要标志。

作为一种在农村征收、来源于农业并由农民直接承担的税赋,农业税在我国延续了2600多年。1949年以后,农业税在相当时期内,一直是国家财政收入的重要来源,1949—2005年我国农业税总收入累计达到4200亿元。

---

① 本刊记者:《又好又快科学发展的成功范例——厦门经济特区成立30周年建设成就扫描》,《紫光阁》2011年第11期。

② 本刊记者:《又好又快科学发展的成功范例——厦门经济特区成立30周年建设成就扫描》,《紫光阁》2011年第11期。

除了农业税,农民还要承担"三提五统"。20世纪80年代中后期,加上各类摊派等费用,农民负担问题逐步突出,引起了中央的高度重视。

如何扭转这一局面? 一场历时多年的农民减负和农村税费改革启动了。

从1990年开始,中央接连下发多个文件,着重解决对农民的各种收费、罚款和摊派问题。治标更需治本。为探索减轻农民负担的治本之策,中央决定将工作重心由治乱减负转向农村税费改革。1998年,国务院农村税费改革工作小组成立,拉开了农村税费改革的大幕。此后,全面推开农村税费改革试点工作,明确提出取消农业税的目标,在全国降低农业税税率,在黑龙江、吉林两省进行全部免除农业税试点,取消除烟叶外的农业特产税,取消牧业税……直至2005年12月29日,十届全国人大常委会第十九次会议决定,自2006年1月1日起废止《中华人民共和国农业税条例》。由此,一个古老税种宣告终结。

(资料来源:大型文献专题片《我们走在大路上》第14集"民为邦本";《以取消农业税为起点——"三农"发展潜力进一步得到激发》,《人民日报》2021年4月9日第4版。)

2.案例指向

本案例指向教材第八章第一节第二目"以人为本是科学发展观的核心立场"。以人为本就是以最广大人民的根本利益为本,坚持发展为了人民,发展依靠人民,发展成果由人民共享。以人为本是社会主义的本质特征。

3.案例解析

(1)"告别田赋鼎"背后的故事:农业税与全面取消农业税

如案例所述,农业税作为一种在农村征收、来源于农业并由农民直接承担的税赋,已在中国存续了2600多年之久。"皇粮国税"一直是农民天经地义必须缴纳的。中华人民共和国成立后,为保证国家政权稳定和推进工业化建设,农业税在相当时期内,一直是国家财政的重要来源。1958年6月3日,第一届全国人民代表大会常务委员会第96次会议通过《中华人民共和国农业税条例》,统一了全国农业税制度。

我国是世界上少数几个征收农业税的国家。2004年,农业税由7%的主税及20%的附加合成,税率为8.4%。[①] 除了农业税,农民还要承担各种行政事业收费和政府基金、集资等,农民负担问题日益突出。为了从

---

① 李兵:《取消农业税:科学发展观的重要体现》,《红旗文稿》2004年第11期。

根本上减轻农民负担,自 2000 年开始,党中央、国务院决定进行农村税费改革试点。经过几年的税费改革,农民的税费负担大为降低。2004 年 3 月,在第十届全国人民代表大会第二次会议上,温家宝总理所作的政府工作报告首次提出,自 2004 年起"逐步降低农业税税率,平均每年降低一个百分点以上,五年内取消农业税"。为支持农村税费改革,2004 年中央财政拿出 396 亿元用于转移支付。2005 年 12 月 29 日,十届全国人大常委会第十九次会议决定,自 2006 年 1 月 1 日起废止《中华人民共和国农业税条例》。在我国延续了 2600 多年的古老税种从此宣告终结。

"延续 2600 多年的皇粮国税不用交了,而且国家还给粮食直补款,这在历朝历代都是没有过的。"王三妮算了一笔账:家中 7 口人,14 亩地,以前每年要交农业税费 532 元,现在不但不交钱,政府还补给他家 216 元,里里外外算下来,一年直接受益 748 元。全面取消农业税使广大农民得到切切实实的实惠。

(2)"告别田赋鼎"见证与昭示:科学发展,以人为本

王三妮说:"鼎代表着权威,也是一种文化,我想通过铸鼎刻铭,把国家免除农业税这件大事告诉子孙后代,让他们永远记住。"青铜鼎的铸建昭示我们党坚持科学发展、追求以人为本的本质特征。

其一,以人为本是科学发展观的本质要求。科学发展追求的价值目标是什么? 以人为本。胡锦涛说:"科学发展观的本质要求是坚持以人为本。"[①]

2003 年 10 月,党的十六届三中全会通过的《中共中央关于完善社会主义市场经济体制若干问题的决定》提出:"坚持以人为本,树立全面、协调、可持续的发展观,促进经济社会和人的全面发展。"这是党中央的文献上第一次提出"以人为本"的原则。该原则体现辩证唯物主义的世界观、历史观、价值观,指明社会发展为了谁、依靠谁、由谁享有。[②] 坚持以人为本,做到发展为了人民,发展依靠人民,发展成果由人民共享,是党的群众观念和群众路线的当代形态,是我们党谋发展、促发展的根本价值取向和工作路线。胡锦涛说:"坚持以人为本,就是要以实现人的全面发展为目标,从人民群众根本利益出发谋发展、促发展,不断满足人民群众日益增长的物质文化需要,切实保障人民群众经济、政治和文化权益,让发展的

---

① 《胡锦涛文选》第 2 卷,人民出版社 2016 年版,第 399 页。

② 黄枬森:《关于以人为本的若干理论问题》,《中共中央党校学报》2007 年第 2 期。

成果惠及全体人民。"①这里突出强调了以人为本在科学发展观中的重要意义，即发展的目的就是以人为本，实现人的全面发展。这可以说是一个重要突破——党在探索回答实现什么样的发展、怎样发展这个迫切需要解决的重大理论和现实问题时，第一次明确把"以人为本"作为发展新思路的核心概念。

什么是以人为本？"人"是指人民群众，就是以工人、农民、知识分子等劳动者为主体，包括社会各阶层人民在内的中国最广大人民；"本"就是根本，就是出发点和落脚点。以人为本的精髓可以概括为"发展为了人民、发展依靠人民、发展成果由人民共享"。"发展为了人民"体现的是我们党"全心全意为人民服务"的根本宗旨；"发展依靠人民"体现的是我们党"相信群众、依靠群众"的群众路线；"发展成果由人民共享"体现的是共同富裕的社会主义本质。在此意义上，以人为本是我们党的根本宗旨、工作路线和科学社会主义本质要求在发展问题上高度凝练的科学表达。

其二，全面取消农业税是以人为本的重要体现。中国的改革，都是从解放农民开始的。中国是传统上的农业大国，但我国的农业是弱势产业，农民是弱势群体，农村是落后地区。进入 21 世纪，我国经济飞速发展，农业、农村仍然是经济社会发展中最薄弱的环节。②"三农"问题已经成为我国全面建设小康社会必须重视的大问题。以王三妮为代表的 9 亿农民是我们共和国大厦的基石，9 亿农民不富，整个国家就不算富裕；9 亿农民不稳，整个国家就难以稳定；9 亿农民不能实现小康，全国人民实现小康就是一句空话。不能解决农村的问题，就不可能有一个稳定和谐的中国社会。

全面取消农业税是中央统揽全局、着眼长远、与时俱进作出的重大战略性举措，是实现经济社会全面可持续发展和人的全面发展的必然要求，充分体现了我们党和政府加快解决"三农"问题的坚定决心，深刻反映科学发展观的核心立场——以人为本。

全面取消农业税，完善和规范了国家与农民的利益关系，维护了最广大人民群众的主体地位，维护了 9 亿农民的根本利益，实现了最广泛的团结，调动了最广泛的积极因素，真正做到了在党的领导下全社会共同建

---

① 《胡锦涛文选》第 2 卷，人民出版社 2016 年版，第 166～167 页。

② 谢旭科：《财政部部长就全面取消农业税相关问题答记者问》，https://www.gov.cn/jrzg/2005-12/30/content_143261.htm，访问日期：2024 年 1 月 28 日。

设、成果共同享有。该举措不仅能降低农业生产经营成本,提高农业效益和农产品市场竞争力,而且能根本性地扭转农民负担过重的状况,给亿万农民带来看得见、摸得着的实惠,激发种粮农民的积极性。同时,能把农业农村发展纳入整个现代化进程,促进城乡居民共同富裕,让农民共享现代化成果,实现更大范围、更高水平的小康。

全面取消农业税,对于解放农村生产力、缩小城乡差别、统筹城乡发展、实现经济社会全面协调可持续发展和社会和谐具有巨大的现实意义和深远的历史意义。全面取消农业税深得农民之心。

(四)新农合:解决农民生病"心腹之患"

1.案例呈现

新型农村合作医疗制度于 2003 年起在全国部分县(市)的 310 个村庄进行试点,2005 年推广至 617 个村,2007 年 6 月已经扩大到了全国84.9%的县。截至 2008 年年底,全国有 31 个省(自治区、直辖市)建立该制度,覆盖 8.15 亿农村人口,参与率达到 91.35%,新农合已然成为我国农村居民的基本医疗保障制度。《中国卫生和计划生育统计年鉴 2014》数据显示,2013 年我国新农合的参与率已达到 99%。[①]

老徐是福建省德化县三班镇村民,一向身强体壮,连感冒都极少患过的他,2010 年 5 月,突患脑出血住进了医院,一下子花去他近 2 万元的医药费。好在之前参加了新型农村合作医疗保险,他前后三次到镇中心卫生院新农合报账中心领到医疗补偿金共 1.1 万元,大大减轻了因病带来的家庭负担。

"看病难""看病贵"曾是许多农民的一大"心腹之患"。"脱贫三五年,一病回从前;得了阑尾炎,白种一年田;救护车一响,一头猪白养。"这句曾广为流传的顺口溜就是当时的真实写照,不少农民只能"小病靠拖,大病靠扛"。然而,"十一五"以来,随着新农合的全面推开,农民参合率的提高,这一状况已得以彻底改变,福建省广大农村群众拥有了医疗保障。

不幸中万幸的老徐是许许多多农村百姓的真实写照。新型农村合作医疗制度 2004 年起在福建省部分县(市)试点,2007 年起在有农业人口的 80 个县(市、区、管委会)全面推开后,这一由中国农民独创的互助共济

---

① 林晓珊、蔡键:《农民参与"新农合"的现状、影响因素与减负效果——基于 CHFS 数据的实证分析》,《福建农林大学学报(哲学社会科学版)》2017 年第 5 期。

医疗保障制度,成为广大农民获得基本卫生服务、缓解因病致贫的一道重要屏障。到 2010 年 11 月,福建全省新农合参合人数达到 2404 万人,参合率 98.15％。2006—2009 年,全省累计有近 419.4 万人次得到新农合住院补偿,补偿总金额近 56 亿元。

德化县是一个典型的山区县,全县 31 万多人口,农业人口近 26 万。2006 年起,新农合在全县 18 个乡镇同时铺开,2010 年又将城镇居民医保纳入新农合管理,实行相同的标准筹资和比例补偿,使参合率达 98.9％,惠及城乡群众。

(资料来源:《有了新农合,农民生病不用扛》,《福建日报》2010 年 11 月 19 日。)

2.案例指向

本案例指向教材第八章第一节第四目"统筹兼顾是科学发展观的根本方法"。统筹兼顾是唯物辩证法在发展问题上的科学运用,是实现科学发展、促进社会和谐的基本途径,是正确处理经济社会发展中重大关系的方针原则。

3.案例解析

(1)为什么建立新农合制度

新农合全称为新型农村合作医疗,是指由政府组织、引导、支持,农民自愿参加,个人、集体和政府多方筹资,以大病统筹为主的农民医疗互助共济制度。它采取个人缴费、集体扶持和政府资助的方式筹集资金。

早在 20 世纪 50 年代,我国便建立起了农村三级卫生服务网络(县医院、乡镇卫生院和村卫生所/室)和合作医疗制度,即由政府支持,农村集体经济组织和农民个人共同筹资,医疗上实行公助互济的农村健康保障制度。在生产力水平较低、物质生活极其匮乏的条件下,传统的合作医疗制度使占全国人口 85％的农民得到了基本的预防保健和医疗服务,有效地控制了一些多发病、传染病的蔓延和传播。特别是在 20 世纪六七十年代,合作医疗还因惠及多数农村居民,被世界卫生组织和世界银行誉为以最少投入获得了最大健康收益的"中国模式"。[1]

然而,改革开放之后,合作医疗制度迅速衰落,仅在少数地区得以残存。政府虽仍然努力把重建合作医疗作为建立农村医疗保障的主要政策手段,但效果并不明显。到 1998 年,全国农村居民中得到某种程度医疗

---

[1]　顾昕、方黎明:《自愿性与强制性之间——中国农村合作医疗的制度嵌入性与可持续性发展分析》,《社会学研究》2004 年第 5 期。

保障的人口只有 12.6％,其中合作医疗的比重仅为 6.5％,取而代之的是一个纯市场导向的医疗体系。

伴随着医疗服务收费的急速上升和医疗可得性的大幅下降,不仅农村医疗体系的质量及效率大打折扣,而且因病致贫、返贫成了农村扶贫的第一难题。2005 年前后,我国农村中因病致贫、返贫的农民占贫困户的 30％～40％,有的地方甚至高达 60％。即使在经济发达的如苏州地区,仍有 20％以上的农民看不起病。①

尽快为农民建立医疗保障已成为我国实现经济社会协调发展所面临的最严峻挑战之一。为解决此问题,我国政府再次推出了建立新型农村合作医疗的政策,提出了到 2010 年在全国普及的目标。

(2)新农合制度体现的方法论价值:统筹兼顾

新农合制度是践行科学发展观的集中反映,体现的是统筹兼顾方法。通过统筹城乡发展、统筹经济社会发展,实现国家的科学发展。

科学的理论蕴含着科学的方法,科学的方法支撑着科学的理论。从方法论意义上讲,深入贯彻科学发展观,最根本的是要正确认识和妥善处理中国特色社会主义制度中的重大关系,切实做到统筹兼顾。② 胡锦涛在纪念党的十一届三中全会召开 30 周年时,深刻阐述了统筹兼顾的方法论内涵。他指出,我们党要解决发展中面对的一系列矛盾和困难,"就必须善于从千头万绪、纷繁复杂的事物和事物的普遍联系中抓住主要矛盾和矛盾的主要方面,同时又必须善于统筹协调、把握平衡,在事物的普遍发展中形成有利于突破主要矛盾和矛盾主要方面的合力,不断提高驾驭复杂局面、解决复杂问题能力,不断推动经济社会向前发展"。③

我国城乡之间、区域之间、经济社会之间、人与自然之间等在发展上的不协调不平衡,是发展中长期存在、制约全局的突出矛盾。解决发展中的矛盾,增强发展的协调性,必然要求统筹兼顾。既要总揽全局、统筹规划,又要抓住牵动全局的主要工作、事关群众利益的突出问题,着力推进,重点突破。2003 年 10 月,党的十六届三中全会提出"五个统筹"的思想,即统筹城乡发展、区域发展、经济社会发展、人与自然和谐发展、国内发展和对外开放。党的十七大报告提出,科学发展观的根本方法是统筹兼顾,

---

① 郑秉文、和春雷:《社会保障分析导论》,法律出版社 2001 年版,第 260 页。
② 尹国胜:《科学发展观理论与实践研究》,云南大学出版社 2012 年版,第 56 页。
③ 《胡锦涛文选》第 3 卷,人民出版社 2016 年版,第 170 页。

并在"五个统筹"的基础上,进一步提出统筹中央和地方关系,统筹个人利益和集体利益、局部利益和整体利益、当前利益和长远利益,统筹国内国际两个大局。

全面建设小康社会,难点不在城市而在农村。要更多关注"三农"问题,打破计划经济体制下形成的城乡二元经济结构,实现经济发展与社会进步的有机统一。统筹城乡发展,就是要增强农村发展活力,逐步缩小城乡差距,促进城乡共同繁荣,推动城乡发展一体化,实现农村经济社会持续健康发展和城乡良性互动。统筹兼顾,要加强经济社会发展的薄弱环节,关注焦点,突出重点,抓住难点。正如本案例所述,看病难、看病贵曾是许多农民的一大"心腹之患",也是我国发展中的薄弱环节。解决这个矛盾,除了不断增强农民的缴费能力外,获得适当的外部支持是十分必要的,其中包括社区集体、政府以及社会慈善机构等各方面的促进和经济扶助。[①]

新农合是我国政府历史上第一次为解决农民的基本医疗卫生问题进行大规模的投入,其最大的特点就是政府承担主要筹资责任,而得到实惠的是广大农民。从2003年开始,新型农村合作医疗制度试点在全国陆续展开。这年的11月20日,为了切实推进新农合建设,胡锦涛专门作出批示:新农合"是一件为民、便民、利民的大好事。望加强领导,完善试点,因地制宜,循序渐进,改善服务,造福农民"。此后,国家又根据经济社会发展的现实,不断统筹、调整、完善该制度。

新农合制度的实施,推动了全国诸如德化县、龙海市、长泰县等地各具特色、各有侧重的农村医疗保障制度的建立和完善,使农民真正告别了"小病拖、大病扛"的历史,解决了千千万万个"德化县村民老徐"的"心腹之患"。新农合是我们党善于运用统筹兼顾方法的有力证明。统筹兼顾是党长期执政中行之有效的重要经验,也是在新的历史条件下保证我国经济社会全面协调可持续发展的根本方法。[②] 我们所有的政策措施和工作,都应该正确反映并有利于妥善处理各种利益关系,都应认真考虑和兼顾不同阶层、不同方面群众的利益。只有坚持统筹兼顾,才能真正处理好我国这样一个拥有十几亿人口的发展中大国的改革发展稳定问题,真正处理好全体人民的根本利益和各方面利益问题,真正把全体人民和各方面的积极性、

① 程岚:《农村医疗保障——构建和谐社会中的"短板"》,《江西财经大学学报》2005年第5期。
② 尹国胜:《科学发展观理论与实践研究》,云南大学出版社2012年版,第57页。

主动性、创造性充分发挥出来,为推进党和国家事业形成广泛共识、积聚强大力量。

(五)"三鹿奶粉事件"

1.案例呈现

卫生部 11 日晚指出,近期,甘肃等地报告多例婴幼儿泌尿系统结石病例,调查发现患儿多有食用三鹿牌婴幼儿配方奶粉的历史,经相关部门调查,高度怀疑石家庄三鹿集团股份有限公司生产的三鹿牌婴幼儿配方奶粉受到三聚氰胺污染。三聚氰胺是一种化工原料,可导致人体泌尿系统产生结石。

事件发生后,国务院相关部门对此高度重视。国家质检总局已经派出调查组赴三鹿奶粉生产企业调查事故原因,并在全国范围内对同类产品进行专项检查;工商总局加强了对市场上婴幼儿配方奶粉的监督检查;卫生部已组织联合调查组开展该事件的调查处理,并在全国范围内对可能由此造成的婴幼儿患病情况进行全面调查,同时紧急组织专家研究制定了诊疗方案。其他相关部门也已采取相应措施。

石家庄三鹿集团股份有限公司 11 日发出声明,为对消费者负责,该公司决定立即对 2008 年 8 月 6 日以前生产的三鹿婴幼儿奶粉全部召回。

卫生部提醒公众,立即停止使用三鹿牌婴幼儿配方奶粉,已食用该奶粉的婴幼儿如出现小便困难等异常症状,要及时就诊。同时,卫生部要求各医疗机构及时报告类似病例。

经国家处理三鹿牌婴幼儿奶粉事件领导小组事故调查组调查:三鹿集团公司主要负责人涉嫌犯罪,石家庄市委、市政府主要负责同志对三鹿牌婴幼儿奶粉事件未及时上报,处置不力。……

(2008 年)9 月 10 日以来,胡锦涛总书记、温家宝总理等中央领导同志连续作出指示批示,中央政治局常委会和国务院多次召开会议,对事件处置工作进行研究部署,国务院启动了重大食品安全事故(Ⅰ级)应急响应。各地区和有关部门认真贯彻党中央、国务院决策部署,全力救治患儿,全面清查问题奶粉,深入调查事件原因和责任,并及时向社会公开发布了信息,向世界卫生组织,香港、澳门特别行政区和台湾地区以及有关国家通报了情况。

(资料来源:《三鹿牌婴幼儿配方奶粉疑受污染相关部门正紧急调查》,https://www.gov.cn/wszb/zhibo266/content_1094953.htm,访问日期:2024 年 1 月 28 日;《党中

央国务院严肃处理三鹿奶粉事件相关责任人员》,https://www.gov.cn/jrzg/2008-09/22/content_1102256.htm,访问日期:2024 年 1 月 28 日。)

2.案例指向

本案例指向教材第八章第二节第四目"构建社会主义和谐社会"。社会和谐是中国特色社会主义的本质属性,构建社会主义和谐社会,不但要从"大社会"着眼,还要从"小社会"着手,以切实解决人民群众最关心最直接最现实的利益问题。

3.案例解析

(1)"三鹿奶粉事件":和谐社会的不和谐之音

"和谐"概念古已有之。从哲学层面看,主要指事物之间协调、均衡、有序的发展状态和存在状态。"和谐社会"是指社会各要素处于相互依存、相互协调、相互促进的状态,是指全面系统的和谐,和谐社会作为诸多因素的综合,具有多方面的规定性。[①]

和谐社会是人类孜孜以求的一种美好社会。我们对构建社会主义和谐社会的认识和实践,经历了一个不断探索和深化的过程。2002 年 11月,党的十六大报告在阐述全面建设小康社会的目标时,提出了实现社会更加和谐的要求;2004 年 9 月,党的十六届四中全会明确提出构建社会主义和谐社会的战略任务;2006 年 10 月,党的十六届六中全会通过了《中共中央关于构建社会主义和谐社会若干重大问题的决定》。胡锦涛说:"社会和谐是中国特色社会主义的本质属性,是国家富强、民族振兴、人民幸福的重要保证。"[②]

构建社会主义和谐社会命题的提出,包括社会建设在内的建设中国特色社会主义总布局的形成,反映了党对建设中国特色社会主义认识的进一步深化,对社会建设的实践产生了重要指导作用。在新世纪的开端,建设中国特色社会主义伟大事业进入了一个新的阶段。同时,我们必须清醒地认识到,随着改革开放的深入,我国经济社会发展也面临一些亟待解决的突出矛盾和问题:发展中的不平衡、不协调、不可持续问题;教育、就业、社会保障、食品药品安全等关系群众切实利益的问题;一些领域道德失范、诚信缺失问题;一些干部领导科学发展的能力不强问题……构建社会主义和谐社会正是着眼于我们党面临的新形势新任务,着眼于我国

---

① 　蒋春余:《科学发展观概论》,中国财政经济出版社 2007 年版,第 169 页。
② 　《胡锦涛文选》第 2 卷,人民出版社 2016 年版,第 539 页。

社会已经和正在出现的深刻变化而提出来的。

从唯物辩证法的观点看,任何事物的发展都不是一帆风顺的。在构建社会主义和谐社会的过程中,也出现过这样那样的不和谐之音,2008年发生的"三鹿奶粉事件"便是其中之一。

据上述案例所述,河北三鹿集团生产的婴幼儿奶粉添加三聚氰胺致使全国数千名婴幼儿患了泌尿系统疾病。事件经权威媒体披露,随即在海内外引发一系列连锁反应。"拔出萝卜带出泥",国家质量监督检验检疫总局随即对全国婴幼儿奶粉三聚氰胺含量进行检查,结果令人震惊。全国有22家婴幼儿奶粉生产企业的69批次产品检出了含量不同的三聚氰胺。食品安全再次成了一个沉重的热门话题。

事实上,食品安全是一个全球性的问题,而在转型期的中国,问题显得似乎更加突出。2004年前后发生"阜阳劣质奶粉事件""龙口毒粉丝事件""北京福寿螺事件""山西、广东假酒案""陈化粮(民工粮)事件""河南毒面粉事件""金华火腿肠事件""啤酒甲醛事件""雀巢咖啡碘超标事件""苏丹红事件""色拉油事件"……这些有关食品安全的痛苦记忆还历历在目,"三鹿奶粉事件"又突然曝光,人们不禁要问:我们的食品是安全的吗?[①]

(2)"三鹿奶粉事件"引发的思考:如何保障食品安全,实现社会和谐

食品安全是关涉民生与影响社会和谐的重大事件。胡锦涛说:"我们所要建设的社会主义和谐社会,是民主法治、公平正义、诚信友爱、充满活力、安定有序、人与自然和谐相处的社会。"[②]可见,实现构建社会主义和谐社会的总要求是一个宏大的科学命题。构建和谐社会,既要从"大社会"着眼,把和谐社会建设落实到包括经济建设、政治建设、文化建设、社会建设、生态文明建设和党的建设等在内的党和国家的全部工作之中,又要从"小社会"着手,以解决人民群众最关心最直接最现实的利益问题为重点,着力发展社会事业、促进社会公平正义、建设和谐文化、完善社会管理、增强社会创造活力,走共同富裕道路,推进社会建设与经济、政治、文化建设协调发展。

保障食品安全,就是要从"小社会"着手,切实解决人民群众最关心最直接最现实的利益问题。"三鹿奶粉事件"之后,国家迅速采取了有力措

---

① 言宝:《2008:奶粉事件备忘录》,《西部大开发》2008年第11期。

② 《胡锦涛文选》第2卷,人民出版社2016年版,第470页。

施,平复了事件造成的恶劣影响,给了老百姓一个满意的交代。"三鹿奶粉事件"给我们警示:如何采取坚强有力的措施,保障食品安全? 要做好食品安全这篇大文章,需从三个方面着力,即政府监管、企业自律、公众参与。①

通过政府监管,构建全方位立体化食品安全体系。政府监管,首先就是对食品安全进行立法,其次是建立完善的食品安全标准。为了保证食品安全,保障公众身体健康和生命安全,2009 年我国制定《食品安全法》。食品安全标准是食品安全的第一道保障线。2007 年,国家标准化管理委员会会同国家发展改革委等九部门联合印发了《全国食品标准 2004 年—2005 年发展计划》。国家标准化管理委员会、发展改革委等七部门为配合该计划的实施,又联合出台了《关于加强食品安全标准体系建设的意见》,标志着重构我国食品安全标准体系框架的工作拉开了帷幕。有法可依有标可循,接下来就需要政府部门加大监管力度,各职能部门依法依标认真履行职能。要严厉打击犯罪行为,严厉惩处食品安全事件责任人。要以高度负责的态度做好质检工作,并保证食品的"可追溯性",使食品从田野到餐桌皆可追根溯源。

加强企业自律,以道德约束生产。诚然,追求利润的最大化是企业生存和发展的基础,也是市场经济的客观要求,但追求利润最大化必须以尊重生命、关爱人类为基本前提。如果利欲熏心、不择手段,企业的经济效益再好,也只是一个草菅人命的加工厂。社会主义和谐社会的价值观可以帮助企业确立存在价值。② 企业既要遵循基本的道德规范、遵守有关的法律,又要履行一定的社会责任,促进社会的和谐发展。

鼓励公众参与,拓宽食品安全监督渠道。尽管食品安全的监管有很强的专业性,但是加强食品安全监管,公众的参与不可或缺。如果社会公众每个人都是食品安全的义务监督员,每个人都来关心和监督食品安全问题,那么,这支庞大的队伍必然会对专门机构和专业人员形成有力的支持,必然成为食品安全监管领域的重要力量。因此,政府部门应该通过制度建设,规范公众参与食品安全监督的途径、渠道和方式方法,引导他们更积极有效地参与食品安全监督,以提高食品安全监管的效率。

---

① 言宝:《2008:奶粉事件备忘录》,《西部大开发》2008 年第 11 期。
② 甘俊:《从"三聚氰胺"事件看营销道德与社会和谐发展的关系》,《湖北工业大学学报》2008 年第 6 期。

总之,在构建社会主义和谐社会的过程中,"三鹿奶粉事件"是一个不和谐音符,也是我们着手解决和谐"小社会"中的一个具体的不和谐问题的"切口"。从这个事件折射出,加强和创新社会管理是构建和谐社会的必然要求。食品安全问题是影响社会和谐的突出问题,以解决该问题为突破口,要提高社会管理科学化水平,加强社会管理法律、体制、能力建设,确保社会既充满活力又和谐稳定。要围绕构建中国特色社会主义社会管理体系,形成党委领导、政府负责、社会协同、公众参与、法治保障的社会管理体制,形成政府主导、覆盖城乡、可持续的基本公共服务体系,形成政社分开、权责明确、依法自治的现代社会组织体制,形成源头治理、动态管理、应急处置相结合的社会管理机制。

(六)"最绿福建"的"四绿"工程

1.案例呈现

2010年实施的"四绿"工程,已成为福建省推进城乡绿化一体化、改善城乡环境的有力抓手。

2010年春天,胡锦涛总书记来闽考察时强调,福建生态环境良好,一定要精心保护好这一片青山绿水,为子孙后代留下绿色家园。

牢记总书记的嘱托,福建省委、省政府明确要求,加强生态建设和环境保护,进一步改善人居环境,全面启动实施以"绿色城市、绿色村镇、绿色通道、绿色屏障"为主要内容的"四绿"工程建设。

"四绿"工程内容丰富,要求明确:

绿色城市建设以园林城市、森林城市为载体,大力发展城市森林,加快城市和县城绿化、美化、园林化建设,形成城区绿美相拥、城郊森林环抱并各具特色的城市绿地生态系统;绿色村镇建设以"创绿色家园、建富裕新村"活动为载体,积极引导农民利用非规划林地种植珍贵和优良乡土树种,以绿化促美化、绿化促文明、绿化促致富;绿色通道建设以海峡西岸现代化综合交通网络和新一轮铁路建设为契机,着力提高公路、铁路交通干线沿线绿化美化水平;绿色屏障建设大力推进沿路、沿江、沿海、环城的造林绿化和封山育林,积极营造混交林,优化林分结构,打造具有保持水土、减灾防灾、美化环境等多功能的绿色屏障。

2010年11月24日召开的全省造林绿化动员大会,明确提出山下植树造林50万亩,通过建设城市片林、森林公园、交通主干线两侧绿化带,发动村镇、灾后重建点、造福工程安置点植树造林拓展绿化空间。省委书记孙春兰强调,福建各级党政领导不能总把福建森林覆盖率居全国第一挂在嘴上,陶醉其中,必须让人民群众真正享受到这个第一所带来的好处和实惠,这才是造林绿化的本质目的。

2010 年以来,从城市到村镇,正在变得更美更宜居;从通道到屏障,正在变得更绿更靓丽。"四绿"工程的实施,加快了城市、村镇和通道绿化,实实在在地改善了群众的生活质量,提高了人民群众的幸福指数。近三年来,全省已累计创建"绿色乡镇"356 个、"绿色村庄"3343 个。

随着福建省持续推进生态省建设,"四绿"工程领域的项目被纳入五大战役实施范围。在福建省政府下达的 2012 年 300 万亩的造林任务中,"四绿"工程达到 200 万亩,山下造林面积首次超过山上造林。朝着山更绿、水更清的目标,全国最绿的福建继续大步向前。

(资料来源:《"最绿福建"深入打造"四绿"工程让群众享实惠》,《福建日报》2012 年 8 月 17 日。)

2.案例指向

本案例指向教材第八章第二节第五目"推进生态文明建设"。提出建设生态文明的重大战略部署并把它纳入"五位一体"总体布局,是对人与自然关系再认识的重要成果,是可持续发展的内在要求。要树立与践行生态文明理念,因地制宜建设生态文明。

3.案例解析

(1)为什么建设社会主义生态文明

胡锦涛指出:"自然界是包括人类在内的一切生物的摇篮,是人类赖以生存和发展的基本条件。保护自然就是保护人类,建设自然就是造福人类。"①生态文明建设是关系人民福祉、关乎民族未来的长远大计。

所谓生态,是指生物之间和生物与非生物之间的相互关系和存在状态。生态文明是人与自然和谐共生、全面协调、持续发展的社会和自然状态。生态环境变化直接影响文明的兴衰演替,生态文明是人类文明发展的历史趋势。"生态文明是人类社会进步的重大成果。人类经历了原始文明、农业文明、工业文明,生态文明是工业文明发展到一定阶段的产物,是实现人与自然和谐发展的新要求。历史地看,生态兴则文明兴,生态衰

---

① 胡锦涛:《在中央人口资源环境工作座谈会上的讲话》,《人民日报》2004 年 4 月 5 日第 2 版。

则文明衰。"①

　　人类很早就关注到人与自然的关系问题，并对其做过许多有益的探索。如中国古代思想家就曾提出"天地与我并生，而万物与我为一"的"天人合一"思想。随着工业革命的不断推进，人类改造自然的能力迅速增强，自然被打上越来越多的人类印记，人与自然环境的矛盾随之凸显，并成为影响人类生存和发展的重要因素。对此，马克思、恩格斯进行了深刻批判。他们认为，资本主义社会资本家对利润的片面追求，注定要以牺牲生态和环境为代价，这必然导致资源的枯竭和生态危机。这种内在矛盾，决定了资本主义生产的不可持续性，最终导致资本主义灭亡，社会主义代替资本主义成为不可避免的趋势。社会主义社会克服了资本主义生产方式的内在矛盾，把人的全面而自由的发展作为社会发展的高级目标，从而为最终克服生态危机奠定了坚实的制度基础，建立在现代技术和工业文明基础上的社会主义生产方式，为生态文明建设提供了坚实的物质技术基础。②

　　中国的社会主义建设是在物质技术基础比较落后的条件下进行的。改革开放以来，我国经济以惊人的速度增长。进入新世纪，我国综合国力和人民生活水平显著提高，2010年经济总量超过日本成为世界第二大经济体。但同时，我国经济发展消耗巨大，经济发展和环境保护的矛盾更加突出，"特别是各类环境污染、生态破坏呈高发态势，成为国土之伤、民生之痛。如果不抓紧扭转生态环境恶化趋势，必将付出极其沉重的代价"③。2003年，党的十六届三中全会提出坚持以人为本，树立全面、协调、可持续的发展观，促进经济社会和人的全面发展。党的十六届四中全会明确将人与自然和谐相处作为和谐社会建设的总要求。党的十六届六中全会通过了《中共中央关于构建社会主义和谐社会若干重大问题的决定》，明确提出建设资源节约型、环境友好型社会，并提出了较为系统的加强环境治理保护、促进人与自然相和谐的战略举措。2007年在党的十七大上，胡锦涛指出："建设生态文明，基本形成节约能源资源和保护生态环

---

① 《习近平谈治国理政》第3卷，外文出版社2020年版，第374页。

② 丁俊萍：《毛泽东思想和中国特色社会主义理论体系概论》，武汉大学出版社2013年版，第195页。

③ 《中共中央关于党的百年奋斗重大成就和历史经验的决议》，https://www.gov.cn/xinwen/2021-11/16/content_5651269.htm，访问日期：2024年1月29日。

境的产业结构、增长方式、消费模式。循环经济形成较大规模,可再生能源比重显著上升。主要污染物排放得到有效控制,生态环境质量明显改善。生态文明观念在全社会牢固树立。"这是党中央首次明确提出建设生态文明,并把建设生态文明作为全面建设小康社会的新要求提出来,表明我们党开始把生态文明作为关系到社会主义建设全局的一项重要战略任务明确下来,绿色发展理念和实践进一步丰富。

可以说,社会主义生态文明是生态文明发展的新阶段。我们党提出建设生态文明的重大战略部署,并把它纳入中国特色社会主义事业"五位一体"总体布局,是对自然规律及人与自然关系再认识的重要成果,是破解我国经济社会发展面临的环境资源瓶颈制约的必然选择,是深入贯彻落实科学发展观,实现可持续发展的内在要求。

(2)"四绿"工程:生态文明的生动实践

建设生态文明,实质上就是要建设以资源环境承载力为基础、以自然规律为准则、以可持续发展为目标的资源节约型、环境友好型社会。资源节约型社会,是指能源资源以高效率利用的方式进行生产、以节约的方式进行消费为根本特征的社会。它是一种全新的社会发展模式,要求在生产、流通、消费的各个领域,在经济社会发展的各个方面,以节约使用能源资源和提高能源资源利用效率为核心,以节能、节水、节材、节地、资源综合利用为重点,以尽可能小的资源消耗,获得尽可能大的经济和社会效益,从而保障经济社会的可持续发展。环境友好型社会是通过人与自然的和谐来促进人与人、人与社会的和谐。它是一种以人与自然和谐相处为目标,以环境承载能力为基础,以遵循自然规律为核心,以绿色科技为动力,坚持保护优先、开发有序,合理进行功能区划分,倡导环境文化和生态文明,追求经济、社会、环境协调发展的社会体系。胡锦涛强调:"我们一定要把建设资源节约型、环境友好型社会放在工业化、现代化发展战略的突出位置,落实到每个单位、每个家庭,下最大决心、用最大气力把这项战略任务切实抓好、抓出成效来。"①

福建省"四绿"工程建设是生态文明建设取得成功实效的生动实践。这个工程表明,生态文明理念已深刻融入福建总体发展战略。

其一,以造林保持"绿"、拓展"绿",实现绿色发展。绿是城之魂、海之屏、山之源。"四绿"工程的最大特点是以森林为主要载体的"绿"。森林

---

① 《胡锦涛文选》第3卷,人民出版社2016年版,第6～7页。

是陆地生态系统的主体,造林是改善生态环境、应对气候变化的重要措施。福建年年造林,并通过"四绿"工程,让森林进了城、上了路、下了乡、入了村,推进了城乡绿化一体化。千万亩大造林为福建的科学发展、跨越发展进一步拓展了生态环境的承载空间。[①]

其二,加大生态环境保护力度。良好生态环境是人和社会持续发展的根本基础。有效保护生态环境,要求我们坚持节约资源和保护资源的基本国策,形成节约资源和保护资源的空间格局、产业结构、生产方式、生活方式,加大自然生态系统和环境保护力度,加大环境污染治理力度。

水土是不可替代的基础资源,水土保持不仅关系生态,而且关系可持续发展。由于地质条件和历史上的不合理开发利用等,福建一些地方水土流失较为严重。20世纪80年代,福建开始治理水土流失,新世纪以来进一步加大了治理力度,全省累计治理水土流失面积1.23万平方公里。[②]同时,福建充分利用法律、行政和经济等手段,打出一整套治污减排"组合拳",实施一系列减排的铁腕举措,层层落实减排责任,主要污染物排放总量连续多年呈下降趋势。根据环保部核定,2011年度福建省化学需氧量比2010年减排2.36%,氨氮减排1.91%,二氧化硫减排1.06%。全省12条主要水系水质状况为优,水域功能达标率为96.5%;23个城市空气质量均达到国家环境空气质量二级标准。福建的生态环境优势正在逐步转化为产业升级、结构调整的经济发展优势,取得了显著的生态效益、经济效益和社会效益。

其三,重视生态环境保护制度建设。生态文明建设是涉及生产方式和生活方式根本性变革的战略任务,实现这样的根本性变革,必须依靠制度。福建重视有关生态环境保护的制度和机制建设,先后制定出台了《福建省环境保护条例》《福建省海洋环境保护条例》《福建省流域水环境保护条例》《福建省促进茶产业发展条例》等地方性法规,基本形成了多领域、多层次、较完备的环境保护法规体系。并且积极推行生态环境保护行政执法责任制,加强人大、司法机关、行政监督机关对相关法规实施情况的

---

① 谢贤伟、王永珍等:《福建科学发展、跨越发展纪实:大力实施"四绿"工程》,《福建日报》2012年11月14日。

② 孙春兰:《坚持科学发展 建设生态文明——福建生态省建设的探索与实践》,《求是》2012年第18期。

执法检查,有效保障了人民群众的环境权益。①

其四,让人民享受"四绿"带来的实惠。保住绿水青山,带来金山银山。合理利用森林资源,发展林业绿色产业,有力推动了福建绿色增长,促进农民就业增收。2011年,福建林业产业总产值2560亿元,同比增长53%,比2002年的636亿元增长303%;全省农民人均涉林收入2082元,增加365元,为全省农民增收贡献5个百分点。2012年上半年,全省农民人均涉林收入增加243元,对全省农民增收贡献率约为28%。

如本案例所述,2010年以来的福建,从城市到村镇,正在变得更美更宜居,从通道到屏障,正在变得更绿更靓丽。"四绿"工程的实施,加快了城市、村镇和通道绿化,实实在在地改善了群众的生活质量,提高了人民群众的幸福感,"环境幸福指数"位居全国前列。

"最绿福建"是福建的烫金名片,绿色是福建的骄傲。放眼八闽大地,森林覆盖,山绿水清。作为建设"青山绿水、碧海蓝天美好家园"的重要抓手,"四绿"工程促进了经济社会与生态、生态与民生的协调发展,为福建科学发展、跨越发展提供了有力支撑。

四、延伸阅读

1.胡锦涛:《胡锦涛文选》第2卷,人民出版社2016年版。

2.胡锦涛:《胡锦涛文选》第3卷,人民出版社2016年版。

3.习近平:《在学习〈胡锦涛文选〉报告会上的讲话》,人民出版社2016年版。

4.中共中央宣传部:《科学发展观学习纲要》,学习出版社、人民出版社2013年版。

5.《改革开放简史》,人民出版社、中国社会科学出版社2021年版。

五、拓展研学

1.动漫观看:《号角》第24集"推动科学发展促进社会和谐"(视频地址:http://tv.cctv.com/2013/03/13/VIDE1363160238147851.shtml)。

---

① 孙春兰:《坚持科学发展 建设生态文明——福建生态省建设的探索与实践》,《求是》2012年第18期。

通过动漫小短片这种学生喜闻乐见的形式,加深学生对科学发展观的科学内涵和主要内容的理解。让学生了解在科学发展观的指引下,人民生活水平持续改善,经济发展方式加快转变,区域差距逐渐缩小,社会变得越来越和谐。

2.主题调研:城乡发展状况(如城乡居民医保、生活、收入等)调研。引导学生客观看待我国经济社会发展中取得的成就及存在的问题,理解科学发展观提出的背景,自觉树立科学发展的理念。

3.课堂辩论:经济建设中"好"与"快"的关系问题课堂小辩论。促使学生更加深刻地认识,坚持科学发展必须加快转变经济发展方式,正确处理"好"与"快"的辩证关系,不断提高发展的全面性、协调性和可持续性。

4.撰写专题论文:围绕"我对科学发展观现实意义的理解"写一篇专题论文。通过撰写专题论文,深化学生对科学发展观历史地位及精神实质的领悟,使其进一步激发奋斗精神,自觉投身于中国特色社会主义伟大实践,为实现中华民族伟大复兴作出应有贡献。

后 记

"毛泽东思想和中国特色社会主义理论体系概论"是全国高等学校本科生必修的思想政治理论课之一。

经过多年来的探索,课程积极推进厦门大学马克思主义学院"专题教学＋网络教学＋实践教学""三位一体"的教学体系和教学模式,推动思政课建设高质量发展。2020年,"毛泽东思想和中国特色社会主义理论体系概论"课程被评选为国家级社会实践一流课程。

本书是厦门大学马克思主义学院马克思主义中国化教研部全体教师的集体智慧的结晶,是课程教学改革和课程建设的一项重要成果。

根据学院整体部署,从2023年11月确定分工后经过多轮的修改、讨论,本书各章执笔人分工如下:导论杨旭,第一章罗礼太,第二章邱志强,第三章赵建,第四章吴茜、王亚群,第五章蒋昭阳,第六章石红梅、李建,第七章柯绍清,第八章于飞。初稿完成后,多次开会讨论,反复修改完善,最后由石红梅负责统稿。

本书从写作的酝酿、撰写的过程和案例的选择等都受到中共福建省委宣传部、中共福建省委教育工作委员会、福建省教育厅有关领导的关心和指导,在此表示诚挚的感谢。本书写作过程中,厦门大学校领导、党委宣传部、教务处等有关领导给予悉心指导和帮助支持,学校党委书记张荣院士亲自为丛书作序,这些关怀都是这本书能够出版的重要保障和强大动力。在本书写作期间,还得到了福建师范大学郑传芳教授、厦门大学马克思主义学院常务副院长张有奎教授等悉心指导,在此对他们的辛苦付出表示诚挚感谢。当然,本书的出版也离不开厦门大学出版社的大力支持,在此一并致谢。

习近平总书记强调:"思政课是落实立德树人根本任务的关键课程。""守正创新推动思政课建设内涵式发展。"思政课教学改革永远在路上,我们将不断探索,不断开创新时代思政教育新局面,努力培养更多让党放心、爱国奉献、担当民族复兴重任的时代新人。

石红梅

2025 年 3 月 1 日